科技型中小企业融资模式创新研究

邵永同◎著

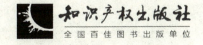

知识产权出版社

全国百佳图书出版单位

图书在版编目（CIP）数据

科技型中小企业融资模式创新研究/邵永同著. —北京：知识产权出版社，2013.9
ISBN 978-7-5130-2267-5

Ⅰ.①科…　Ⅱ.①邵…　Ⅲ.①高技术企业—中小企业—融资模式—研究—中国
Ⅳ.①F279.244.4

中国版本图书馆 CIP 数据核字（2013）第 218373 号

内容提要

　　当前我国科技型中小企业发展过程中遇到的突出问题是融资难问题。本书以科技型中小企业的融资模式为主线，在文献梳理、理论阐述的基础上，通过问卷调查分析了我国科技型中小企业融资的现状，探讨了科技型中小企业不同生命周期阶段的融资特征和影响因素，剖析了发达国家中小企业融资的经验模式，提出了我国科技型中小企业融资模式创新。

　　本书适用于高等院校、科研院所、科技创业者以及对科技型中小企业融资感兴趣的相关人员。

责任编辑：赵　军　　　责任出版：刘泽文

科技型中小企业融资模式创新研究
KEJIXING ZHONGXIAO QIYE RONGZI MOSHI CHUANGXIN YANJIU

邵永同◎著

出版发行：知识产权出版社有限责任公司

社　　址：北京市海淀区马甸南村 1 号		邮　　编：100088
网　　址：http://www.ipph.cn		邮　　箱：zhaojun99668@126.com
发行电话：010-82000893 82000860 转 8101		发行传真：010-82000893
责编电话：010-82000860 转 8127		责编邮箱：zhaojun@cnipr.com
印　　刷：保定市中画美凯印刷有限公司		经　　销：新华书店及相关销售网点
开　　本：787mm×1092mm　1/16		印　　张：14
版　　次：2014 年 4 月第 1 版		印　　次：2014 年 4 月第 1 次印刷
字　　数：240 千字		定　　价：48.00 元

ISBN 978-7-5130-2267-5

出版权专有　侵权必究

如有印装质量问题，本社负责调换。

前　言

　　进入 21 世纪,随着知识经济和科学技术的迅猛发展,当今世界已步入新经济时代,高新技术产业已成为一国经济持续发展的动力。第二次世界大战后,西方发达国家经济获得长期快速增长,主要源于高新技术产业的蓬勃发展。科技竞争已成为各国竞争的焦点,从某种意义上说,当前谁掌握了高新技术产业发展的主导权,谁就掌握了经济发展和综合国力较量的主动权。因此,在日趋激烈的综合国力竞争中,能否在高新技术产业领域占据一席之地已成为维护一国国家主权和经济安全的命脉所在。

　　高新技术企业是国家自主创新的主体,对新技术产业的发展具有重要的推动作用。其中,科技型中小企业是推动技术创新和高新技术产业发展最为活跃的力量。

　　我国科技型中小企业在市场经济的大潮中一直呈现出良好的发展态势,是吸纳高科技成果的最有效载体,高等院校、科研院所等研究机构研究的科技成果,绝大多数由科技型中小企业吸纳和转化。科技型中小企业日益成为我国高新技术产业的一支生力军,在促进科技成果产业化,稳定经济、缓解就业压力、优化投资结构和提高整体经济效率等方面具有举足轻重的作用。

　　然而,科技型中小企业的持续发展需要大量资金投入,而科技型中小企业往往普遍存在经营规模小、自有资金不足、抵押品缺乏、资产结构不合理和抗风险能力弱等问题。此外,大多数科技型中小企业成立时间较短,没有信誉卓著的历史记录可查,很难取得商业银行和社会公众的认可。再有,科技型中小企业的突出特征是高风险、高收益,在生存和发展过程中面临许多不确定性因素,如技术风险、市场风险和管理风险等。所有这些因素都导致了科技型中小企业无法顺利获得不断成长所需的资金。因而,长期以来,融资难是制约我国科技型中小企业生存和发展的瓶颈问题。

　　虽然国家对科技型中小企业的融资难问题给予了极大的重视,但科技型中小企业面临的融资困境始终没有得到有效解决。因此,为促进科技型中小企业的发展,有必要在传统融资模式的基础上探索新的融资模式化解科技型中小企业的融资难题,以推动整个社会的科技创新,实现经济的可持续发展。

本研究以我国科技型中小企业为研究对象,以科技型中小企业的融资模式为主线,在文献梳理、理论阐述的基础上,通过问卷调查和访谈分析我国科技型中小企业融资的现状,对我国科技型中小企业不同生命周期阶段的融资特征进行了探讨,并进一步分析其影响因素,同时对发达国家中小企业融资模式的经验进行剖析,进而提出我国科技型中小企业的融资模式创新,力求为解决我国科技型中小企业融资困境作出应有的贡献。

本书在写作过程中借鉴和吸收了许多前人的研究成果,参考了大量的文献资料,没有这些成果和资料的借鉴、吸收与启发,本书是难以顺利完成的。在此,谨向各位专家、学者和文献的原作者表示诚挚的谢意!由于本人学识、时间和精力方面的局限,书中难免有疏漏和不当之处,敬请各位专家读者不吝赐教。

本研究得到了国家软科学研究计划项目(项目编号:2012GXS4D074)的经费资助。

在本书的出版过程中,知识产权出版社的赵军、李德升给予了极大的指导、支持和帮助,在此表示衷心的感谢!

邵永同

2013 年 8 月

目　录

第一章 绪 论

第一节 研究背景

进入 21 世纪,随着科技革命和知识经济的迅猛发展,当今世界已步入以知识为基础的新经济时代。高新技术是当代科技领域的标杆,是现代生产力中最活跃的因素和最重要的支撑力量。第二次世界大战后,发达国家经济获得长期快速增长,主要源于高新技术产业的蓬勃发展。科技创新已经成为各国经济发展的原动力。

新的科技革命使社会分工越来越细,产品和市场的变化也随之加快,人类社会生活和经济组织结构发生了巨大变化,这使得世界各国普遍认识到,国际政治、经济、军事的较量实质上是科学技术的较量,尤其是高新技术的较量。科技竞争已成为各国竞争的焦点。

从某种意义上说,当前谁掌握了高新技术产业发展的主导权,谁就掌握了经济发展和国力较量的主动权。这是因为:(1)高新技术产业的发展已成为世界经济增长中首要因素。20 世纪初期,经济增长主要靠劳动、厂房、设备等有形资本的投入,新技术革命之后,科技进步日益成为经济发展的重要因素;(2)高新技术产业的发展使经济的可持续发展成为可能。经济可持续发展要受到生产力和生产关系的双重制约,而科技尤其是高新技术既可以突破劳动者自身因素,又可以突破生产资料对经济可持续发展的约束;(3)高新技术产业是知识经济时代增长的核心,可带来经济增长的倍增效应;(4)高新技术在客观上促进了产业结构优化。高新技术产业附加值高、渗透力强,不仅自身能够推动经济增长,而且可通过产业关联,间接提高相关产业科技附加值,带动传统产业技术升级,提高整体经济系统的生产效率。

目前,我国的国家竞争力情况不容乐观。国家竞争力不仅指一个国家创造财富的能力,更是指营造一个有利于投资、生活、发展的大环境的能力。它不仅限于过去所强调的经济价值,更是指国力的全面提升。近年来,根据公布国家竞争力报告的两个权威机构,即世界经济论坛和瑞士洛桑国际管理开发研究院对我国国家竞争力的测度,我国国家竞争力排名均不乐观,并且更有下降趋势。在日趋激烈的综合国力竞争中,能否在高新技术产业占据一席之地已成为竞争的焦点,成为维护一国国家主权和经济安全的命脉所在。

高新技术企业是国家自主创新的主体,也是建设创新型国家的重要载体。其中,科技型中小企业是推动技术创新和高新技术产业发展最为活跃的力量。在美国,70%以上的专利都是小企业创造的,小企业的创新能力是大企业的2倍左右;在我国,小企业提供了全国大约66%的发明专利、74%以上的技术创新和82%以上的新产品开发,小企业已成为技术创新的主要力量源泉。科技型中小企业日益成为我国高新技术产业的一支生力军,在促进科技成果转化和产业化,稳定经济、缓解就业压力、优化投资结构和提高整体经济效率等方面具有重要作用。

科技型中小企业的成长需要大量资金投入,融资难是制约我国科技型中小企业生存和发展的瓶颈问题。科技型中小企业的突出特征是高风险、高收益。科技型中小企业在生存和发展过程中要面临的大量不确定性因素,如技术风险、市场风险和管理风险等。与高风险性相对应的是科技型中小企业的高收益性和高成长性。高新技术企业一旦成功,它会给投资者带来几倍甚至数十倍的收益。但是,科技型中小企业成功的概率不高,投资的高收益往往只来自极少数的成功企业,大部分企业最后以失败告终,不能给资金提供者带来高收益。而银行贷款接近于固定收益投资,适合于低风险企业。科技型中小企业的高风险特性与商业银行的风险偏好之间存在一定的矛盾。如果商业银行给科技型中小企业贷款,在承担高风险的同时却难以获得高收益的回报,收益和风险不对称,因此,商业银行在发放贷款时更愿意选择风险较低的行业进行投资。❶

国际经验表明,科技型中小企业的发展需要金融体系提供支持。金融体系的健康、可持续发展也需要技术创新和科技产业来支撑。我国科技金融合作虽取得了一定成效,但仍远远不能满足科技创新和产业化融资的需要。科技型中小企业在融资需求上表现出明显的持续性、时效性以及不确定性,长期以来,我国商业银行将贷款的安全性置于突出位置,主要面向国有大型企业发放贷款。科技型中小企业的产品往往是新研发的产品,批量生产的市场前景还不明朗,并且通常经营规模较小、自有资金不足、缺乏抵押品和抗风险能力弱,因此,即使与一般中小企业相比,科技型中小企业融资难的问题也显得十分突出。❷

---

❶ 杨兆廷、李吉栋:"'担保换期权'与高新技术中小企业融资",载《管理世界》2008年第10期。

❷ 田桂玲:"科技型中小企业利用融资租赁的探讨",载《企业导报》2011年第13期。

此外,科技型中小企业是创新企业,一般没有信誉卓著的历史记录可查,很难获得社会公众的认可。这既影响了他们获得贷款,也使得其达不到发行债券和股票上市的规定。[1]与此同时,大多数科技型中小企业存在资产结构不合理和流动性不足等问题,这更增加了它们融资的难度。

虽然国家对科技型中小企业的融资问题给予了极大的关注和重视,也出台了一系列的政策规章为科技型中小企业融资排忧解难。但科技型中小企业面临的资金困境始终没有得到有效解决,缺乏资金支持已成为影响科技型中小企业生存与发展的瓶颈。[2]

因此,为促进科技型中小企业的发展,有必要在传统融资方式的基础上探索新的融资模式化解科技型中小企业的融资难题,以推动整个社会的科技创新,实现经济的可持续发展。

第二节　研究目的和意义

一、研究目的

本研究的目的在于阐述我国科技型中小企业的融资现状,不同生命周期具有的不同融资特点和科技型中小企业融资选择的影响因素,在此基础上,通过对发达国家科技型中小企业融资模式借鉴,探索促进我国科技型中小企业发展的新型融资模式,并提出我国科技型中小企业融资模式创新的具体措施。

二、研究意义

科技型中小企业已对我国国民经济发展和科技进步作出了重要贡献,但其潜能有待于进一步挖掘和释放,而在此过程中,融资难是其主要障碍。如何优化资源配置,使大量金融资源配置于高效率的科技型中小企业,关系到未来几年中国高新技术产业发展的水平和速度、国家综合国力竞争的强弱以及经济能否保持持续快速增长。具体来说,本课题的研究意义在于:

(一)促进我国高新技术产业发展

获得融资是很多产业发展的首要条件,对高新技术产业而言尤为重要。与传

---

[1] 叶晓凌:"从科技型中小企业的融资困难谈融资租赁及其创新",载《杭州金融研修学院学报》2001 年第 3 期。

[2] 毛有碧:《民营科技企业融资:理论与实证研究》,西南财经大学 2009 博士学位论文。

统产业相比,高新技术产业所需的自然资源较少,而对资金投入量的依赖程度较高。从技术发明到最终走向产业化,每一个环节都需要许多资金的投入。

从我国经济中长期发展前景分析,加速技术进步,发展高技术产业是转变经济增长方式、提高经济增长质量的必然选择。高技术产业作为新兴的产业,具有增长快、附加值高的特点,它不仅能通过自身市场开发促进经济增长,还可以通过关联产业间接提高其他产业的科技附加值,促进传统产业的技术升级,提高整体经济系统的生产效率。

由于知识具有正的外部性,可借鉴发达国家成熟的技术和设备,在短期内以较低的成本推动本国经济快速增长。亚洲新兴工业化国家在很大程度上得益于这种后发优势。然而,后发优势经常也会产生后发劣势,国际上技术与资本的扩散,仍然保持着从发达国家向发展中国家转移的路径,在技术的生命周期越来越短的趋势下,发达国家最先进的技术和设备往往被限制或阻止销售到发展中国家,后发展的国家所能引进的多是一些失去先进性和市场发展潜力的旧技术和设备。因此,发展中国家即使可以在产品出口上有较大发展,甚至占有较大市场份额,但由于这些产品的附加值低,在国际贸易中仍会处于劣势地位。

几乎所有发展中国家都面临上述困境,要克服这种后发劣势,发展中国家必须在引进技术设备的同时,积极消化、吸收和创新,最终依靠自主创新生产出具有很强国际竞争力的产品。我国也是如此,发展高技术产业是当务之急。在高技术产业的发展过程中,技术创新是关键,随着大规模的技术创新及扩散,整个社会的生产、消费和生产组织方式等都发生了巨大变化。技术创新和技术扩散需要资金、市场、政策等配套因素的支持。在我国,科技成果转化率为20%左右,大部分科技成果没能及时转化为生产力。科技成果转化过程中的金融支持不足是制约我国高技术产业发展的重要因素之一。

因此,针对科技型中小企业研究高技术产业发展的金融支持,是我国当前发展高技术产业的核心任务。

(二)解决我国高新技术产业发展中的金融抑制

研究科技型中小企业融资问题,可为高新技术产业的发展创造良好的金融环境,有效规避高新技术产业所带来的金融风险。

我国高技术产业发展相对落后的原因很多,其中的主要问题是资金匮乏。由于缺乏必要的资金支持,许多创新项目在完成技术开发后被束之高阁,造成高技术产业化进程的中断,制约了科技转化为现实的生产力。

在我国,高技术产业发展过程中,不仅存在着资金投入总量不足的问题,同时也存在着资金使用机制不合理、投融资渠道不健全的弊端。由于新兴产业发育不足,大部分金融资本无法流向新兴产业实现增值,只能在传统产业和旧生产体系中低效周转,使银行体系内的不良资产与金融风险不断增大。综上所述,研究如何促进高技术产业发展,就必须解决如何对高技术产业进行资金支持的问题。

(三)经济持续发展的需要

科技型中小企业的重要特点之一是数量多、规模小,虽然有"船小好掉头"的好处,但随着市场竞争越来越激烈,科技型中小企业经营规模过小,必将难以进一步提高对市场的占有率和竞争力。科技型中小企业要进一步扩大生产规模,除依靠自我积累外,通过外部金融渠道进行融资是很重要的途径。近年来,我国政府虽然在中小企业融资方面出台了不少政策,积极扩大科技型中小企业贷款数量,但还未能从根本上改变科技型中小企业融资难的问题。这种状况不仅给科技型中小企业生产和再生产带来困难,而且会失去许多市场机会,在竞争中处于不利地位。科技型中小企业的有限资本与现代社会科学技术和生产力日新月异的大规模生产所需大量资本之间产生了难以化解的矛盾和冲突。

众所周知,如果一个经济体不能持续地把资金配置到回报率高的产业部门和企业,那么国民经济的增长就会受阻。作为经济发展中最有活力的经济细胞,许多有项目有赢利的科技型中小企业由于难以筹措到必需的资金而不能最大限度地发挥其能力,有的甚至因为资金困难而陷入经营困境或倒闭,另外,银行许多低效率的资金却不能给予它们应有的支持,造成社会资源配置的低效率,因此,如何突破科技型中小企业发展的融资瓶颈已成为我国未来经济增长必须解决的迫切问题。

(四)提高科技型中小企业运营能力

部分科技型中小企业以私营或合伙制成立,无法用有限责任制来维护资本的权利,规避无限责任的风险,若能打通科技型中小企业的直接融资渠道,使它们能够利用资本市场进行扩股、合并等手段实施资本的扩张,通过改革产权组织形式,使其符合现代企业制度的规范,提高资本的社会性和公众性,则可提高它们的经营管理水平和运营能力,为科技型中小企业适应国内外市场竞争创造更好的条件。❶

第三节 相关研究文献综述

一、企业融资理论研究

马克思主义经济学对融资理论的阐述以信用制度为基础,信用制度理论是马

---

❶ 费淑静:《民营中小企业融资体系研究》,西北农林科技大学 2004 博士学位论文。

克思主义经济理论的重要组成部分。马克思在研究资本主义生产过程时,对资本主义信用制度进行了研究,通过对信用制度一般原理的分析,阐述了社会资本形成及其对经济发展的"第一推动"作用。按照马克思社会再生产理论,在现代商品生产条件下,无论从全社会还是个体考察,货币资本都表现为发动整个生产过程的"第一推动力"和"持续推动力"。在现代商品经济社会,货币资本"作为发达生产要素"成为社会发展的条件和发展一切生产力即物质生产力和精神生产力的驱动轮。

西方融资理论,从储蓄论、投资论到战后的资本形成论、金融发展论,为研究我国科技型中小企业融资模式创新提供了借鉴。

第一,储蓄论,即古典经济学的企业内部积累理论。古典经济学家认为企业内部储蓄是企业资金的唯一渠道,强调企业储蓄对资本形成和经济发展的积极作用。亚当·斯密关于资本积累增进国民财富的理论成为古典经济学的主流观点,他提出增加财富主要依靠资本积累,要靠分工,反复强调"节俭"是资本增加的直接原因,节俭可增加维持生产性劳动者的基金。

第二,凯恩斯主义的储蓄——投资理论。在投资论看来,投资能增加有效需求,在资源未得到充分利用的条件下,鼓励投资能充分利用闲置的资源,促进产出增长,从而增加收入和储蓄。凯恩斯认为,在经济未达到充分就业之前,供给有完全弹性,就业量则随有效需求同比例增加,有效需求货币数量增加。投资和储蓄主要通过国民收入的调整达到均衡。根据这一观点,投资可以不通过事先储蓄而自动增加。

第三,资本形成论。资本形成理论在 20 世纪五六十年代兴起的发展经济学中处于十分重要的地位。其理论核心在于说明了资本形成在一国经济发展中的重要作用。它认为制约发展中国家经济增长的主要阻碍在于资本的严重短缺。一国经济增长速度受到生产要素短缺的制约,而资本正是一些不发达国家最稀缺的资源。对发展中国家来讲,由于存在严重的资本制约,要摆脱资本短缺,必须注重提高资本形成能力。

第四,金融发展论。第二次世界大战后经济不断增长和发展,资本积累速度加快,金融资产数量增多,但传统的经济理论没有将货币和其他金融资产、银行和其他金融机构加以区分,与快速发展的经济不相适应。金融发展论的出现是第二次世界大战后西方融资理论新发展的结果,它强调发展中国家应放松金融管制,为经济发展提供资本供应。

在国外,对于高新技术企业的研究是从研究企业融资理论开始的。关于企业融资的理论已相当成熟。在对高新技术产业进行资金支持方面,西方国家无论在实践还是理论研究中,都取得了相当的成就,在高新技术产业资金的来源和运用方面为我们提供了大量可借鉴的经验。已有的研究表明:外源融资对高新技术企业的发展具有极其重要的作用,资本市场的发展能有效促进科技创新及其产业化发展。以亚当·斯密为代表的古典经济学家都已认识到新产品与新工艺的采用是社会经济发展的主要源泉。奥地利经济学家熊彼特在《经济发展理论》中全面地提出了他的创新理论,肯定了创新活动与金融的相关性,❶他认为企业家不是资本家,企业家只有在借入购买力后才能实现创新。如果没有金融的支持,企业家的创新与发展是极其困难的。另外,企业如果创新失败,又会殃及金融,使借款者经营困难,而且可能导致信用膨胀。Ronald Gilson(1998)认为美国高新技术企业融资过程主要依赖于其风险资本市场的发展,它是高新技术企业直接融资的最好渠道。并在此基础上研究了风险资本市场的建立问题,指出美国风险资本市场的建立和发展具有历史特殊性。一个国家如果要想为企业提供良好的融资渠道,就必须建立自己的风险资本市场,并解决资本、特殊的金融中介及创业者三个核心问题。❷在委托—代理分析框架下,研究者发现企业家存在着逆向选择和道德风险,而观察企业家的质量信号、企业家对项目成功的自信度,可能是一种解决方法。Begrmenan & Hege(1998)建立的道德风险学习模型讨论了风险企业在不同投资阶段的企业家道德风险与学习过程。❸McMaughton(1998)认为,由于高新技术企业在融资过程中和投资者之间信息严重不对称,使得风险投资家不敢轻易涉足。对这种现象,Mason 提出了两种解释,一是一些地区缺乏企业生长的环境;二是在一些地区存在着地区偏见、投资意识缺乏和对边远地区投资难以监控的不利因素。❹Coopesr(1999)分析了创业资本家的监督形式、监督程度及监督成本。❺Shcmitb(2002)证明了可转换证券能减弱创业家与创业资本家之间的双重道德风险,监督机制可能是更为重要的制度安排❻。斯蒂格利茨、詹姆士·奎恩等考察了政府在

---

❶　约瑟夫·熊彼特:《经济发展理论》,商务印书馆 1990 年版。

❷　Ronald J. Gilson and Benard S. Black. Venture capital and structure capital markets:Banks versus stock markets. Journal of Financial Economics,1998(47).

❸　Bergemann D. , and Hege. . Venture Capital Financing, Moral Hazard, and Learning. Journal of Banking an Finance ,1998(22):703-735.

❹　陈德棉、蔡莉:《风险投资:运行机制与管理》,经济科学出版社 2003 年版。

❺　Compers and Lenrer. The Venture Capital Cycle. The MIT Press, 1999.

❻　Schmidt, K. M.. Convertible Securities and Venture Capital Finance. Working Paper. Stanford University and University of Munich, 2002.

高新技术经济发展中的作用。斯蒂格利茨❶认为,知识是一种公共物品,市场配置公共物品的效率总是低的或失灵的。企业存在滥用知识产权制度的可能性,企业利用知识产权的垄断权图谋市场垄断权,阻止新的供应商自由进入市场,破坏公平、公开和公正的竞争原则。同时,创新收益分配失衡也是突出问题,这些都是高新技术经济市场失灵的表现形式。所以政府应当进行干预。詹姆士·奎恩证明,政府积极干预是高新技术经济发展的有效方式。政府可主动制定干预政策,如制度化的教育补贴政策、基础研究的激励政策、高新技术产业发展的政策、市场竞争政策、技术标准政策、金融税收政策,政府还可以创造高新技术产品市场。❷

在资本结构理论的研究上,Modigliani & Mille 提出了 MM 理论,认为企业资本结构的改变不会影响企业的价值和资本成本。❸虽然 MM 结论的逻辑目前已被广泛承认,但人们普遍认为 MM 理论的假设环境与现实的差距很大。后来对资本结构理论的研究文献,主要针对影响公司决策和资本结构形成的一些现实因素。除税收因素、信息差异和代理成本之外,关注的因素还有公司控制权和市场低效率。资本结构理论由于强调以上不同因素或对这些因素重要性的不同认识和解释而分为不同的流派和分支。在 MM 理论基础上改进的权衡理论强调税收和破产成本因素,Myer & Majilufrs(1984)❹的优序融资假说,Leland & Pyle(1977)❺的信号模型强调信息的差异,而只有 Jenson & Meckling(1976)❻现金流理论主要强调代理成本,Aghion & Bolton(1992)❼的财务契约理论强调公司控制权在不同情况下的动态变化,而 Baker & Wurgler(2000)❽的机会窗口理论则强调市场低效率。概括起来,资本结构理论发展分为三个阶段:1958~1985 年的理论主要是权衡理论,解释如果

---

❶ 约瑟夫·E. 斯蒂格利茨:《作为全球公共物品的知识、知识经济的公共政策》,载于胡鞍钢编《知识与发展——21 世纪新追赶战略》,北京大学出版社 1999 年版。

❷ 詹姆士·奎恩等著:《创新爆炸——通过智力和软件实现增长战略》,吉林人民出版社 1999 年版。

❸ Modiliani,Franco and Miller, Merton H. The Cost of Capital, Corporation Finance, and the Theory of Investment. American Economic Review, 1958(48).

❹ Myers,Majluf. Corporate Financing and Investment Decision When firms Have Information That Investors Do Not Have. Financial Economics, 1984,13(2).

❺ Hayne E. Leland and David H. Pyle. Informational Asymmetries, Financial Structure and Financial Intermediation. Journal of Finace, 1977(3):371-387.

❻ 詹森、麦克林:"管理行为、代理成本和所有权结构",载《财务经济学刊》1976 年第 4 期。

❼ Jensen, Michael C. Agency cost of free - cash - flow, corporate finance, and takeovers. American Economic, 1986, (76):323-329.

❽ Malcolm Baker, Jeffrey Wurgler. Market Timing and Capital Structure. The Journal of Finance, 2002(1).

有税收和破产成本,研究假设公司经营决策是外生的,公司资本结构决策的问题;1976～2002年,理论包括代理理论、各种基于信息差异的理论以及财务契约理论,解释如果公司经营决策内生时公司资本结构决策问题;1991年至今,主要指窗口理论,解释如果市场低效率,公司资本结构决策问题。

随着资本市场的快速发展和金融对外开放程度的不断提高,国内有些学者已结合企业代理理论,就公司改革和治理进行了深入研究。但从公司融资的角度研究中国公司改革和治理的文献还很少。李朝霞(2003年)运用资本结构理论从公司融资工具选择角度研究了公司融资行为及相关问题。❶围绕理论的实证研究证明了税收代理成本和信息不对称以及市场效率都是影响资本结构的因素。发展中国家的研究文献在20世纪90年代开始出现。研究分为两类:一是认为影响发达国家的资本结构的因素以同样的方式影响发展中国家,但发展中国家的差异较大(Booth & Avizatian,2002年)。❷二是制度因素是决定公司资本结构的关键因素,如Porta(1997年)发现,平均而言,对投资者的法律保护与企业从外部得到的资金关系密切。❸

在企业融资理论中,一些学者研究了金融成长周期与企业融资的关系。张捷等(2003)就中美两国中小企业金融成长周期的融资结构进行了比较研究,检验了中国中小企业的融资结构大致符合金融成长周期理论,❹但目前仍没有系统的研究成果出现。20世纪70年代,Weston & Brigham(1978)❺根据企业不同成长阶段融资来源的变化提出了企业金融生命周期假说,周期分为六个阶段,各阶段及其融资来源的情况如表1-1所示。

表1-1 企业生命周期阶段与融资途径

阶 段	融资来源	潜在问题
创立期	创业者自有资金	低资本化
成长阶段1	上述来源+留存利润、商业信贷、银行短期贷款及透支、租赁	存货过多,流动性危机
成长阶段2	上述来源+来自金融机构的长期融资	金融缺口

❶ 李朝霞:"影响中国上市公司融资结构的主要因素分析",载《数量经济技术经济研究》2003年第10期。

❷ Booth,L.,V. Aivazian,A. Kunt-Demirguc. Capital Structure in Developing Courtries. Journal of Finance,2000,(56):87-130.

❸ Porta. Legal Determinants of External Finance. National Bureau of Economic Research,Working Paper,2002,(5):52-53.

❹ 张捷:《转换期的中小企业金融研究》,经济科学出版社2003年版。

❺ Weston,J. F.,Brigham Ef.. Managerial Finance,3th ed 6th ed,Dryden Press,1978.

阶　段	融资来源	潜在问题
成长阶段3	上述来源+证券发行市场	控制权分散
成熟期	上述全部来源	保守的投资回报
衰退期	金融资源撤出：企业并购、股票回购、清盘等	下降的投资回报

资料来源：Weston & Brigham，1978。

　　早期的金融生命周期模型主要是根据企业的资本结构、销售额和利润等显性特征说明企业在发展的不同阶段的金融资源获得性问题，较少考虑企业信息等隐性特征的影响。在后期的研究中，信息问题作为解释企业融资来源变化的一个重要因素被纳入解释变量中。Berger & Udell(1998年)认为，伴随着企业成长周期而发生的信用约束条件、企业规模和资金需求等变化是影响融资结构变化的基本因素。在企业创立初期，由于资产规模小、缺乏业务记录和财务审计，企业信息基本上是封闭的，因此，外源融资的获得性很低，企业不得不主要依赖内源融资；当企业进入成长阶段，追加扩张投资使企业的资金需求猛增，同时随着企业规模的扩大，可用于抵押的资产增加，并且有了业务记录，信息透明度有所提高，于是企业开始较多地依赖金融机构的外源融资；在进入稳定增长的成熟阶段，企业财务管理规范，开始具备进入公开市场发行有价证券的资产规模和信息条件。随着来自公开市场可持续融资渠道的打通，来自金融中介的债务融资比重趋于下降，股权融资的比重上升，部分优秀企业逐渐成长为大企业。[1]

二、制度、制度创新与企业融资研究

(一) 马克思主义经济学关于制度与制度创新的理论

　　虽然马克思主义政治经济学没有明确使用制度及制度创新的概念，但是，现代制度经济学所研究的各种问题几乎都能在马克思主义经济理论中找到有关论述。制度在古典经济学中基本上被看作是已知的、不变的。而马克思则认为制度是可变的，在生产力和生产关系、经济基础和上层建筑对立统一的矛盾运动下，人类的经济制度、政治制度、法律制度等都处在不断的发展变化中。马克思主义政治经济学是从生产力与生产关系的辩证角度，来阐明制度及制度创新在经济发展中的作用，认为制度包括经济基础和上层建筑两个方面。

---

　　[1] Berger, A. N. and Udell, G. F., The economics of small business finance: the roles of private equity and debt markets in the financial growth cycle. Journal of Banking and Finance, 1998, 22, (6-8): 613-673.

在马克思的制度分析框架中,经济制度、政治制度、道德、艺术、哲学等各制度变量间是相互依存、相互影响的,构成一个有机整体,其中经济制度决定其他制度变量。生产资料所有制是整个制度的核心,其他一切制度都是由此决定和在此基础上展开的。马克思认为,制度创新是新制度产生或旧制度改变的动态过程。

马克思主义经济学一直将制度与制度创新视为经济发展的内生变量。经济发展的快与慢,社会生产力进步的速度,在相当程度上取决于现存社会经济制度,取决于现存制度是束缚、阻碍生产力的发展,还是解放、推动生产力的发展。因此,在经济发展这个问题上,制度是非常重要的决定性因素。

(二)西方制度经济学关于制度与制度创新的理论

在西方经济学中,新制度经济学首次将制度与制度创新内化于经济发展模型中,开拓了经济发展理论研究的新思路。在新制度经济学中,制度被认为是一种社会博弈规则,是人们所创造的用以限制人们相互交往的行为框架。制度提供的一系列规则由社会认可的非正式约束、国家规定的正式约束和实施机制三个部分构成。非正式约束是人们在长期交往中无意识形成的,具有持久的生命力,并构成代代相传的文化的一部分,它包括价值信念、道德观念、风俗习性、意识形态等因素。正式约束则是指人们有意识创造的一系列政策法规,它包含各种政治规则、经济规则和契约,以及由这一系列规则构成的一种等级结构。❶在新制度经济学看来,由于交易的复杂性、交易双方信息的不对称性和人的有限理性及机会主义行为的存在,使得契约实施必须通过强制性的实施机制来保证。而违约成本的高低则是衡量一个国家制度实施机制是否有效的标准。

在新制度经济学看来,所谓制度创新,就是指制度的替代、转换和交换过程。从动态的观点看,制度创新实际上是从制度均衡到非均衡再到均衡的过程。

制度及制度创新不仅是经济发展的内生变量,而且是影响经济发展的决定性因素。新制度经济学以微观经济学的框架来研究制度创新,即单个制度创新体的行为动机或追求制度创新的动力。无论政府、团体和个人,都是财富最大化者,他们从事制度创新,都是为了最大化自己的利益——或者减少成本和损失,或者增加收益。只有当制度创新有利可图,创新比不创新更合算时,才会产生创新。创新的动力是相对价格的变化和对潜在利润的追求。相对价格的变化,打破了原有的制度均衡,也意味着原有制度安排还存在潜在利润。而潜在利润是经济主体从事制度创新的基本动力。

---

❶ 卢现祥:《西方新制度经济学》,中国发展出版社 2003 年版。

没有相对价格的变化和潜在利润,就不可能有制度创新;但有了相对价格变化和潜在利润,制度创新也未必发生。因为制度创新是有成本的,只有当通过制度创新可能获取的潜在利润大于获取这种利润而支付的成本时,制度创新才会发生。

经济学家诺思明确地将制度创新方式划分为"渐进式创新"和"革命式创新"以及与之相应的"连续性创新"和"非连续性创新",认为"渐进的创新是指交易的双方(至少是交易双方的一方)为从交易中获取某些潜在收益而再签约"。渐进式创新是连续的创新,没有大起大落或中断,是一个演进过程,它是相对于突变式创新而言。诺思再三强调"制度创新一般是渐进的"。❶

新制度经济学家对制度及其创新的效率评价,是以交易成本为依据的,而且将这种交易成本的评价具体到制度创新的各个方面和创新过程的各个环节。科斯关于企业与市场之间的选择或二者的相互替代,其实就是制度创新。交易成本高低是选择的标准。无论是正式制度还是非正式制度,其创新是否有效,都要看是否降低了交易成本。而且,制度创新的每一个阶段都有交易成本,因而创新主体要从交易成本高低评价每一阶段的创新效率。❷

近年来,国外高新技术经济制度分析集中于高新技术企业组织制度、高新技术产品价格制度、风险投资与风险资本市场制度、政府管理制度等方面。这些研究界定了高新技术企业的本质特征是核心能力与创新。

(三)关于高新技术产业发展及金融制度的研究

经济学家吴敬琏指出,一个国家或地区高新技术产业发展的快慢,不决定于政府投入多少钱和人才,研制出多少技术,而是决定于是否有一套有利于创新活动开展和人的潜能充分发挥的制度安排、社会环境和文化氛围。要发展高技术产业,首先应当落实各项改革措施,建立有利于高新技术产业发展的经济和社会制度。只有这样的制度安排,才是推进技术进步和高新技术产业发展的强大动力。

进入20世纪80年代以后,国内研究新经济与高新技术产业的文献不断出现,但主要集中在对两大领域进行研究:(1)对宏观经济现象与理论展开研究;(2)对微观的计算机产业、信息产业、互联网业、电子商务等方面进行现状、理论与政策的研究。孙莉认为:我国在制度层面所存在的"金融抑制"导致科技与金融的严重脱离,在高新技术成果转化过程中出现的资金断层,是制约高新技术企业发展的瓶颈。

创新作为一种经济学理论提出始于20世纪初。1912年,美籍奥地利经济学家

---

❶ 诺思:《制度、制度变迁与经济绩效》,上海三联书店1994年版。

❷ 赵昕:《我国高新技术产业融资制度创新研究》,西北农林科技大学2004博士学位论文。

约瑟夫·熊彼特首次提出创新理论。他认为,创新就是建立一种新的生产函数,把一种从来没有过的关于生产要素和生产条件的"新组合"引入生产体系。熊彼特在其创新理论中将创新看成经济发展的主发动机。从 20 世纪 60 年代起,管理学家们开始将创新引入管理领域。美国管理学家德鲁克是较早重视创新的学者,他发展了熊彼特的创新理论,把创新定义为赋予资源以新的创造财富能力的行为。德鲁克认为,创新有两种,即技术创新和社会创新。

吴金明、李轶平、欧阳涛(2001)首次从中观经济系统的角度来研究高科技产业的成长规律与特色,提出并论证了我国经济成长的二元产业联动与二元产业相融,高科技产业与传统产业共存共融,虚拟企业与实体企业相互结合的发展道路;提出高科技经济的"四轮协同"发展模式:以新型的管理文化为先导,以分散的经营模式为基础,以务实的经济政策为背景,以有效的金融创新为动力;提出并论证了高科技经济成长的软驱动观,高科技产业按层次划分为高科技农业、高科技工业、高科技服务业与高科技开发业,真正能驱动高科技产业层次结构演进的确是软基础,即高科技开发与高科技服务业,从而出现高科技经济的软驱动特色。❶

国内的经济学家对高科技产业金融制度方面的研究重点突出了风险资本制度的价值;研究了美国高技术经济的制度如股票期权制度存在的问题,讨论了高技术经济的制度创新方向等问题。

(四)资本市场与企业科技创新的关系研究

有关资本市场与科技创新的关系,国内一些学者进行了深入的研究。邓乐平等(2001)认为资本市场是推动科技创新的重要保证,因为资本市场便利了人力资本的价值实现,为科技创新的发展提供了充足的原动力,并且资本市场还推动了科技创新的产业化进程。金融与科技的融合也是通过资本市场尤其是风险资本市场完成的。而且,资本市场还是风险资本自由进入和退出高科技企业的重要渠道。反过来,科技创新也为现代资本市场的健康发展提供了有利的支撑。❷ Lazonick W.(2003)提出的经济发展理论必须植根于创新企业理论中,要获得市场经济的优势,社会必须将支撑经济发展、能够产生创新能力的组织和机构放在首位。然而科技创新与资本市场的资金支持是密不可分的,高新科技企业的发展离不开资本市场的培育。Lazonick W.(2007)认为新古典主义理论股东价值最大化理论中应纳入

---

❶　吴金明、李轶平等:"论我国'二元产业板块'与'二元企业模式'的互动式发展",载《中国软科学》2001 年第 2 期。

❷　邓乐平、孙从海:"科技创新与资本市场——理论与经验的考察",载《金融研究》2001 年第 9 期。

企业创新理论,并阐述了股票市场对公司创新过程的创造、控制、结合、补偿和现金回报的五种作用。资本市场不但可以为科技创新型企业提供直接融资渠道,为风险投资提供退出渠道,严格的信息披露制度还可以有效改善企业信贷信息不对称问题,间接提高企业的信贷能力,因此,资本市场是支持科技创新投融资体系的核心。与其他融资方式相比,资本市场融资可以降低企业的资产负债率、改善财务结构、提高企业的知名度和信誉度、吸引更多的优秀人才加入企业中,更有利于企业并购扩张和迅速增强企业的实力。

李扬、王松奇、王国刚(2000 年)认为,科技型中小企业是吸纳高科技成果的主体,风险资本的基本职能就是为这类企业提供创业和发展的股权资本。[1]马保平、郎全发(2001 年)指出,风险投资是科技型中小企业发展的关键。国外科技创新型企业的融资结构以依赖于资本市场的直接融资为主,而我国企业融资比例严重失衡,间接融资比例达到 90% 以上。[2] Liu HY(2008 年)发现我国中小板上市的 113 家上市企业的融资顺序主要为内源性融资、银行贷款,最后为股票融资,并最为偏爱银行的短期贷款。[3]闻岳春、王婧婷(2010)认为,资本市场融资是提高我国科技创新型中小企业直接融资比例的重要途径,是目前缓解我国科技创新型中小企业融资难的重要手段。通过分析和比较境内外适合科技创新型中小企业融资的不同资本市场及上市方式,探讨处于初创期和成长期的科技创新型中小企业资本市场融资策略,发现科技创新型企业应综合考虑自身发展战略、融资需求、融资成本、再融资难易等各方面因素,选择最适合的市场和上市方式以促进自身快速成长和发展。[4]

(五)中小企业融资的外部环境研究

在考察中小企业融资的外部环境时,李扬、杨益群(2001)指出,中国中小企业的金融压抑除了来自金融交易中普遍存在的由于信息不对称等因素而造成的市场失灵以外,还受到转型经济所特有的制度障碍和结构缺陷的影响。[5]林毅夫、李永

[1] 李扬、王松奇、王国刚:"中国创业投资体系研究",载《科技进步与对策》2000 年第 9 期。
[2] 马保平等:"风险投资是高科技产业崛起的关键",载《兰州商学院学报》2001 年第 3 期。
[3] 闻岳春、王婧婷:"科技创新型中小企业的资本市场融资策略研究",载《科学管理研究》2010 年第 2 期。
[4] 闻岳春、王婧婷:"科技创新型中小企业的资本市场融资策略研究",载《科学管理研究》2010 年第 2 期。
[5] 李扬、杨益群:《中小企业融资与银行》,上海财经大学出版社 2001 年版。

军(2001)❶和陈洪俊(2001)❷等认为中国应借鉴发达国家关系融资理论的研究成果和实践,发展民间金融和中小金融机构,这是解决中小企业融资问题的根本出路。林毅夫、孙希芳(2004)构建了一个包括异质的中小企业借款者和异质的贷款者(具有不同信息结构的非正规金融和正规金融部门)的金融市场模型,力图说明金融市场的分割和非正规金融的市场特征。❸而王自力(2002)等认为解除管制的时机尚不成熟,引入中小民营银行的前提必须有一个高度市场化的制度环境和有效的安全网,放松金融管制的最大障碍是风险问题,政府的占优策略是继续维持金融管制。❹

借鉴西方国家的成功经验,巴曙松(2003)、王凤荣(2002)就资本市场与中小企业融资进行了论述,认为发展多层次资本市场对扩大中小企业直接融资渠道,对风险投资的退出、调整金融结构均具有重要作用。❺❻王宜四(2004)认为建立"统一互联"的产权交易所是目前建设多层次资本市场和发展中小企业直接融资的最佳途径。❼

(六)中小企业融资体系方面的研究

有关中小企业融资体系方面的研究,林毅夫等认为大型金融机构天生不适合为中小型企业服务,而这也正是造成中国目前各种中小企业,尤其是对外源性资金需求量极大的高科技民营企业融资困难的重要原因之一。基于不同的金融机构给不同规模的企业提供金融服务的成本和效率是不一样的这一原则,在考虑到国家相关战略性政策负担以及国有企业给国有商业银行遗留的不良资产问题等因素的情况下,解决中小型企业融资的最好办法就是开放市场,大力发展非国有中小金融机构。为此,就要解决好国有企业和国有银行的经营困难,建立由地方商业性、中小银行和合作贷款金融机构组成的理想中小企业融资体系,创建充分竞争的中小企业贷款市场,并建立与之相适应的完善的金融法规和监管体系。此外,在发展中小银行时一定要实现市场化,不能由地方政府行政控制,成为地方政府的第二财政,或是他们进行盲目投资的工具。

在对高新技术产业进行资金支持方面,西方国家无论在实践还是理论研究中,

---

❶　林毅夫、李永军:"中小金融机构发展与中小企业融资",载《经济研究》2001 年第 1 期。

❷　陈洪俊:《中小企业信用担保体系概况》,中国经济出版社 2001 年版。

❸　林毅夫、孙希芳:"小企业与中小金融机构",载《林毅夫论坛》2004 年。

❹　王自力:"民营银行准入",载《金融研究》2002 年第 11 期。

❺　巴曙松:"层次资本市场与经济体制改革",载《证券时报》2003 年 10 月 22 日。

❻　王凤荣:《金融制度变迁中的企业成长》,经济科学出版社 2002 年版。

❼　王四宜:"统一互联,构筑多层次资本",载《市场经济观察》2004 年第 1 期。

都取得了相当的成就,尤其是美国,在高新技术产业资金的来源和运用方面为我们提供了大量可资借鉴的经验。但是从西方国家来看,其融资制度和政治制度一样,处于基本稳定的状态。关于高新技术产业融资问题的研究集中在诸如对高新技术中小企业融资的政策扶持、风险投资、中小高新技术企业的融资结构、融资方式选择等有关技术分析和操作性问题方面。而对于有关计划经济体制向市场经济体制过渡中的融资制度变迁,路径依赖与路径选择,模式转换则很少涉及或根本不涉及。虽然国外学者从未对高新技术产业融资制度创新进行过系统描述和分析,但是关于融资的理论,仍然能够为研究我国转轨过程中的高新技术产业融资制度创新提供借鉴。

中小型高新技术企业融资困境的成因分析。Latimer Asch 认为:中小企业特别是高新技术中小企业通常被信贷机构所忽视。银行和其他金融机构为大型企业提供贷款是有利可图的,但中小高新技术企业所需资金规模小,为这样小规模资金提供贷款的成本偏高,甚至可能使贷款的边际收益为零。此外,中小高新技术企业高风险性和高失败率也是风险厌恶性银行提供贷款的另一考虑因素。英国议员麦克米伦(Macmilian's Report,1931 年)在向英国国会提供的关于中小企业的调查报告中指出,中小企业融资面临着"金融缺口"(Finance Gap)。麦克米伦发现,对中小企业的长期资本供给存在短缺,这种短缺尤其明显地发生在那些单靠初始出资人的资金已经完全不够,但又尚未达到足以在公开市场上融资的规模的企业身上。其后,大量的实证研究表明,中小企业在发展过程中面临着融资"双缺口"——资本缺口(Equity Gap)和债务缺口(Debt Gap),即中小企业无论在股权融资还是在债务融资上,都面临着正常需求无法满足的困境。Ray(1983)等将金融缺口的存在定义为以下两种情况:第一,当小企业投资的边际收益大于边际成本,但由于资金供给的中断而不能进行投资的情况;第二,当小企业获得资金的货币成本过渡地超过大企业的该成本,致使小企业无法通过正常投资来实现其增长潜力的情况。

钟加坤、钱艳英(2001 年)认为,融资障碍是中国科技型中小企业发展的瓶颈。由于科技型中小企业技术与产品以及市场的高风险,在债务融资方面,如果市场存在利率管制,银行得不偿失;利率自由化,则会使信贷市场出现"柠檬"市场,应加强在股权方面的融资。同时认为,金融创新将有助于拓展科技型中小企业的融资渠道。❶王竞天等指出科技型中小企业技术创新的障碍性因素是多方面的,其中融资制度安排低效无疑是一个巨大的障碍。融资倾向于内源化,市场化水平不高,融

---

❶ 钟加坤,钱艳英.民营科技企业融资障碍分析\[N\].广州商学院学报 2001,(5)29-32.

资渠道单一,融资社会化程度低,突出表现为社会信用制度不健全,融资中介机构不规范,融资担保体系不完善。❶

（七）中小企业融资模式研究

关系融资(Relationship Financing)制度很早就盛行于西方国家,它是指在中小企业和中小金融机构之间形成的一种特殊的融资关系,它不是根据借款者"硬"的信息,即一些企业的财务状况、抵押比率、信用级别等客观标准,而是根据借款者的"软"的信息给企业提供资金支持。这些"软"的信息的特点是不容易被其他人观察到、不容易被证实、不容易传递,需要经过一段时间的积累才能形成,如企业经营者和员工的素质、企业发展前景、企业所在地的人文、政治和经济环境等。关系融资制度不拘泥于企业能否提供合格财务信息和抵押品,因而最适合于信息不透明且资产少的中小企业。青木昌彦❷、Metchell A. Petersen,Raghuram G. Rajan❸认为,它通过市场手段很好地解决西方国家小企业的融资难的问题,同时也使中小金融机构得到稳定的发展。从中小企业的角度出发,把企业与金融机构之间的关系视为企业的无形资产,利用期权定价方法建立了关系型融资的价值模型,对中小高新技术企业关系型融资的价值大小进行了分析。通过关系型融资的价值模型,发现中小高新技术企业保持与银行的关系,其潜在价值在于能够为企业带来更大的投资回报和更多的贷款额,从而利于解决中小高新技术企业的融资困境。❹

许多学者致力于探讨企业融资中银企关系的研究,研究表明,这种关系型融资对贷款协议有着重要的影响。大量的研究认为,在最佳的银行企业关系中,银行和企业双方都会得到较大的经济收益。Berger & Udell(2006)关于银企关系强度的研究结果显示,关系强度同信贷成本呈负相关关系。Elsas(2005)的研究结果也表明,通过降低贷款成本可以使关系的价值随着关系的持续时间增长。Peltoniemi(2004年)通过对芬兰小企业的实证研究,发现同借款银行有较长时间联系的企业能够获得成本较低的贷款。这个结果意味着,与银行建立密切而长期的合作关系对中小高新技术企业来说是十分有益的。同时他发现随着关系的成熟,高风险公司与低风险公司相比,贷款成本减少的幅度更大。这个结论对于我国的科技型中

---

❶ 仲玲:《科技型中小企业融资的理论与实证研究》,吉林大学2006博士学位论文。

❷ 青木昌彦:《比较制度研究》,上海远东出版社2001年版。

❸ Metchell A. Petersen ,Raghuram G. Rajan. The effect of credit market competition on lending relationship. NBER Working Paper,1994.

❹ 杨楠:"基于期权的中小高新技术企业关系型融资的价值分析",载《南京财经大学学报》2012年第4期。

小企业有一定的借鉴意义,科技型中小企业多属于高成长、高风险的企业,与银行发展关系型融资将获得较之于其他企业的更大益处。目前,我国的银企关系大多是以交易为基础的,即贷款机构与借款企业保持一定距离,普遍采用信用评分方法或投资组合绩效模型,向甄别合格的科技型中小企业提供信贷。这种方式导致大多数科技型中小企业无法取得贷款资格,因为其资产负债表上缺乏可作为抵押品的大量有形资产,如应收账款、库存、设备及固定资产等,而根据美、欧、日等发达国家的经验,关系型融资是解决上述问题的有效方法,正如 Petersen & Rajan(1994)所认为的,银行在信息生产上具有比较优势,尤其是对小企业的信息生产。[1]

德国学者 Harhoff D. Körting[2]的实证研究发现,德国的中小企业大部分与一至两家银行建立了长期的借贷关系,从中所获贷款额占其贷款总额的 2/3 以上。银企间的借贷持续时间与企业贷款的可得性正相关,与银行的抵押关系负相关。美国中小企业贷款的特征也显示,关系型贷款占中小企业贷款总量的 56.35%,企业从保持长期交易关系的银行获得 85% 以上的贷款,银企间的关系保持的时间平均达 9 年以上。日本学者安田武严[3]的研究认为,中小企业的运营各具特色,大多数都是由创业者的特性这一难以用数据表述的要素所决定的。Jayaratne & Wollken(1999)[4]的实证研究发现,银行规模与银行对中小企业的贷款比率之间存在负相关关系,即小银行比大银行更加倾向于向中小企业提供贷款。大银行为中小企业提供融资服务时,单位资金的交易成本和信息成本相对较高,很难与中小企业建立稳定、紧密的合作关系。与大银行的情形不同,中小银行的服务对象比较集中于特定的较小的区域内。小银行对于所在地区内数量众多的中小企业的经营管理和资信状况比较了解,而且容易建立起持续的信息积累。[5]

关于科技型中小企业知识产权证券化融资的研究。知识产权证券化作为融资方式的创新,近年来越来越受到各类融资主体的关注,相关的理论研究也逐渐展开。杨亚西(2006)认为,知识产权证券化作为资产证券化技术的纵深发展,为促进高新技术转化,推动科技进步提供了有力的金融支持,已成为国外发展高新技术企

[1] 杨楠:"基于期权的中小高新技术企业关系型融资的价值分析",载《南京财经大学学报》2012 年第 4 期。

[2] Harhoff, D., Körting, T.. Lending relationships in Germany: Empeirical evidence from survey data. Journal of banking and finance, 1998, (22).

[3] 安田武严:"小企业盼融资多样化",载《国际金融时报》2003 年 6 月 25 日。

[4] Jayaratne, J., Wollen, J.. How Important Are Small Banks to Small Business Lending? Journal of Bankingand Fiance, 1999(23), 427–458.

[5] 仲玲:《科技型中小企业融资的理论与实证研究》,吉林大学 2006 博士学位论文。

业的重要融资方式。❶杨亚西、杨波（2007）根据我国的实际情况和已有的资产证券化实践，对我国知识产权证券化的具体运作流程和重要环节进行了研究和设计，为在我国建立可行的知识产权证券化运作模式提供了理论借鉴。❷史蕾、路正南（2009）的研究指出高新技术产业发展的本质特征使传统融资模式不能适应其融资需求，知识产权证券化已成为国外高新技术产业的一种创新性融资方式，并从知识产权证券化融资的优越性、我国实施高新技术产业知识产权证券化融资的可行性角度进行了分析。❸张雪红（2009）探讨了通过证券化实现知识产权资产价值的优势，并结合实际案例对知识产权资产证券化的程序进行了研究。❹赵子铱（2009）在分析高新技术企业通过知识产权证券化进行融资可行性的基础上，对高新技术企业知识产权证券化融资的流程进行了探讨。❺李秋（2012）认为积极借鉴国外知识产权证券化的实践经验，在我国开展产权证券化，将有利于解决创新型企业尤其是中小创新企业融资难的问题，对我国技术产业的发展有着重要的意义。❻李延罡（2007）分析了目前我国高新技术中小企业融资难的现状，揭示了我国信贷融资渠道存在的问题，在深入分析的基础上，提出了通过无形资产证券化融资，解决信用担保难问题。❼专利证券化能够为中小高新技术企业提供强有力的金融支持，具有化解中小高新技术企业融资难题，促进科技成果转化，分散技术风险的积极意义。林晓安（2010）认为中小高新技术企业进行专利证券化融资的重要环节应当采取设立常设特设机构，为进行跨企业的专利资产组合构建优质资产池，开放专利支撑证券交易市场的模式设计，以建立一个合适的中小高新技术企业专利证券化模式。❽汤珊芬、程良友、袁晓东（2006）指出专利证券化是一种新型的融资方式，它具有多种融资优点；同时还具有促进专利商品化产业化的功能，指出了专利证券化在实施中应注意的问题并对专利证券化在我国如何实施提出了初步的看法。❾

❶ 杨亚西："知识产权证券化：知识产权融资的有效途径"，载《上海金融》2006 年第 10 期。

❷ 杨亚西、杨波："我国知识产权证券化的模式设计"，载《特区经济》2007 年第 10 期。

❸ 史蕾、路正南："高新技术产业知识产权证券化融资研究"，载《科技管理研究》2009 年第 7 期。

❹ 张雪红："浅谈知识产权的资产证券化"，载《法制与社会》2009 年第 26 期。

❺ 赵子铱、马勇："高新技术企业知识产权证券化融资策略分析"，载《现代商业》2009 年第 36 期。

❻ 李秋："知识产权证券化的中国模式探讨"，载《商业时代》2012 年第 11 期。

❼ 李延罡："高新技术中小企业无形资产证券化融资"，载《商场现代化》2007 年第 3 期。

❽ 林晓安："中小高新技术企业专利证券化融资研究"，载《特区经济》2010 年第 11 期。

❾ 汤珊芬、程良友、袁晓东："专利证券化——融资方式的新发展"，载《科技与经济》2006 年第 3 期。

建立创新型国家离不开多元化、多渠道、多层次的科技投融资体系。在投融资机制研究中,运用实物期权研究投融资的互动机制与企业技术创新的关系问题近年来引起学者们的关注。实物期权法以其对不确定性因素、动态随机性、多阶段的决策灵活性的刻画等而备受学者们的重视。[1]学者们通过理论模型证明,由于风险的不确定性,银行更愿意向低风险企业发放贷款。担保公司的加入可以提高风险评估的专业性,但同样面临风险收益不对称的问题。这一问题可通过"担保换期权"这种金融创新来解决。[2]

权利质押是知识经济时代进行专利技术融资的重要渠道之一,与专利技术相关且可作为权利质押标的的权利有专利权、专利申请权、专利实施权。由于质押标的物的特殊性,刘伟(2001)就权利质押的担保功能、质钾的设立、质权的效力等问题作了分析和讨论。[3]有效利用专利,成功获取企业发展所需资金是科技企业成功经营的一个标志。张晓云、冯涛(2012)发现虽然银行业已经广泛开展了专利担保融资业务,但由于各种固有的局限,质押融资远远不能满足大多数中小科技企业的融资需求。作为唯一可以合法进行综合投资的信托融资则可以发挥重要的补充作用。合理的制度设计是保证专利信托融资成功的关键。[4]

融资租赁在国外中小企业融资方式中是仅次于银行贷款的第二大融资方式,但对我国很多企业来说仍然是一个陌生领域,田桂玲(2011)介绍了融资租赁方式对解决科技型中小企业融资瓶颈,促使科技型中小企业转变发展方式提升自主创新能力的意义,提出了科技型中小企业利用融资租赁需注意的问题。[5]

关于如何促进我国高新技术企业的发展,王连杰(1996)从风险投资入手研究其对高新技术企业的促进作用,并对如何发展中国的风险投资事业提出了富有建设性的对策。[6] 其后的研究从拓宽高新技术企业融资渠道的角度对高新技术企业的融资问题展开研究马立人等(2000)。[7] 此外还有学者对中国高新技术企业融资结构展开研究,梁莱歆、曾如淑(2004)指出中国上市高新技术企业与非上市高新技

---

[1] 谭英双:"基于实物期权的企业技术创新投融资互动机制研究",载《技术经济与管理研究》2009年第3期。

[2] 杨兆廷、李吉栋:"'担保换期权'与高新技术中小企业融资",载《管理世界》2008年第10期。

[3] 刘伟:"专利技术融资的新渠道——权利质押",载《科技进步与对策》2001年第4期。

[4] 张晓云、冯涛:"专利信托融资模式的设计与应用",载《知识产权》2012年第6期。

[5] 田桂玲:"科技型中小企业利用融资租赁的探讨",载《企业导报》2011年第13期。

[6] 王连杰:"风险投资基金:高科技企业融资新渠道",载《财贸经济》1996年第3期。

[7] 马立人、曹瑾:"我国高科技企业的融资渠道与策略",载《今日科技》2000年第11期。

术企业融资结构存在差异,上市高新技术企业融资偏重于股权融资,非上市高新技术企业侧重债权融资,但却困难重重;梁莱歆、王正兵(2004)提出从股权资本报酬率变异性的角度来衡量中国高新技术企业的融资风险,并对企业的融资风险进行了实证分析;❶另外,还有学者从民营经济的角度对中国高新技术企业融资环境进行了分析;李相国、周毅(2004),指出应从改善融资环境角度促进中国高新技术企业的融资。❷

风险投资是科技型中小企业的重要融资渠道。Yuk-shee Chan(1990)❸提出了一个风险资本家和风险企业之间的两期代理模型,认为合约双方均有能力控制企业,但企业家一方的能力在缔约时双方并不明确,即一开始就存在信息不对称,随着项目的进展和中间信息的产生,企业家能力逐渐被展示出来,从而决定了第二阶段谁来控制企业。两者之间学习过程的存在使得契约具有明显保证风险投资家具有控制权的让渡能力。Dirk(1998)认为,对于由创新本质决定的风险收益不确定的项目,风险投资家和企业家之间存在信息不对称,即风险投资家有可能单方面掌握有关项目的信息以及资金的分配,从而使事后的道德风险成为可能。随着项目的进展,上述信息逐渐被揭示,风险投资家可以修正原先对项目前景的估计,并决定是否继续投资,即学习过程本身是内生的基于贝叶斯估计的动态模型。最优合同的设想是当项目成功时,创业企业家才可以获得回报。而纯粹的股权合同不能满足这个条件,从而削弱了激励。因此,最优的合同是股权和债权的混合,即可转换优先股。

(八)中小企业融资效率的研究

在西方的研究文献中,很少出现企业融资效率的表述,这估计与西方企业的财产组织体系或产权制度有关。西方企业财产组织的分散化、社会化、市场化和产权制度的私人特征加之较为发达完善的资本市场,使得企业融资原本就具有较高的效率。

在国内,曾康霖是较早使用"融资效率"概念的学者,并分析了影响融资效率和成本的七个因素。宋文兵(1997)较早对"融资效率"概念进行了研究,他比较分

---

❶　韩珺:《我国高新技术产业融资模式创新研究》,中国海洋大学 2008 博士学位论文。

❷　李相国、周毅:"民营高科技企业融资的环境与对策研究",载《工业技术经济》2004 年第5 期。

❸　Yuk-shee Chan, Daniel Siegel, Anjan Thaker. Learning, Corporate Control and Performance Requirements in Venture Capital Contracts. International Economics Review,1990,(31),365-381.

段,每一阶段在企业规模、面临的风险程度、信息不对称程度、资金需求量及资金需求类型等方面都有明显的差异。本研究分析了中小企业生命周期及其风险特征,详细讨论了科技型中小企业初创期的融资模式、成长期的融资模式和成熟期的融资模式。

(4)科技型中小企业融资模式选择的影响因素。目前,我国科技型中小企业的融资渠道主要有:自有资金、证券市场融资、银行借贷、政府资助和少量的风险投资资金等。本研究从政策法规及制度环境因素、产业竞争环境因素、企业内部资源和能力因素等几个方面对我国科技型中小企业融资模式的选择行为进行了探讨。

(5)发达国家科技型中小企业融资模式借鉴。由于各国科技型中小企业所处的经济环境和历史背景不同,因此,所采用的融资模式有很大的差异。本研究分别对美国、德国、日本等主要国家中小企业融资模式进行了讨论,并对英国、加拿大、新加坡和韩国的融资模式也作了初步的探索,以期得到经验借鉴。

(6)科技型中小企业融资模式创新。科技型中小企业要想解决融资难问题,除了提升自身的素质外,还必须寻求适合中小企业特性的新型融资模式。随着科技型中小企业知识产权融资需求的不断增长,我国知识产权融资的条件和环境日趋成熟和完善,这些都为科技型中小企业更好地运用知识产权克服融资瓶颈创造了良好的条件。银行在我国仍然是科技型中小企业融资的主要渠道,只是传统商业银行缺乏应对科技型中小企业的业务设置以及风险控制机制,因此,可通过设立专门针对科技型中小企业的科技银行来解决这一问题。本研究从知识产权融资模式创新和科技银行融资模式创新两个角度进行了深入探讨。

在对上述内容具体研究基础上,最后得出了几点研究结论,并针对如何做好科技型中小企业融资模式创新提出了一些初步的政策建议。

二、研究思路

本研究首先对企业融资的相关理论进行梳理和总结,并通过问卷调研和实际访谈的形式对我国科技型中小企业的融资现状作了客观分析。科技型中小企业处于不同的发展阶段,呈现不同生命周期特征,从其生命周期的发展变化中,揭示基本融资规律。在此基础上,研究科技型中小企业融资模式的主要影响因素,找出融资过程的不同阶段,融资主要受哪些因素的影响。运用比较研究的方法剖析美国、日本、德国等发达国家中小企业融资模式的经验,结合我国的国情进行有针对性的借鉴。根据我国科技型中小企业融资的特点提出具体的融资模式创新,并给出了

相关的对策建议,以期在一定程度上解决我国科技型中小企业面临的融资困境。❶
本研究的技术路线如图1-1所示。

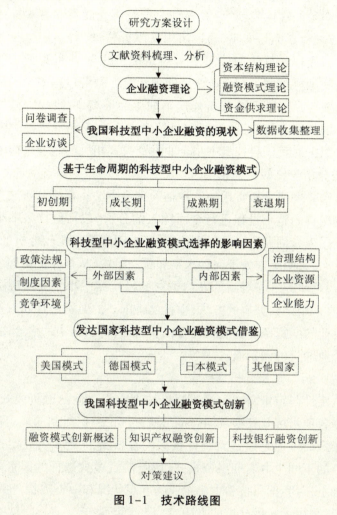

图1-1　技术路线图

三、研究方法

本书主要采用规范研究和实证分析相结合、定性与定量研究相结合、横向与纵
向比较分析的方法,利用这些研究方法不同的特点互补余缺。具体表现在以下几
个方面:

---

❶　仲玲:《科技型中小企业融资的理论与实证研究》,吉林大学2006博士学位论文。

（一）规范研究和实证分析相结合的方法

规范研究和实证分析都是科学研究中被广泛应用的方法。一般地说,前者多偏重于对研究对象的理性判断,后者多偏重于对研究对象的客观描述。在规范分析方面,本书首先检索大量文献,通过历史文献分析法,对中小企业融资模式的各种研究观点进行梳理和总结,确立了企业融资模式的含义,并以此为基础结合调研问卷客观分析我国科技型中小企业融资的现状及在融资过程中出现的一系列现实问题。基于企业生命周期理论分析处于不同生命周期 阶段我国科技型中小企业融资模式的不同特征和规律,并对影响科技型中小企业融资选择的因素进行了分析。运用调研数据对我国科技型中小企业融资模式相关的内容进行了实证分析。

（二）系统分析与比较分析相结合

系统分析法是经济分析常用的一种辅助决策方法。系统分析法主要用来对科技型中小企业融资的整个过程进行全面深入的分析,包括科技型中小企业融资的理论、现状、不同生命周期阶段的融资特征、影响因素等。比较分析的方法,在于既了解事物是什么,又明确它处于何种水平和哪一阶段,从整体上把握事物的发展规律,以便进行规范研究。在对国外发达国家的科技型中小企业的融资模式进行分析时,我们主要采用比较分析的方法,也就是将国外的融资条件和融资模式与我国科技型中小企业的融资条件和模式进行比较研究,得出其中的借鉴内容,从而构建科技型中小企业融资的创新模式。❶

（三）定性分析与定量分析相结合

本研究从定性与定量两方面对我国科技型中小企业的融资模式进行了研究。定性分析是指各项指标及其参数的确定是通过理论分析得到的。定量分析是指各项指标及其参数的确定是通过对统计数据的分析得到。❷本研究定性地分析了科技型中小企业的不同生命周期融资模式、影响融资模式选择的因素等内容。在定性研究的基础上,对我国科技型中小企业的客观状况和融资现状,特别是资金供求现状的分析上,采用了定量分析的方法。

---

❶ 王新红:《我国高新技术企业融资效率研究》,西北大学 2007 博士学位论文。
❷ 仲玲:《科技型中小企业融资的理论与实证研究》,吉林大学 2006 博士学位论文。

第二章　中小企业融资理论

第一节　相关概念界定

一、科技型中小企业

(一)中小企业

1. 发达国家对中小企业的界定

国外对中小企业的界定形式各不相同,有些则是在制定相应的扶持政策时加以界定,有些国家通过立法对中小企业进行规定。

美国通过立法的形式对中小企业进行了界定,即中小企业为私人所拥有,独立经营,在所经营的行业中,不具有支配性。美国经济发展委员会在 20 世纪 80 年代对小企业的界定标准则是必须符合以下四个特点中的至少两个:(1)经理拥有并独立治理该企业;(2)资金来源仅限于一定数量的自然人;(3)企业在当地经营业务;(4)企业规模在该行业中相对较小。美国小企业管理局规定凡雇员不超过 500人的企业均属中小企业,具体到不同行业,雇员的最大限额可以有所不同。例如,在零售业和服务业,雇员不超过 100 人的企业可被认为是中小企业,500 人的标准通常适用于制造业。

德国对中小企业界定也从定性和定量两个方面出发。从定性方面主要有三个标准:(1)以独立的私人所有制为主,企业的所有权与经营权合二为一;(2)不通过资本市场筹集资金;(3)经营风险较大,且由企业所有者独自承担。在定量方面,经济部门不一样,划分企业规模的指标也不尽相同,但较为一致的指标有两项:一是就业人数,二是营业额。20 世纪 50 年代,政府曾将中小企业界定为就业人数200 人以下、年销售额 600 万马克以下。目前德国中小企业的界定为凡雇员不超过500 人、年营业额在 1 亿马克以下的工业、商业、手工业、服务性行业中的企业。

日本的中小企业界定由法律规定,且以从业人员数和资本金额定量划分。标准随着社会经济的发展不断变化。根据日本 1999 年《新中小企业基本法》的规定,中小企业划分标准是制造业资本额或出资总额在 3 亿日元以下,从业人员 300 人以下;批发业资本金在 1 亿日元以下,从业人员 100 人以下;服务业资本金在 5000 万日元以下,从业人员 100 人以下;零售业资本金在 5000 万日元以下,从业人员 50 人以下。

2. 我国对中小企业的界定

我国的界定相对复杂,且不断调整。我国以前实行计划经济,大多数都为国有企业。从市场经济角度,考虑经济竞争力、创新和就业而进行中小企业的界定,实际从 2002 年九届人大第二十八次会议通过《中华人民共和国中小企业促进法》开始。该法总则第一条就阐明了立法的目的:"为了改善中小企业经营环境,促进中小企业健康发展,扩大城乡就业,发挥中小企业在国民经济和社会发展中的重要作用,制定本法。"第二条规定了对中小企业的界定问题:"本法所称中小企业,是指在中华人民共和国境内依法设立的有利于满足社会需要,增加就业,符合国家产业政策,生产经营规模属于中小型的各种所有制和各种形式的企业。中小企业的划分标准由国务院负责企业工作的相关部门根据企业职工人数、销售额、资产总额等指标,结合行业特点制定,报国务院批准。"

2003 年 2 月,根据《中华人民共和国中小企业促进法》规定,经国务院批准,由当时的国家经济贸易委员会、国家发展计划委员会、财政部、国家统计局联合发布施行《中小企业标准暂行规定》,此规定根据企业职工人数、销售额、资产总额等指标,结合行业特点对不同行业的中小企业进行了界定。

(二)科技型中小企业

在市场经济条件下,企业既是经济活动的主体,也是科技创新的主体。企业的科技水平以及创新能力不仅直接决定着企业自身的竞争力,而且对整个经济的发展有着重要的推动作用。在建立创新型国家的背景下,准确认识科技创新的主体具有重要的意义。

目前对于科技型企业还没有一个统一的定义。一般认为,科技型企业是以科技人员为主体,从事技术开发、转让、咨询、服务、培训及技术密集型产品研制、生产、销售为主要业务的科技经济实体。目前国家相关部门根据不同的目的和要求,从不同的角度对科技型企业进行了具体规定,主要有以下几种:

1. 高新技术企业的认定条件

(1)在中国境内(不含港、澳、台地区)注册的企业,近三年内通过自主研发、受让、受赠、并购等方式,或通过五年以上的独占许可方式,对其主要产品(服务)的核心技术拥有自主知识产权;(2)产品(服务)属于《国家重点支持的高新技术领域》规定的范围;(3)具有大学专科以上学历的科技人员占企业当年职工总数的 30% 以上,其中研发人员占企业当年职工总数的 10% 以上;(4)企业为获得科学技术新知识,创造性运用科学技术新知识,或实质性改进技术、产品(服务)而持续进行了研究开发活动,且近三个会计年度的研究开发费用总额占销售收入总额的比例符合如下要求:一是最近一年销售收入小于5000万元的企业,比例不低于6%;二是最近一年销售收入在5000万元至20000万元的企业,比例不低于4%;三是最近一年销售收入在20000万元以上的企业,比例不低于3%。其中,企业在中国境内发生的研究开发费用总额占全部研究开发费用总额的比例不低于60%,企业注册成立时间不足三年的,按实际经营年限计算;(5)高新技术产品(服务)收入占企业当年总收入的60%以上;(6)企业研究开发组织管理水平、科技成果转化能力、自主知识产权数量、销售与总资产成长性等指标符合《高新技术企业认定管理工作指引》(另行制定)的要求。

2. 科技型中小企业的认定

关于科技型中小企业的规定,目前采用较多的是《科技型中小企业技术创新基金申请须知》中关于科技型中小企业的规定,具体规定为申请创新基金支持的科技型中小企业须符合以下条件:

(1)具备独立企业法人资格的中小企业。

(2)主要从事高新技术产品的研究、开发、生产或服务业务,且申报的项目必须在其企业法人营业执照规定的经营范围内。

(3)管理团队有较强的市场开拓能力和较高的经营管理水平,并有持续创新的意识。

(4)具有大专以上学历的科技人员占职工总数的比例在30%以上,直接从事研究开发的科技人员占职工总数的比例在10%以上。

(5)有良好的经营业绩,资产负债率合理;每年用于技术产品研究开发的经费不低于当年营业收入的5%(当年注册的新办企业不受此款限制)。

(6)有健全的财务管理制度和合格的财务管理人员。

(7)企业须由中方控股,但由具有外国身份的留学人员个人控股的企业除外(须提供留学身份证明)。

目前我国对科技型中小企业的界定的主要依据有:《科学技术部、财政部关于中小企业技术创新基金的暂行规定》《国家高新技术产业开发区高新技术企业认定条件和办法》和《国家高新技术产业开发区外高新技术企业认定条件和办法》。这些规定和办法主要是从科技人员比重、R&D经费比重、高科技产品比重以及经济效益等方面对科技型中小企业进行界定,即职工人数在500人以下、大专以上学历占职工总数的比例在30%以上、R&D人员占职工总数的比例在10%以上、R&D经费占总收入的比重大于3%、技术性收入与高新技术产品产值的总和占企业当

年总收入的比例大于50%。❶

国外创业投资按企业发展阶段对科技型中小企业进行划分,一般把处于成熟期(Mature Stage)之前的种子期、导入期和成长期的企业称为科技型中小企业。种子期(Seed Stage)是指技术的酝酿与发明阶段。这一时期从创意的酝酿到实验室样品,再到粗糙样品。导入期(Start-up Stage)是指技术创新和产品试销阶段,该阶段,企业需要制造少量产品,一方面要进一步解决技术问题,尤其是通过中试,排除技术风险;另一方面还要进入市场试销,听取市场意见。成长期(Expansion Stage)是指技术发展和生产扩大阶段,这一阶段一方面是扩大生产,另一方面是开拓市场,使企业达到基本规模。

综上所述,本书认为科技型中小企业是指以科技人员为主体,从事科学研究、技术开发、技术转让、技术服务、技术咨询和高新技术产品研制、生产、销售,以科技成果商品化为主要内容,以市场为导向,人员、资产和收入规模较小,实行自筹资金、自负盈亏、自我发展、自我约束的知识密集型企业。❷

二、几种典型的融资方式界定

(一)质押融资

依据《中华人民共和国担保法》中对动产质押和权利质押的相关规定,可将质押理解为,质押是指债务人或第三人将其财产移交给债权人占有,将该财产作为债权的担保。当债务人不履行债务时,债权人有权依法依该财产折价的价款优先受偿,或是以拍卖、变卖该动产或权利的价款优先受偿。债务人或者第三人为出质人。质押按照标的物的实物形态划分为不动产质押、动产质押和权利质押。而知识产权质押是权利质押的一种,是保证债务人履行债务、债权人实现权利的一种担保制度;或者说,质押通常是指一种担保物权的设定和实行方式,而质权则表明以此方式设定的担保物权的权利人所享有的权利,侧重于权利的保护。

对科技型中小企业来说,由于有价值的实物资产较少,所以常常采用知识产权等无形资产进行质押融资。所谓知识产权质押,是保证债务人履行债务、债权人实现权利的一种担保制度,它是权利质押的一种。可将知识产权质押理解为债务人或第三方将其依法拥有和控制的知识产权中的财产权作为债权的担保,来督促债务人履行偿债义务、以保障债权人权利的实现。当债务人不履行债务时,债权人有

---

❶ 范芳妮:《科技型企业知识产权质押融资模式研究》,天津财经大学2011硕士学位论文。
❷ 刘瑞波、赵国杰:"科技型中小企业的融资方式组合及其突破",载《山东财政学院学报》2007年第1期。

权依法以该知识产权折价或以拍卖、变卖知识产权的价款优先受偿。其中,为债权提供知识产权担保的债务人或者第三人为出质人,债权人为质权人。知识产权质押融资是科技型中小企业以知识产权为质押标的物,向银行等金融机构申请贷款的一种融资方式。❶

（二）担保融资

担保是指法律为确保特定的债权人实现债权,以债务人或第三人的信用或者特定财产来督促债务人履行债务的制度。从《担保法》看,债权的担保是指以当事人的一定财产为基础,能够用以督促债务人履行债务,保障债权实现的方法。

融资担保是指由专门的融资担保公司等组织机构为企业特别是中小企业向银行提供贷款保证服务,接受担保服务的企业向融资担保公司交付一定担保费用的担保方式。当被担保的企业不履行或不能履行债务时,首先由融资担保公司对贷款银行代为履行债务,然后担保公司依据反担保合同处理抵押资产。融资担保是保证担保的一种特定形式,是一种信誉证明和资产责任保证结合在一起的中介服务活动,它介于商业银行和企业之间,担保人对商业银行做出承诺,为企业提供担保,从而提高企业的资信等级。可以建立中小企业与银行之间良好关系,提升中小企业的信用水平,以解决中小企业的融资难问题。❷

中小企业信用担保是指经过同级人民政府及政府指定部门审核批准设立,并依法登记注册的中小企业信用担保专门机构,与债权人（包括银行等金融机构）约定,当被担保的中小企业不能履行主合同约定的债务时,担保机构承担约定责任的行为。❸

（三）资产证券化融资

资产证券化是金融制度创新的产物,将缺乏流动性的资产转换为在金融市场上可以自由买卖的证券的行为,提高其流动性的资产运营方式。知识产权资产证券化,实质上是金融资本与知识资本的一种有效结合,是以金融技术为依托,以知识产权的信用为担保,以证券为载体的融资方式。❹

Gardener(1991 年)给出资产证券化的定义,即资产证券化是使储蓄者与借款者通过金融市场得以部分或全部的匹配的过程,或者提供的一种工具。在这里,开

---

❶　范芳妮:《科技型企业知识产权质押融资模式研究》,天津财经大学 2011 硕士学位论文。

❷　伍丁果:《武汉市科技型中小企业融资担保研究》,华中科技大学 2010 硕士学位论文。

❸　黄忠勇:《信贷配给下中小企业信用担保融资模式研究》,西南财经大学 2007 硕士学位论文。

❹　张雪红:"浅谈知识产权的资产证券化",载《法制与社会》2009 年第 26 期。

放的市场信誉取代了由银行或者其他金融机构提供的封闭市场信誉。美国证券交易委员会(SEC)对资产证券化的定义为:资产支持证券是指这样一种证券,它们主要由一个特定的应收账款资产池或者金融资产来支持并保证偿付。这些金融资产的期限可以是固定的,也可以是循环周转的。根据资产的条款,在特定的时期内可以产生现金流和其他权利,或者资产支持证券也可以由其他资产来保证服务或按期向证券持有者分配收益。❶

(四)融资租赁

融资租赁是出租人根据承租人对租赁物件或权利的特定要求和对供货人的选择,出资向供货人购买租赁物件或权利,并租给承租人使用,承租人则分期向出租人支付租金,在租赁期内租赁物件或权利的所有权属于出租人所有,承租人拥有租赁物件的使用权。

融资租赁与一般租赁的最大不同之处就是租赁标的设备的风险和报酬已经发生了转移,转移到了承租人一方,而传统的租赁方式设备的风险和报酬还在出租方一方。一旦承租人拥有了该设备的使用权,就应该对该设备提取折旧。而对于传统租赁方式来说,计提折旧仍然是出租方的责任。

从国际来看,融资租赁对科技型中小企业的作用主要体现在企业的初创期,或者说种子期。在初创期,企业自有资金规模有限,很难扩大规模,设备和配套技术短缺,同时难以利用银行贷款等融资方式,而融资租赁对企业资产负债表的要求比较低,信用审查程序比银行快捷,企业可以利用融资租赁解决初期资金不足和设备缺乏等问题,缓解企业初期固定资产投资的压力。另外,有些国家限制某些先进技术流入中国,如果利用国际租赁,设备是以租赁的形式发生地域转移,产权未变,故而不受技术设备所在国的专利法限制,企业就可以绕过技术管制和贸易壁垒,引进自己急需的技术设备。❷

第二节　企业融资的资本结构理论

企业资本结构又称融资结构,是指企业取得长期资金的各项来源、组成及其相互关系。狭义上,是指企业负债和权益资本以所占的不同比例而形成的企业资本构成;广义上,是指企业多种不同形式的负债,和权益资本的多种多样的组合结构。

---

❶ 孙婕嘉:"资产证券化在中小企业融资中的运用",载《企业研究》2010年第8期。

❷ 杨崇慧:"'科技型中小企业如何利用国际市场资金'之二——科技型中小企业如何利用好国际融资租赁",载《江苏科技信息》2006年第2期。

在预期收益,即税息前收益(EBIT)既定的情况下,负债程度应该如何确定才最符合企业目标——企业价值最大化,一直是西方财务经济学寻求解决的重大理论问题。❶由于企业的资本结构影响企业的融资成本、市场价值、治理结构和总体经济的增长,因此,企业如何通过融资方式的选择来实现其市场价值最大化,即如何确定最优资本结构,是财务理论和实践中人们十分关注的问题,在这个领域的探索和研究中已初步形成了较完整的理论体系,即资本结构理论。

一、资本结构理论模型

(一)西方企业资本结构理论

企业资本结构理论是研究资本结构与企业价值间的关系。具体而言,就是研究企业能否通过负债增加企业的价值,如果能,则企业应负债多少。关于资本结构理论探讨,很多研究侧重其市场价值而非账面价值。后者只反映资产的历史成本,而历史成本往往与资产目前的获利能力、资产的实际价值和产生偿付债务的现金流量的能力关系不大。资本结构分析的目的是要寻求企业市场价值的最大化,从而以企业价值最大化的资本结构作为企业经营目标。西方最早的资本结构理论有三种,即净收入理论、净经营收入理论和传统理论。但这三种理论均建立在对投资者如何确定企业负债和股本价值假设的基础上,缺少严谨的理论基础和统计分析论证。净收入理论认为,企业提高财务杠杆,可增加企业的总价值,并降低其综合资本成本。净经营收入理论认为,不论财务杠杆如何,其价值总是固定不变的。传统理论认为,每一公司均有最佳的资本结构,企业可以通过财务杠杆来降低综合资本成本,并增加企业的总价值。

(二)MM 模型

1958 年美国学者 Modigliani & Miller 提出 MM 命题,使资本结构理论成为一种严格意义上的科学理论。MM 理论有两种模型:无公司税模型和公司税模型。前者认为,以一系列严格假设为基础,通过套利机制的作用,公司不可能因资本结构的不同,而改变其总价值或综合资本成本。无公司税的 MM 建立在一系列的假设基础上,即公司的经营风险相同;所有投资对于每家公司未来产生的息税前利润以及风险都相同;投资人在资本市场中举债时,不必支付交易成本;债券利率为无风险利率;公司是一家零成长公司。这些前提假设是非常严格的。实际上,由于企业的债务利息可以税前扣除,股息都是在税后支付,为此,MM 引进了所得税来分析

---

❶ 严飞:"现代企业资本结构理论及其发展",载《统计与决策》2005 年第 14 期。

资本结构和企业价值的关系。当引入公司税后,负债企业的价值会超过无负债企业的价值,当边际税率不变时,负债越多,该差异越大。显然,负债趋向 100% 时,公司价值趋向最大。

MM 命题实际上是价值可加性原理在资本结构问题上的应用。价值可加性原理在资本结构问题上可表达为:企业价值由企业的净现金流决定,无论如何划分该现金流,都不会影响现金流的价值。即对现金流 A 和现金流 B 来说,其和的现值与各自现值之和相等:$PV(A + B) = PV(A) + PV(B)$。无论怎样改变现金流 A 和现金流 B 相互间的比例关系,上式总是成立。因此,企业价值只与企业资产负债表左端的真实资产有关,而与资产负债右端的负债和权益资本比例无关。MM 定理的精髓在于:揭示了企业融资决策中最本质的负债和权益资本的关系,奠定了现代企业资本结构研究的基础。❶

(1)与公司所得税相联系的资本结构。由于有负债的公司所支付的利息可以在税前抵扣,利息扣减额可以为企业带来税收规避作用,如果负债在企业是永久存在的,利息的扣减额也是永久性的,每年利息税收规避的收益等于税率与所支付的利息的乘积。利息税收规避收益的现值实际上是相当于政府给予企业的一种补贴,因此,对于任何一个企业来说,100% 的负债将是最佳的资本结构,这是 MM 模型在 1963 年得出的结论。

(2)投资收入的个人所得税(股利、资本利得以及利息)。资本结构模型或者认为资本结构无关或者认为应该设置为 100% 的负债,但是客观现实表明这两种选择都是极端的选择。Miller 提出了一个更加复杂的包括个人所得税在内的模型。无负债企业的价值模型为:

$$V_u = EDIT(1 - T_c) * (1 - T_s)/K_u$$

其中:T_c 代表公司所得税率;T_s 代表个人股票所得税率。

有负债企业的价值模型为:

$$VL = VU + 1 - (1 - T_c) * (1 - T_s)/(1 - T_b) * B$$

T_b 为投资者利息收入的所得税率。

投资者完全可以选择无股利支付的股票,以避免对股票收入征收个人所得税。如果利息收入的个人所得税率非常高,股票收入的个人所得税率非常低,那么杠杆作用率的收益就会被大大减少,甚至被全部抵消掉。

(3)破产与财务失败成本。在财务管理实践中,公司一旦发生破产或者财务

---

❶ 徐文才:"企业资本结构理论分析",载《中国农业会计》1998 年第 7 期。

失败,就需要付出巨大成本,这些成本包括:财务失败会减少市场对该公司产品的需求或增加产品成本;财务失败使得公司的经理人恶意经营从而减少公司总价值;进入破产的企业将负担同类没有破产的企业不用负担的巨额成本等。破产成本显著地影响公司的资本结构决策。

(4)经理人、股东与债券持有者之间的代理问题。由于委托人与代理人之间在企业的经营过程中会有利益背离,委托人为确保代理人的行为符合自己的利益,就有必要进行激励、约束、惩罚和监督,而这些强制措施都会带来代理成本。

(三)有税条件下 MM 理论的修正

但现实中企业的资本结构并没有像 MM 理论预言的那样呈随机分布状态。在美国航空业、钢铁、石化等资本密集行业的企业负债比率比较高,而制药、广告业及发展型企业(growth company)则更多依赖股权融资。这种理论与现实的背离原因是 MM 理论过于苛刻的假设条件缺乏现实意义,这使财务经济学家不断对 MM 理论进行修正。1963 年后他们开始将企业所得税因素引入到原来的分析之中,提出了在有税条件下增加负债可以增加企业价值的观点。

企业由于借债而少付所得税,被称为所得税屏蔽(Tax Shield)。显然,税率越高,负债额越高,则企业价值的增加也越多。企业会尽可能地增加其负债,直至负债趋于总资产的 100%。对此 M. Miller 在 1976 年对美国金融学会的题为"债与税收"的主席致辞中给予了解释:个人所得税中的利息税要高于资本利得税,由于公司负债的存在对个人所得税的不利影响抵消了公司所得税屏蔽效应。但是美国1986 年税制改革后,利息税和资本利得税已经非常接近了,但企业的负债率并没有发生大的改变。看来除了 Miller 关于个人所得税不利因素抵减所得税屏蔽外,还有其他未被考虑因素,使得企业资本结构中负债不超过某一限度。

(四)权衡理论:对现代资本结构理论的二次修正

修正了的 MM 理论只是接近了现实,离实际尚有一定差距。绝大部分经营良好的企业,许多著名的大公司都只有较低的负债,而且大多数谨慎地维持其债务不超过某一限制,为解释这一现象,权衡理论应运而生。

权衡理论(Trade-off Theory)是企业资本结构理论在 20 世纪 70 年代最重要的发展。权衡理论建立在 MM 理论的基本思想之上,由于所得税的存在,使企业产生了无穷举债的冲动,因为根据各国企业法,债务的利息将计入成本之中从而免交企业所得税,这种债务免税优惠的存在,实际上使企业市场价值增加;但在另一方面,企业债务比重的上升,企业无法偿付债务的可能性会加大,负债企业有可能陷入财务困境,投资者预期企业财务完整性削弱而引起的企业市场价值(包括债券和股票价值)下降被称为财务拮据成本(Cost of Finance Distress)。MM 考虑到由于企业负债率上升,股东将承受更高风险,而要求更高股本收益,但未考虑到财务拮据成本。若考虑到财务拮据成本,则企业价值的度量将得到修正,即企业价值=无负债企业价值+所得税屏蔽现值-财务拮据成本现值。

在一个适度的负债率水平,财务拮据的可能性较小,这样财务拮据成本现值也较小,利息税盾效应占主导地位。但负债率过了一定水平后,财务拮据成本会显著地侵蚀企业价值。理论上最佳负债率是边际税盾现值等于边际财务拮据成本现值,即税盾现值/负债率=财务拮据成本/负债率。

权衡理论认识到各个企业的目标负债率可以不同,有着安全的、有形的资产和大量应税收入的企业应该有高的负债率,而有着较多有风险的或无形资产或亏损企业应该主要依赖股权融资。MrLong & Malitz 的经验证据证实了有着较多有风险的或无形资产的企业的负债率要低得多,但是经验证据也表明在一个行业内,大多数盈利企业的负债率比亏损企业要小一些。而权衡理论认为高额利润意味着有更大的负债容量(Debt Capacity)和更多的应税收入需要利息税盾,它们应该借的更多而不是更少。这样看来,权衡理论并不是完美的。这需要现代资本结构理论的进一步的发展。❶

二、资本结构理论的新发展

(一)融资优序理论

Myers & Majluf(1984 年)为解决企业因信息不对称而导致的投资不足问题,提出融资优序理论,认为通过安排企业的融资先后顺序,即调整企业的资本结构可以解决上述问题。由于信息不对称的存在,管理者较投资者通常拥有更多的投资项目内部信息,这将导致企业在为新项目发行股票进行股权融资时,市场进行错误的定价,从而使新项目的市场价值被低估。这样一来,即使新项目的净现值为正,由于其市场价值被严重低估将使新投资者通过购买股票而获得的收益大于新项目净现值收益,依然会让原有股东权益受损,故新的投资项目将会遭到董事会拒绝,进而引致企业投资不足。理性的管理者会放弃股权融资的计划,可以获取更多留存收益的缘故,内部融资会成为首选,然后是无风险举债融资,低高风险举债融资,可转换债券,优先股,最后发行股票。而企业的资本结构则是企业对外部融资需求的累积体现。

Ross 将非对称信息论引入资本结构理论研究中,并且假设企业管理者对企业

---

❶ 严飞:"现代企业资本结构理论及其发展",载《统计与决策》2005 年第 14 期。

的未来收益和投资风险有内部信息,投资者没有这些内部信息,但知道对管理者的激励制度,因此,投资者只能通过管理者输出的信息间接地评价市场价值。企业资本结构就是一种把内部信息传给市场的信号工具。负债率上升是一个积极的信号,它表明管理者对企业未来收益有较高期望,因此企业市场价值也随之增加。后来,在罗斯的基础上,Myers & Majluf(1984 年)证明了这样的结论,如果投资人比企业内部人关于企业资产价值有较少的相关信息,则企业的股东权益价值在市场上的定价可能是错误的。在股东权益被低估时经理是不愿意发行股票为投资项目筹集资金的,因此股价过低可能会使新投资者获取的收益大于新项目的净现值。所以,经理只有在股票价格高估时才愿意发行股票。然而,在这种情况下自然不会有人愿意购买,因而股权融资被认为是不好的信息。这时如果企业能够运用对信息敏感性不强的资金来源来代替股票为投资项目融资,显然是较好的选择,投资不足就可以避免。因此,企业更喜欢采取内部融资或无风险举债融资或非高风险债券融资,而较少采取发行股票融资,❶此后,财务界称这个融资偏好为"融资优序"理论。❷

融资优序理论认为公司利用外部融资时排序,依次是:最安全的债券→有风险的债券→可转换债券→优先股→普通股。与权衡理论相比,优序理论忽视了税收、破产成本、证券发行成本和单个公司投资机会如何影响公司实际负债率以及代理成本等问题。但是排序理论在公司进行融资决策和市场对公司债券发行的反应上起到的作用无与伦比。

(二)激励模型

激励模型讨论的是融资结构与经营者行为之间的关系,主要有以下三种模型:

1. 格罗斯曼和哈特的担保模型

格罗斯曼和哈特视债务为一种担保机制,认为经理的效用依赖于企业的生存,对经理来说,需要在较高的私人收益流量同较高的破产并丧失任职好处的风险之间的权衡。然而,破产对经理约束的有效性取决于企业的融资结构,尤其是负债股权比,破产的可能性同这一比率正相关。举债融资可以被用作缓和股东和经理之间冲突的激励机制。

2. 债务缓和模型

哈里斯—雷维吾模型认为经理和投资者的冲突源于对经营决策的分歧,因此,

---

❶ S. Myers, N. Majluf. Corporate Investment and Financing Decisions When Firms Have Information That Investors Do Not Have. Journal of Financial Economics, 1984, (13).

❷ 朱清海:"企业资本结构理论研究综述",载《求索》2002 年第 3 期。

最优的融资结构是在强化清算决策和调查成本之间进行权衡。

3. 声誉模型

根据詹森—麦克林的模型,举债融资会导致资产替代问题,即股东偏向选择有风险的甚至价值下降的投资。戴蒙德认为,这一问题会由于企业考虑到其声誉而得到缓解,因此声誉与企业的融资成本正相关。有良好声誉的企业将会选择安全的项目。

(三)信号传递模型

由于信息不对称会导致企业的市场价值扭曲和无效率的投资,因此,不同的融资结构会传递关于真实价值的不同信号。

(1)预期经营业绩的信号传递。给定投资水平,资本结构可以充当内部人有关企业收益分布的私人信息的信号,这一观点由罗斯提出。但在罗斯模型中,企业收益的分布遵从一阶随机过程。每个经理均了解其企业收益的真实分布,而外部的投资者则不知道。如果市场对企业的证券估价过高,经理将受益;如果企业破产,则经理要受到损失。由于破产的概率是和企业的质量负相关而与负债水平正相关,所以外部投资者将把较高的负债水平视为高质量的信号。

(2)预期投资项目质量传递。在利兰—派尔的模型中,企业家是风险规避者,他将一个可变的项目等同于一笔不确定性的收益,他对收益的分布了解得比别人多。由于他是风险的回避者,且其财富是有限的,他希望与外部投资者共同分担这个项目。问题在于如何使投资者相信项目的真实价值。企业家可以变动自己在项目中的股本,并把它用作一种传递有关项目质量的信号,市场会认为项目质量是企业家自己所有权份额的一个函数。在均衡状态下,企业家的股份将完全揭示自己所相信的项目收益均值。因此,企业家的股份越高,传递的项目价值信息也越高,从而,企业的市场价值也越大。

(四)委托代理理论

针对 MM 定理的假定条件与现实相冲突的缺陷,Jenson & Mecking 最先提出了关于资本结构的代理成本模型。他们认为:在企业运营过程中,实际存在着管理者和股东之间以及股权投资人和债权投资人之间两类利益冲突,这两类利益冲突均会产生代理成本。

关于第一类利益冲突,源于管理者并不是企业的完全所有者,他不能获取所有的剩余权益,但却能享受全部的在职消费,企业将为此蒙受损失,即出现股权融资的代理成本。理性预期的股东们,会让管理者负担起这部分代理成本,而提高企业债权融资的比重将成为对症的制度设计。而且由于负债融资的特性,企业要定期用现金偿还,上述措施也会对管理者用于在职消费的自由资金形成约束。Harris &

Raviv 以及 Stulz 进一步研究了投资者和管理者之间的利益冲突。前者认为二者还将就企业是否破产清偿的决策问题产生利益冲突。后者认为二者的冲突还在于投资者更倾向于要求分配企业的富余现金流,而管理者更希望进行新的投资,提高负债比重可以有效缓解上述状况。

关于第二类利益冲突,源于现代企业制度的特性,负债融资会使债权投资人和股权投资人的收益获取和损失承担不对等,这会导致在企业的负债融资中股权投资人更倾向于投资高风险高收益的项目,这是一种次优的投资选择,它会降低企业的市场价值,即产生债权融资的代理成本,又被称为资产替代效应。理性预期的债权投资人会让股权投资人负担起这部分代理成本,要求提高债券的投资回报率。Piamond 进一步研究了股权投资人和债权投资人的利益冲突,他提到企业自身声誉在缓解资产替代效应方面的作用。

综上所述,在委托代理理论中,企业最优资本结构的实现,将取决于源于管理者和投资人利益冲突的股权融资代理成本与源于股权投资人和债权投资人利益冲突的债权融资代理成本之间的权衡。

(五)公司控制权理论

MM 定理假定,不同融资方式的区别仅在于其对收入流的索取权不同,而企业的收入流本身是外在于资本结构的。Jensen & Mecking 认为,资本结构不仅规定着企业现金流的分配,而且规定着企业剩余控制权的分配。控制权理论认为,经营者占有的股份越多,其控制能力也就越强。这样,由于经营者对控制权本身的偏好,他们通过影响控制权的分配所形成的资本结构来影响企业的市场价值。

非对称信息资本结构理论特别是优序融资理论解释了为什么行业内亏损企业或盈利较少的企业负债更高,这不是因为他们有着更高的目标负债率,而是因为他们在内部留存收益有限的情况下不得不依赖外部融资。在外部融资中企业首选负债而不是股权。优序融资理论成功地解释了行业内营利企业和非营利企业资本结构的不同,却无法解释行业间资本结构的不同。例如高技术、高增长的行业的企业负债率较低,显然它们发展所需的大量外部融资并不是通过负债而是增发新股实现的。这说明行业间资本结构差异可以用权衡理论来解释,而行业内资本结构差异可以用优序融资理论来解释。❶

资本交易不仅会引起剩余收益分配问题,还会引起剩余控制权分配问题。激励模型和信号传递模型仅仅考虑剩余收益的分配问题,而控制模型则是研究剩余

---

❶ 严飞:"现代企业资本结构理论及其发展",载《统计与决策》2005 年第 14 期。

控制权的分配问题的理论模型。❶

三、资本结构与企业价值

（一）资本结构与企业价值的一般关系

在企业资本结构当中，要考虑两个因素，即资本成本和融资风险。一般来说，它们之间成反比关系，即资本成本低的融资方式相应的风险就大，反之，资本成本高的融资方式相应的风险就小。这两个因素最终影响的是企业价值。因此，企业资本结构是否合理最终要通过企业价值来评价。那么，企业资本结构与企业价值之间的关系如何呢？在企业持续经营条件下，假设企业负债市价为面值，预期的 EBIT 为一个常数，全部收益用于发放股利，则关系式为：

$$V = D + \frac{(EBIT - K_d * D) * (1 - T)}{K_s}$$

式中：V 为企业价值；K_d 为负债资本成本；K_s 为权益资本成本；T 为所得税率。❷

（二）企业资本结构的决定因素

资本结构是企业各种资本的构成及其比例关系，企业资本结构的决定因素是资本成本和融资风险。

1. 资本成本

在市场经济条件下，企业生产经营所需要的资本来自投资人资本和债权人资本，企业使用这些资本必须付出一定的代价。资本成本就是企业为获取资本的使用权而付出的代价，它由两部分组成：一是资本筹集成本；二是资本使用成本。资本筹集成本是指企业在筹措资本的过程中所花费的各项有关开支，包括银行借款的手续费、发行债券费用、发行股票费用等。筹资成本一般都属于一次性费用，它与筹资的次数有关，因而应将其作为所筹资本的一项扣除。资本使用成本是指资本使用人支付给资本所有者的资本使用报酬，如支付给股东的投资股利、支付给银行的贷款利息，以及支付给其他债权人的各种利息费用。资本成本的计算公式为：

$$K = \frac{D}{P - F} * 100\% \quad 或 \quad K = \frac{D}{P(1 - f)} * 100\%$$

式中：K 表示资本成本的相对数形式，D 表示资本使用成本，P 表示筹资总额，F 表示筹集成本，f 表示筹资费用率，即筹集成本与筹资总额之比。企业的资

---

❶ 朱清海："企业资本结构理论研究综述"，载《求索》2002 年第 3 期。

❷ 徐文才："企业资本结构理论分析"，载《中国农业会计》1998 年第 7 期。

本不可能来自单一的渠道。大多数企业经营所需的资本是不同来源资本的组合。因此,要全面衡量一个企业的筹资成本,应用综合资本成本表示。它是以各种个别资本占全部资本的比重作为权数,并对个别资本成本加权,其计算公式为:

$$K_w = \sum_{i=1}^{n} K_i W_i \left(\sum_{i=1}^{n} W_i = 1 \right)$$

式中:K_w 表示综合资本成本,K_i 表示某一个别资本成本,W_i 表示相应的个别资本权数,n 表示企业资本的种类。

2. 融资风险

融资风险是筹资活动中由于筹资的规划而引起的收益变动的风险,融资风险受经营风险和财务风险的双重影响。经营风险是指企业因经营原因而导致利润变动的风险。企业经营风险的程度通常用经营杠杆系数来反映,它是息税前利润的变动率与销售量的变动率之倍数,其公式为:

$$DOL = \frac{\Delta EBIT / EBIT}{\Delta Q / Q}$$

式中:DOL 为经营杠杆系数,$\Delta EBIT$ 为息税前利润变动额,$EBIT$ 为变动前息税前利润;ΔQ 销售变动量;Q 为变动前销售量。经营杠杆系数越大,经营风险越高。

企业的财务风险通常用财务杠杆系数来表示。财务杠杆是指企业全部负债对企业总资产(或股东权益)的比例关系。在资本报酬率大于负债利息率的情况下,企业适当运用财务杠杆,可以使企业在不增加权益资本投资的情况下,获取更多利润,从而相应提高企业净资产报酬率。将借入资金所得的资产报酬扣除较低的负债利息后的利润部分,由企业所有者分享,可以大大提高净资产报酬率。但是,当企业资产报酬率低于负债利率时,财务杠杆的作用则恰恰相反,它会使企业所有者实际的报酬率低于企业的资产报酬率。财务杠杆直接影响企业的税后利润,并影响企业的每股盈余大小,但并不影响企业的息税前利润。财务杠杆系数是在企业一定时期预期或实际息税前利润额的条件下所计算的每股盈余的变动率相当于息税前利润变动率的倍数。其计算公式为:

$$DFL = \frac{\Delta EPS / EPS}{\Delta EBIT / EBIT}$$

式中:DFL 为财务杠杆系数,ΔEPS 为每股盈余变动额,EPS 为变动前每股盈余。

经营杠杆与财务杠杆的作用是相互影响和关联的,如企业一定时期为了某种财务目的而降低其经营杠杆,那么它便很可能增加其财务杠杆的作用。反之,如企业要使用较小的财务杠杆,那么其在资本结构决策中可能会降低负债比例,从而增

加经营杠杆的作用,因此,研究企业资本结构问题要综合考虑企业经营杠杆和财务杠杆的作用。❶

(三)企业资本结构的其他影响因素

1. 资本市场发展规模

一个国家依赖资本市场还是依赖银行进行融资,以及历史、制度和文化的差异都会对资本结构产生影响。例如与其他国家比,美国的资本市场规模大而且效率高。因此,美国公司的负债比率相对较低。在我国的资本市场起步之前,企业融资的主要来源是银行贷款。尚未进行股份制改造的国有企业,由于拨改贷等历史原因,资产负债比率都较高。1990 年 11 月 26 日上海证券交易所和 1991 年 7 月深圳证券交易所成立,资本市场的发展为企业拓展了新的融资渠道,也改变了企业资本过分依赖银行贷款的现象,同时也降低了企业的资产负债率。

2. 行业因素

资本结构具有显著的行业特征,在所有的发达国家,某些行业债权比率高(如公用事业、运输业及成熟的资本密集型的制造业),而某些行业很少甚至没有长期负债(服务行业及大多数的成长迅速或以技术为主的制造业),也充分说明行业的最佳资本组合特征以及运用环境的多样性,对公司实际维护资本结构造成了显著的影响。

3. 财务失败预期成本及资产特征

杠杆比率与财务失败的预期成本负相关。不管对于某国家还是行业来说,破产与财务失败的预期成本越大,就应该越少地运用负债进行经营。另外,行业的资产特征也对杠杆率产生较大影响,抵押品充足、可交易的不动产和交通工具较多的公司对财务失败的敏感度比以人力资源、商标或其他无形资产为主要资产的公司对财务失败的敏感度要低得多,因此,前者可以容忍较高的杠杆比率。

4. 所有权结构

所有权结构对资本成本的影响表现为一家公司的所有权结构越集中,股份持有者之间的关系越紧密,越有可能更多地举债,并有能力承担更多的负债,家族式企业比股权分散的上市公司更多地利用财务杠杆。家族式企业利用负债融资而不是利用吸纳新的股份,原因是可以避免其股份被稀释。家族式企业的一个显著特征是公司由拥有控制权的股东即家族控制,拥有控制权的股东通常又是公司的管理者。家族式企业在公司中的控制权往往超过其收益权,一般而言,这些家族式企

---

❶ 徐文才:"企业资本结构理论分析",载《中国农业会计》1998 年第 7 期。

业会拒绝那些影响家族控制权的融资方式,会更多地利用负债融资。❶

　　总之,负债融资会降低资本成本,增加财务杠杆利益。由于债务资金的利息在企业税前支付,而且,由于债权人比投资者承担的风险要小,所要求的报酬率也低,因此债务融资的成本是最低的。一般地说,债务融资可以降低企业的综合资本成本率,为公司带来更多的收益。但是,由于负债确实存在代理成本,过度负债会大大增加公司的财务风险。❷

四、我国企业资本结构理论的研究现状与趋势

(一)我国资本结构理论的研究现状

　　20世纪90年代初期,我国正处在由计划经济向社会主义市场经济转轨的过渡期,资本市场体系尚未形成,企业筹资渠道比较单一,主要依赖于银行的债务融资,而股权融资比例较少,因此,企业并不关心资本结构问题,此时有关企业资本结构研究的重点主要是介绍国外企业资本结构理论体系的形成及其发展。朱民和刘利利的《企业金融资本结构之谜——现代企业资产结构理论简析》,介绍了现代企业资本结构理论的主要内容及其发展演化过程,但对非对称信息条件下的企业资本结构理论介绍不多。随着社会主义市场经济体制的确立,企业经营机制的转换,使得越来越多的经济学家关心企业资本结构理论的研究。张维迎(1995)较详细地介绍了企业融资的激励模型、信号显示模型和控制模型。❸沈艺峰(1999)较完整地论述了企业资本结构理论的发展演化历程,包括从传统资本结构理论一直到信号模型,但对企业资本结构与产品策略模型介绍不够。❹

　　在企业融资的制度分析上,方晓霞❺(1999年)、卢福财❻(2001年)、佘运久❼(2001年)分别对我国企业资本结构形成的制度因素、企业融资的效率进行了考察,并提出了优化企业资本结构的对策。

　　在探讨企业融资偏好问题上,即非国有上市企业存在着过度负债,而上市公司

　　❶　于涛:"资本结构理论与企业融资模式分析",载《福建论坛(人文社会科学版)》2007年第5期。
　　❷　于涛:"资本结构理论与企业融资模式分析",载《福建论坛(人文社会科学版)》2007年第5期。
　　❸　张维迎、吴有昌:"公司融资结构的契约理论:一个综述",载《改革》1995年第4期。
　　❹　沈艺峰:《资本结构理论史》,经济科学出版社1999年版。
　　❺　方晓霞:《中国企业融资:制度变迁与行为分析》,北京大学出版社1999年版。
　　❻　卢福财:《企业融资效率分析》,中国社会科学院研究生院2000博士学位论文。
　　❼　佘运久:《资本市场的协调发展》,中国发展出版社2001年版。

则偏好配股、增发新股等股权融资现象的问题上,张春霖❶(1995 年)、张维迎、吴有昌❷(1995 年)、袁国良❸(1999 年)、文宏❹(1999 年)、杨之帆❺(2001 年)等分别从所有权、股权结构、融资成本等方面进行了实证研究和理论诠释,认为投资主体的错位、融资体制和国有企业特有的股权结构导致了企业债务融资成本较高,而股权融资成本较低;又由于国有企业普遍存在所有者缺位,出现内部人控制现象,企业经营者对风险的厌恶,股权融资软约束等是导致企业融资偏好的主要原因。

关于企业资本结构影响因素的分析上,陆正飞❻(1998 年),洪锡熙、沈艺峰❼(2000),李善民、张媛春❽(2000) 和刘星、崔垚❾(2000)等试图通过利用我国上市公司的数据,进行实证分析来研究我国上市公司的融资结构。如李善民通过研究一系列指标体系,包括与税收、破产成本、代理理论及信号机制等有关的指标,与公司负债比例之间的回归关系,希望以此揭示影响我国上市公司融资结构的影响因素,但结果发现有关变量的解释效果并不明显。

综上所述,虽然企业资本结构理论探讨已经取得了一些成绩,但还有许多问题需要我们作出更深层次的研究。如企业是否存在最优资本结构;在不对称信息情况下,企业如何决策其最优资本结构;如何通过资本结构提高公司治理效率,以及如何建立企业资本结构的预警机制等。

(二)我国资本结构理论的研究趋势

第一,探讨企业资本结构与公司治理之间的关系,设计最优资本结构以提高公司治理效率。由于企业资本结构的选择对企业治理效率具有重要的影响,因此,如

---

❶ 张春霖:"存在道德风险的委托代理关系:理论分析及其应用中的问题",载《经济研究》1995 年第 8 期。

❷ 张维迎、吴有昌:"公司融资结构的契约理论:一个综述",载《改革》1995 年第 4 期。

❸ 袁国良、郑江淮、胡志乾:"我国上市公司融资偏好和融资能力的实证研究",载《管理世界》1999 年第 3 期。

❹ 文宏:"融资偏好与融资效率——对我国上市公司的实证研究",载《当代经济科学》1999 年第 6 期。

❺ 杨之帆:"企业资本结构与融资方式偏好",载《财经科学》2001 年第 4 期。

❻ 陆正飞、辛宇:"上市公司资本结构主要影响因素之实证研究",载《会计研究》1998 年第 8 期。

❼ 洪锡熙、沈艺峰:"我国上市公司资本结构影响因素的实证分析",载《厦门大学学报(哲学社会科学版)》2000 年第 3 期。

❽ 李善民、张媛春:"制度环境、交易规则与控制权协议转让的效率",载《经济研究》2009 年第 5 期。

❾ 刘星、崔垚:"试论企业效绩评价体系",载《广西大学学报(哲学社会科学版)》2000 年第 S1 期。

何设计最优资本结构来提高公司治理效率仍将是该理论研究的重点。虽然钱颖一[1]（1995）的"企业的治理结构改革和融资结构改革"、潘敏[2]（2001）的"融资方式，金融契约与公司治理机制"、孙永祥[3]（2001）的"所有权、融资结构与公司治理机制"等都作了一些定性解释，但是，考虑公司治理效率的最优资本结构的定量决策模型需要进一步探讨。

第二，探讨竞争环境下企业融资决策与资本结构的管理准则和策略。随着我国产品市场竞争加剧和金融系统市场化程度提高，企业融资决策和资本结构管理环境将显著变化。如：企业资产预期收益和金融市场不确定性明显增加；证券市场的发展，可提供更多的融资工具，可增加企业融资选择余地；金融市场投资者与企业的信息不对称性和对宏观经济及金融市场形势、公司发展前景预期的差异性将随之增加等。因此，探讨竞争环境下的企业融资决策与资本结构管理准则和策略，针对企业产品市场结构和产品特性探讨企业营销、生产和财务之间的关系是企业资本结构研究的主要内容。[4]

第三，在非对称信息论中引入所得税和不对称信息程度变量，通过博弈方法定量研究企业最优资本结构的决策。非对称信息论的引入，是企业资本结构理论的一次飞跃，但因为引入非对称信息以后个人行为发生了变化，问题就变得极其复杂，证明技术的要求也更高。迄今为止，用非对称信息论解释企业资本结构的尝试还只是停留在保留绝大部分 MM 定理假设的基础上，并未触及所得税问题。因此，通过博弈论的方法，将非对称信息论引入资本结构中，考虑所得税的影响，寻找企业最优资本结构决策是该领域研究的主要趋势之一。

第四，建立企业资本结构的预警机制。由于企业资本结构的决策错误可能会导致企业经营管理的失败，因此，如何建立企业资本结构的预警机制，降低企业经营风险，这也是今后的研究重点。

第五，分行业、分所有制、分时期研究企业资本结构，从中找出企业资本结构的一般规律，为规范企业融资行为奠定理论基础。由于企业资本结构的决策受多种因素的影响，不同的国家、不同的融资制度、不同的企业规模、不同的行业以及不同的企业经营理念，其资本结构往往不同。因此，通过分析不同行业、不同所有制、不同时期企业资本结构的特点，找出企业融资结构的规律也就成为企业资本结构研

---

[1]　钱颖一："企业的治理结构改革和融资结构改革"，载《经济研究》1995 年第 1 期。

[2]　潘敏："融资方式选择与企业经营管理者的努力激励"，载《中国软科学》2003 年第 3 期。

[3]　孙永祥："上市公司的所有权与融资结构"，载《当代经济科学》2001 年第 6 期。

[4]　朱清海："企业资本结构理论研究综述"，载《求索》2002 年第 3 期。

究的最新发展趋势。

第三节　中小企业融资模式理论

一、中小企业融资模式的特点

中小企业融资方式可以分为内部融资与外部融资。内部融资就是通过利用留存盈余等自我积累来筹集所需资金。外部融资则是向自身以外的其他机构或个人募集所需资金。不同国家在经济发展不同时期侧重于采用不同的融资方式，形成了不同的企业融资模式。在生产力发展水平低下，商品货币关系不发达，中小企业融资渠道狭窄的经济条件下，内部融资必然成为企业获取资金的主要方式。随着社会经济的不断发展和资本市场的逐步发育、成熟，外部融资才逐渐成为企业获取资金的重要渠道。由于经济发展水平、金融体制和资本市场发育程度的差别，工业发达国家的企业融资模式与发展中国家很不相同。工业发达国家的企业融资模式可以分为两种：一种是以美国、英国为代表的以证券融资为主的模式，其证券融资在企业外部融资中所占的比重达55%以上；另一种是以德国、日本为代表的以银行融资方式为主的模式，其银行融资在企业外部融资中所占的比重达80%以上。

二、中小企业融资模式的形成

在工业发达国家和地区，工业化的过程主要依靠私人企业自发决定的投资，并通过投资创造出新的产业来实现的，政府对企业融资决策权完全不干预，公司制度决定了企业自身必须独立地承担融资责任。企业投融资所需要的风险资本和长期资金首先是依赖企业自身的积累，其次才是依靠资本市场，银行主要是提供短期流动资金和数量有限的长期资本。由此导致了工业发达国家以内部融资为主的企业融资模式。而从外部融资的构成来看，由于金融市场较高程度的自由化和企业融资方式的多样化，银行供给资金的成本一般高于企业从资本市场上直接融资的成本，因而在发达国家工业化初期，企业外部融资有相当一部分是依靠证券市场而不是银行。

在发展中国家和地区，市场经济尚不发达，公司制度也不完善，政府干预经济的程度普遍较高，企业融资决策权在一定程度上也会受到政府的影响。这主要是因为在推进工业化的过程中，政府有责任支持和保护幼稚产业的发展，而且必须建立起能够广泛调动稀缺资本的金融体系，以支持产业的发展和经济结构的调整。此外，由于资本市场尚不发达，可供企业选择的融资方式极其有限，融资技术亦得不到应用,在这种情况下,政府必然把在吸收社会资金方面具有优势的银行作为储蓄转化为投资的主要渠道,银行贷款在可供企业选择的少数融资方式中占有突出地位,成为成本最低的企业资金来源。

对于我国来说,在传统的计划经济体制下,我国的企业是政府机构的附属物,企业的融资决策是由政府制定,融资风险和责任由政府承担,融资方式一般都靠政府的财政拨款或向银行贷款,因而也就谈不上采用融资技术。随着社会主义市场经济体制的建立,我国的国有企业逐步拥有了融资决策权,并在公司制改造的过程中开始承担融资风险和责任。同时,随着资本市场的发展,企业融资方式也逐步趋向多样化,国际先进的融资技术开始得到传播和应用。这些变化都将对我国企业融资结构的合理化产生积极的影响。❶

三、现代市场型企业融资模式

(一)资本市场融资模式的起步

资本市场融资模式是在有关融资双方的权利和义务的规范下,资本通过各种融资主体间的融资渠道,以各种融资方式顺畅地在资金供求双方之间流动的过程。资本市场融资模式是市场经济发展的内在要求。在市场经济比较发达的现代工业化国家中,市场融资模式的要素主要是融资主体、连接资金融出主体和融入主体之间的融资渠道、附属于融资渠道的融资方式、借以保障融资渠道畅通的关于资金融出主体和融入主体基本权利和义务关系的规范性规定。

邓小平同志1992年南方谈话后,党的十四大确立了"把建立社会主义市场经济体制作为我国经济体制改革的目标"。1993年党的十四届三中全会做出《关于建立社会主义市场经济体制若干问题的决定》,将社会主义市场经济体制改革目标具体化。目前我国社会主义市场经济体制初步建立起来,由传统的依靠计划、行政手段配置资源转变为依靠市场机制配置资源。在银行主导型融资模式依然发挥着主导作用的情况下,大力发展直接融资、将企业推向市场、让市场游戏规则在货币资源的配置上起决定性作用,是改革的必然要求。因此,通过资本市场将国民储蓄转化为社会投资,是中国经济改革和高新技术产业发展的内在要求。债券市场和股票市场的发展水平是衡量一个国家资本市场化的重要标准。目前我国的资本市场已经在转化社会闲散资金为投资资金、优化资源配置、分散银行金融风险、拓宽居民投资渠道等方面发挥着越来越重要的作用,它不仅为国民经济增长提供了强

---

❶ 郭景龙:"对我国企业融资模式的探讨",载《冶金管理》2003年第9期。

大的资金支持,而且也极大地推动了高新技术产业化进程。高新技术产业融资模式格局将向银行信用、财政信用、证券信用共同发展的多元化方向发展。

(二)现代市场型融资模式的初步建立

现代市场型融资模式是指市场机制发挥基础性配置功能,银行信用、证券信用、财政信用共同发生作用的一种融资模式。伴随着我国的经济体制和金融体制改革,中国高新技术企业的融资模式从财政供给型融资模式过渡到银行主导型融资模式,最后实现向现代市场型融资模式的转变。

高新技术产业现代市场型融资模式框架已经初步建立起来,主要表现为以下几个方面:(1)多元化融资体系初步形成。随着资本市场的发展和完善,我国传统计划经济体制时期形成的单一资金配置格局开始向多元化的资金配置格局转变。银行信用融资、财政信用融资、证券信用融资三大融资渠道基本形成。(2)融资市场化程度逐步提高。财政供给型融资模式是高度计划经济体制的产物,并无融资的市场因素可言;银行主导型融资模式是与商品经济相适应的,具有行政化与市场化的二重属性;而现代市场型融资模式,是在发展社会主义市场经济体制条件下产生的,资本市场融资方式的兴起起到了关键作用。资本市场作为要素市场的重要组成部分,强化了市场配置资源的功能,有力地推进了融资的市场化程度,促进了社会主义市场经济的发展。(3)融资模式演进的一般规律得到体现。当完善的金融市场形成以后,证券融资形式在一定范围内取代银行信用,这是信用发展的一般规律。戈德·史密斯在《金融结构与金融发展》中指出,在金融发展的初级阶段,债券凭证远远超出股权凭证而居于主导地位,商业银行在金融机构中占突出地位;在金融发展的高级阶段,虽然债权占金融资产总额的2/3以上,但股权凭证的比例已显著上升,银行体系的地位下降。从中国高新技术企业融资模式的演进过程看,银行间接融资比重的下降,证券市场融资的快速兴起,在一定范围内股权融资对债权融资的有效替代,符合融资模式发展的一般规律。

四、企业融资方式偏好

西方企业融资理论认为,在不完全信息条件下,一家公司选择了以发行股票为主要融资方式,等于向投资者发出一个坏信号,表明该公司的前景不佳,所以才选择了"风险共担、只需付息、不需还本"的融资方式;反之,如果一家公司主要选择了发行债券或向银行贷款的融资方式,等于向投资者发出一个好信号,这个信号说明该公司的经营前景可能真的看好,所以才敢于采取"既还本又付息"的融资方式。

研究表明,在内部融资、发行公司债和发行股票这三种融资方式中,公司进行投资时应首先使用内部积累,然后是发行公司债券,最后才是发行股票,这是公司在不完全资本市场上的最优决策。此外,从融资成本来分析,在上述三种融资方式中,企业内部融资的成本最低,发行公司债券的成本次之,进行股票融资的成本最高。

工业发达国家企业融资结构的现状及发展趋势表明,受社会经济环境、文化背景、法律、道德和融资成本等因素的制约和影响,企业在进行融资方式选择时确实存在某种偏好。具体来说,内部融资成为多数公司的首选,且在企业融资结构中占有相当大的比重;相比之下,外部融资一般具有辅助性,其中,发行公司债券融资的地位正逐步得到加强,而进行股票融资的动力相对弱化。

对发展中国家来说,由于金融市场不发达,企业融资方式相对单一,证券市场的流动性差,资本市场的法律规范和监督管理机制还不完善,企业在选择融资方式上受到很大的制约。但与工业发达国家的企业相比,发展中国家的企业一般都不受上述融资方式优先顺序的影响,为了适应经济高速增长的需要,企业首先考虑满足自身对资金的需求。因此,一旦具备机会和条件,多数企业将优先选择不还本、只付息并承担有限责任的股票融资方式。

随着发展中国家金融改革不断深化,企业融资方式偏好也开始得到体现,特别是20世纪90年代以后,一些拉美、东亚国家或地区的证券市场资本化水平已经达到或接近工业发达国家的同期水平,使更多有意上市的企业能够在证券市场上融资。

但是,选择企业融资方式不能单纯依靠企业偏好,必须综合考虑影响企业融资方式选择的各种重要因素。如企业的资信度,它决定了企业融资方式选择空间的大小;企业的融资成本的高低;融资条件的优劣。在综合分析以上三种因素的基础上,进一步对各种融资方式对企业的适用性加以对比,从而找到适合企业自身条件的融资方式,形成合理的融资结构。[1]

(一)从融资的距离远近角度看

1. 关系型融资模式

关系型融资模式认为通过银企之间的长期合作可以克服信息不对称问题,关系银行通过获得企业的专有信息制定投资决策。由于关系银行对企业专有信息的相对垄断,使其比其他贷款人拥有更多获取租金的机会,同时为保持这种垄断优势而对信息保密,从而在提高了企业融资效率的同时避免信息披露过多而对企业竞争力造成的影响。

---

[1] 郭景龙:"对我国企业融资模式的探讨",载《冶金管理》2003年第9期。

关系型融资模式一般适用于资本市场不发达,信息披露不充分,以银行间接融资为基础的金融体系。其中,日本的主银行制度是典型代表,主银行是企业最大的融资对象,企业与银行交叉持股,银行不仅关心企业当期盈利能力,更注重企业的长期稳定发展;主银行法律上是债务所有者的托管人,企业倒闭时要负责以面值购进企业债务。企业的现金往来集中于主银行的清算账户,便于主银行监控企业的财务状况,并及时做出分析预测,在防范风险的同时对企业经营决策提出建议和进行修正。

关系型融资模式可以解决我国中小企业融资难的一部分问题,也是中小企业融资成本最小化的选择,符合我国目前资本市场发展状况和经济环境。但是,关系型融资也存在一些问题:第一,关系银行所了解的企业专有信息是外部银行无法获知的,基于认为关系银行对企业的发展和盈利前景会有更加准确的判断,一旦企业向非关系银行申请贷款,非关系银行就会对企业产生不好的怀疑,使企业只能向关系银行贷款,关系银行可以凭借其垄断地位向企业收取较高利息,增加企业的融资成本。第二,关系型融资模式的基础是关系经济,易导致大量幕后交易,提高中小企业融资成本,并对其生产经营过程产生一些不必要的干涉。第三,关系型融资模式不利于社会投资结构优化和金融创新,以关系经济为基础必将阻碍我国信用市场建设,使企业融资环境不能真正市场化,影响企业发展,也不利于市场有序竞争。第四,关系型融资模式中,银行与企业是利益共同体,所以当企业出现生产状况不佳、资金周转不良,甚至面临破产危机时,银行出于自身的债权未能收回和其他一些利益因素的考虑,不愿对企业进行清算,而是继续提供贷款以维持企业运作。不但会增加银行的不良贷款,影响银行的资产组合结构和支付能力,加重银行负担,还会影响社会资源的有效配置,不利于市场的优胜劣汰。第五,最适宜采用关系型融资模式的环境是资本市场流动性差、法律制度对投资者的保护不充分、政府实施金融管制。

我国中小企业采用以银行为主的间接融资模式的一个重要原因就在于我国资本市场不发达,直接融资渠道受限,随着我国金融制度的不断完善,资本市场的不断发展,法律制度对投资者的保护也会加强,担保机制趋向成熟,金融管制也会逐渐放开,中小企业在权衡融资成本高低之后必将趋向于通过资本市场直接融资。不但可以节约融资成本,还可以减少银行对企业的经营控制。这样,适宜关系型融资的环境就会发生变化,使其具有明显的阶段性。

2. 保持距离型融资模式

在保持距离型融资模式中,贷款人只能根据公开市场发布的信息来制定投资决策,借贷双方的交易往往只有一次,贷款人不会对企业的生产经营产生控制。在这种融资模式下,要求企业信用评级制度健全,资本市场发展较完善,信息披露充分真实,有配套的法律制度对债权人进行保护。这种融资模式一般为发达国家采用,银行也会对一些信用等级较高的大企业采用这种融资模式。❶

（二）从融资的来源角度看

1. 内部融资为主,外部融资为辅

自身积累成为企业最重要的资金来源。有资料表明,20 世纪 70 ~ 80 年代,美、日、英、德等工业发达国家企业内部融资占全部资金来源的比重呈上升趋势。从 1970 ~ 1989 年这些国家的企业融资结构来看,企业的主要资金来源是自身积累,外部融资所占的比重较低,英国、美国的企业外部融资都在 10% 以内,德国和日本的企业外部融资比重相对较高,但也只有 20% ~ 30% 。

相比之下,目前我国企业资金的主要来源是靠企业外部融资,1995 年企业外部融资的比重已接近 70% ,而且主要是靠从银行贷款取得,因此相应的资产负债水平就较高,平均在 60% 以上。

2. 外部融资的构成从以间接融资为主转变为以直接融资为主

20 世纪 80 年代以前,以银行贷款为主的间接融资是国际金融市场上采取的主要融资方式,进入 80 年代以后,随着各国政府对证券市场管制的逐步放松,通过发行股票、债券和其他有价证券筹集资金的方式受到政府和企业的重视,国际市场上的融资方式才逐渐由间接融资为主转变为直接融资为主。如 1980 年西方工业发达国家金融市场融资总额中证券融资所占的比重仅为 35% 左右,到 1988 年,这一比重上升到 87% 。跨国发行债券的增长速度也很快,从 1993 年到 1998 年,美国和德国跨国债券的发行规模分别增长 2.5 倍和 2.43 倍。从全球来看,国际贷款在国际资本流动总额中的比重 1985 年为 54% ,1998 年下降到 40% ,国际债券发行则由 20% 上升到 30% 。

直接融资是指没有银行作为中介的融通资金的方式。需要融入资金的单位与融出资金单位双方通过直接协议后进行货币资金的转移。其优点是,直接融资能最大可能地吸收社会资本,资金供求双方联系紧密,有利于资金快速合理配置和使用效益的提高。直接融资的工具主要有商业票据、直接借贷凭证、股票、债券。

3. 区域集优直接债务融资模式

区域集优直接债务融资模式,是由中债公司与地方政府、人民银行分支机构共同建立的长效融资机制。实际上是通过政府资金的支持为中小企业直接融资开辟了一条新的途径,也是有利于以转型发展为核心的政策导向,推动产业升级和经济结构调整。同时,避免中小企业的生存危机来自市场外的不公平,其作用是对基金量的放

---

❶　韩晓颖:"中小企业融资模式分析",载《商场现代化》2005 年第 29 期。

大。在"区域集优"模式的合作框架下,共同遴选本区域内符合条件的企业,由地方政府出资设立中小企业直接债务融资发展基金,再由中债信用增进投资股份有限公司整合银行、券商的资源,通过运作在银行间债券市场进行融资,可以放大基金量的几十倍。其特点是,通过项目推动,强化市场约束机制,淘汰落后产能,促进转型发展。同时通过中债公司的信用增进作用,帮助大量初创期创新型小微企业,拓宽融资渠道,降低融资成本,实现首次直接债务融资。这是地方政府、交易商协会和市场成员间的一个解决中小企业融资难的新型模式和服务方案,在已有省市开展的项目实施中,发挥了较好的服务作用。

近年来,地方中小企业直接融资取得明显成效,企业直接债务融资规模和范围不断加大,中央加快扩大了中小企业发展基金规模。据财政部统计,2011 年中央财政安排中小企业发展专项资金 128.7 亿元,比 2010 年增长 8.6%。近期国务院根据当前企业发展中面临的新情况、新问题,又出台了《关于进一步支持小微型企业健康发展的意见》,2012 年中央财政新安排 150 亿元设立中小企业发展基金,努力帮助缓解融资困难。

综上所述,中小企业融资难是市场发展的客观问题,融资的本质是金融资源在企业间的合理配置,因此,应把直接融资作为政府扶持的重点模式,通过区域优化资源配置等政策,满足实现对中小企业资本的有效补充。

五、我国中小企业融资模式

(一)主要采用关系型融资模式

首先,我国中小企业自身信用水平低,银企之间信息不对称是其融资的主要障碍。虽然信息不对称的程度可以通过信息收集和对企业加强监管来降低,但是大多数中小企业的财务报表没有通过独立的审计机构审计,可信性有待验证。而最能反映中小企业真实的经营状况的专有信息如企业资本运作的能力、贷款项目的盈利前景,包括上下游用户对企业的评价,以及企业主个人信用状况等都只有企业自己才清楚,银行很难从公开市场上获悉。而这些专有信息可以通过银行与中小企业长期的关系型融资获得,不但节约了信贷评估成本,还提高了中小企业获得贷款的可能性。同时,采用关系型融资也符合我国商业银行逐步成为独立的市场经济实体,参与市场竞争的需要,银行不再仅仅出于国家政策宏观调控的需要为中小企业提供融资便利,而是出于提高自身竞争力和长远战略发展的考虑,对有发展潜力的中小企业加以培育和扶持,通过与企业的长期交往获得能真实反映企业经营状况的专有信息,及时调整贷款策略并对企业形成一定程度的控制,使关系银行在为企业提供方便的同时增加了企业对关系银行的依赖性。

其次,中小企业的竞争优势往往在于其所掌握的一些先进的专利技术和发明创造,以及一些特定的供销渠道。由于技术门槛较低,一旦公开极易被竞争对手模仿而失去竞争优势,影响企业的发展乃至生存,成为中小企业很少公开上市的原因之一,也造成了市场上公开的财务信息不能真实反映中小企业的经营和信用状况。为了在保护自身竞争优势的同时获得外部融资,关系型融资模式是大多数中小企业的选择。

另外,我国中小企业自身财务制度不健全和固定资产不足,导致投资者难以获得真实的企业信息,信息严重不对称以及担保不足而存在债权难以维护的情况也是中小企业很难从金融市场融资的原因之一。而在关系型融资中,银行是以企业贷款项目的长期性盈利为保障基础的,出于保障贷款安全的考虑,银行一般会介入企业的经营决策,以获得企业的一部分控制权为条件来发放贷款,并对企业的财务状况进行监督,及时了解抵押品价值的变化,不仅保证了贷款用到实处,还能实现对抵押品的有效监控,提高银行放贷的安全性和积极性,也降低关系企业获得再贷款的门槛。

(二)应逐步向保持距离型融资模式过渡

目前,采用关系型融资模式的主要是发展中国家,其中,大部分是亚洲国家,这是由各国企业的信用发展水平和市场化程度决定的。但是,随着国际化进程加快,以关系经济为基础的融资方式不利于企业信用水平的建设,使其无法融入国际融资环境,失去很多的发展机会。所以,关系型融资模式必将随着市场自由化进程和资本市场的发展而渐渐趋向保持距离型融资模式。

保持距离型融资方式多为发达国家采用,在这种融资方式中,贷款人只根据来自公开市场的信息进行决策,没有企业的专有信息,也不会对企业加以控制,以契约经济为主,通过担保等方式来保证债权。企业所需资金主要是通过资本市场获得,银企关系并不密切,银行在融资体系中处于次要地位。采用这种融资方式必然要求有一个信用制度比较发达的经济环境,在公开市场上可以获知企业的关键信息,以保证信息收集的真实性和成本最小化。就我国目前的情况而言,虽然信用制度还不发达,缺乏专业的企业信用评级机构和评级手段,信用担保机构也不成熟,但是,政府已经陆续出台了一系列政策来弥补这些不足,并对各级担保机构的功能进行协调以发挥最大的作用。同时,随着利率市场化的推进,关系型融资模式为银行带来的高利率必将受到影响,加剧银行间的竞争,使中小企业在选择融资对象时可以有更多的选择,降低关系银行的垄断利润而推进银企关系向保持距离型融资模式前进。❶

---

❶ 郭景龙:"对我国企业融资模式的探讨",载《冶金管理》2003 年第 9 期。

第四节 中小企业资金供求理论

一、中小企业资金供求机理

(一)资金供给分析

根据供给理论,资金供给应与资金的价格成正比,表现为供给曲线是一条自下向右上方延伸的曲线,如图 2-1 所示。

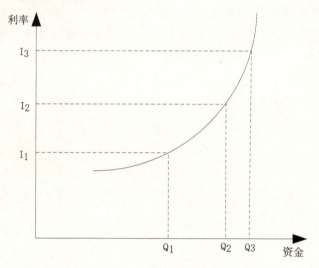

图 2-1 资金供给曲线

资金供给量与利率的正比例关系在具体到高新技术企业时,由于高新技术企业的一些特性决定了其供给特点。一方面,从高新技术企业的发展历程看,在初创期与成长的初期规模较小,且企业盈利较低,这决定了其不可能为了使用资金而承受过高的资金利率,由此决定了供给量的上限。同理,利率低于一定法定水平,则意味着资金供给量的空白,由此决定利率的下限。

另一方面,由于高新技术企业不同于一般的传统企业,其风险较大,在信息不对称的情况下,可能会存在企业能承受而供给方拒绝提供的现象,就是在银行提供信贷时表现为信贷配给,即当银行资金的供给面临着高新技术企业的逆向选择和道德风险时,高利率并不能导致信贷资金的高供给。即利率只有在银行认为处于能最大限度规避风险的低于上限的水平下,资金供给与利率才会保持正常的正比例关系。由于资金的供给与利率关系表现正常,利率越高,供给越多,对于一般企业能顺利实现融资,但由于高新技术企业自身的特性与外部环境并不能使其顺利实现融资,也就是高新技术企业的外部融资环境在一定程度上影响了企业融资效率。

　　根据提供资金的形式,资金供给的主体可分为两种类型:借贷提供者和投资者,借贷提供者是以收取本息为目的而让渡资金的使用权,而后者则追求的是高风险与高回报的目的。对于高新技术企业外部资金的提供者主要有银行信贷与权益投资者(主要是风险投资者)。不管是借贷者还是投资者,在让渡资金的使用权时,风险与回报应是首先考虑的问题。

　　(二)资金需求分析

　　一般来说,融资利率是调节资金供求关系的杠杆,因而高新技术企业的融资需求也与利率密切相关。融资利率越高,需求越低,反之亦然,如图 2-2 所示。但是企业资金需求并不是用于消费,而是投资,因而企业的融资需求与企业的预期报酬率相关。

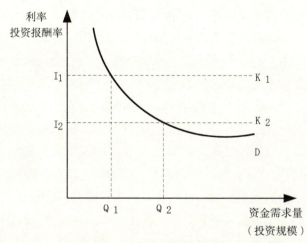

图 2-2　企业资金需求曲线

　　图 2-2 中,纵轴表示投资报酬率或利率,横轴表示企业在不同利率水平下的资金需求量。企业在选择投资机会时,总是先选择报酬率高的投资项目,随后再选择报酬率较低的投资项目,这样,随着投资项目的增多,平均的投资报酬率就会呈下降趋势。当利率处于 I_1 水平时,企业便会筹集资金去投资经营 Q_1 点之内的投资项目,但不可能对 Q_1 点以外的项目进行投资,因此需要资金较少。但当利率处于 I_2 水平时,从 Q_1 到 Q_2 之间的项目便可成为投资项目,也就是说,随着利率的降低,企业的投资规模会扩大,则资金需要量也增加了。但对于高新技术企业而言,当处于 Q_1 点的资金需求量与 K_1 的报酬率时,由于存在银行的信贷配给,企业有可能在 I_1 利率水平下不能得到全部资金需求,即高新技术企业的资金需要量在信息非对称的影响下,不能满足需求,这时企业不能实现预期的 R&D 项目或生产经营,有可能寻求非常规的融资渠道,从

而提高资本成本,即使高新技术企业达到了预期的报酬率,则企业整体的融资效率也降低了。因此,在信息不对称的条件下,高新技术企业的资金现实需求量不完全取决于利率水平,而与信息不对称、企业自身能力、融资环境与制度安排也有密切的关系。

二、风险与科技型中小企业资金供求

(一)中小企业成长过程中的风险与融资需求特征

中小企业在其成长的不同阶段面临的风险因素与融资需求特征各不相同。

在初创期,由于产品还处于研发或市场开拓阶段,因而其市场占有率较低,拥有的资产规模较小,无盈利记录和抵押能力。这决定了在此阶段中小企业发展所面临的各种风险(市场风险和技术风险等)较大,其抵御风险的能力也较弱,同时,对资本的需求相对较小,因而其融资需求的规模也较小。

在发展期,虽然产品开发已初见成效,但要使其趋于成熟并得到消费者的认可还需要投入大量的资金,因而对资金的需求相应地增大,由于技术和市场的不确定性使其面临的风险较大,由于拥有的资产规模和抵押能力较小,这又决定其面临的风险较大,对无形资产比重较大的高科技中小企业来说更为明显。

在成长期,由于产品得到市场认可使销售迅速增长,市场占有率的迅速提高又给企业带来了高额利润回报,此时企业不断追加生产能力,从而使资本扩张成为这一时期中小企业发展的内在需要,其融资的需求程度及其规模扩大成为此阶段融资需求的重要特征。但此时可支配利润的再投资在一定程度上降低了融资需求。从风险的角度看,随着资产规模的迅速扩大和技术开发的相对成熟,其面临的市场风险和技术风险会大幅降低,同时企业的盈利能力和抵押能力的迅速提高,增强了中小企业抗风险能力。

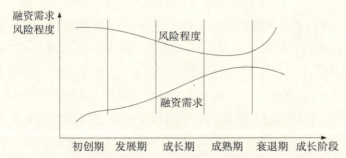

图2-3 企业成长阶段与融资需求、风险之间的关系

在成熟期和衰退期,产品的市场需求进入相对饱和阶段,企业面临的竞争压力使其承受的各种风险因素不断增加,与此同时,资本需求规模的增加速度也将放缓甚至下降。根据上述分析,中小企业面临的风险及其融资需求规模随其发展阶段的变化

而表现出"剪刀差"特征。

（二）信息不对称与中小企业资金供给

依据中小企业融资的实质，其融资将遇到与资金供给者之间信息不对称造成的融资障碍，即企业的逆向选择和道德风险行为将导致企业预算软约束，从而增加了资金供给者权益损失的可能性。资金供给者为维护自身权益，势必想方设法给企业设置各种标准和限制，或者需要第三方提供有效的制度，以识别"好"企业和约束"坏"企业的道德风险行为。因此，中小企业资金供给问题即信贷配给问题，就是如何降低企业与资金供给者之间的信息不对称，实现激励相容。考虑到金融制度的变化，实际上是信息不完全和信息不对称程度的缓解。信贷配给存在于信贷活动的市场机制中。信贷配给基于：(1)可供的信贷总量有限，必须在较多的申请者之间进行选择，形成配给。(2)在信贷总量并不缺乏的情况下，一部分申请者是一种可确认的群体，被认为有可能是潜在风险的因素。信息不对称及其潜在的逆向选择和道德风险问题使中小企业从正规渠道获得债务融资较为困难，并在银行信贷市场上成为信贷配给的主要对象。

可引入 Stiglitz & Weiss(1981 年)对成长型中小企业信贷配给问题予以理论解释，并在此基础上讨论抵押品与信贷配给的关系。假定银行与借款人之间存在信息不对称。借款人倾向于披露有利于获得贷款的信息，隐瞒或不披露不利于获得贷款的信息。在此前提下，银行提供贷款的预期利润 $E(P)$ ，取决于贷款回报 R 和借款人的现金分布，即 $E(P) = \rho(R,\sigma)$ ，此时借款人的利润为：

$$\pi(y) = \max(-C, y - R)$$

式中：C 为抵押品价值，y 为项目的现金流量，R 为企业支付的利息。假定在风险 σ^* 下，企业的最低利润水平为 π，则有：

$$E[\pi(y)|\sigma^*] = \pi \quad E[\pi(y)|\sigma^*] = \pi$$

在上述利润水平上，企业会申请贷款。若在 σ_{max} 下，企业预期利润最大：

$$E[\pi(y)|\sigma_{max}] = \pi_{max}$$

企业贷款的需求量取决于风险区间 $[\sigma^*, \sigma_{max}]$ 中企业的总数及贷款需求量。此时银行的预期收益取决于银行对企业信息的了解。若银行对企业的信息完全了解，银行可通过对不同企业面临的风险确定不同的利率使 $E(P)$ 最大化，即对风险 σ^* 的贷款收取 R^* 的利息，对风险 σ_{max} 的贷款收取高于 R^* 的利息。在信息不对称条件下，银行只能判别贷款人的集体风险 σ，若银行采用增加利息方法，它面临逆向选择问题(见图 2-4)，导致市场的失败。解决这一问题的方法是对企业实行信贷配给。中小企业存在比大企业更严重的信息不对称问题，银行更倾向于对中小企业实行信贷配给，从而减少了对中小企业的资金供给。

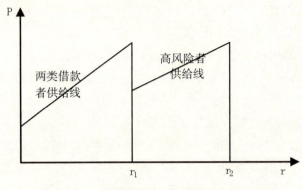

资料来源:Goodhart,1989

图 2-4　Stiglitz-Weiss 借款者逆向选择模型

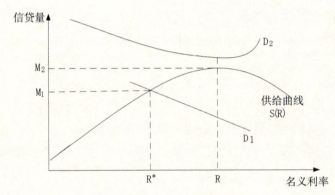

资料来源:Freixas and Robert,1997。

图 2-5　均衡信贷配给

　　因在信息不对称情况下,银行无法无成本区分出各类借款者尤其是中小企业的风险状况,从而利率的提高(如图 2-4 中利率从 r_1 提高到 r_2)将使那些风险中性的潜在借款者或者风３险度较低的项目退出市场,而那些风险偏好的投资者或风险较大的项目却不会受此影响。利率的提高所产生的逆向选择使贷款的风险增加了,银行的预期收益将下降,其结果在高利率下银行将减少其信贷量。银行的信贷供给曲线是一条向下弯曲的曲线,如图 2-5 中的 S(R)。同时随着银行利率的提高,企业的信贷需求下降,银行信贷需求曲线向右下方倾斜,如图 2-5 中的 D。假定 D_1 为信息对称下企业的信贷需求组合,D_2 为一组存在信息不对称问题的信贷需求曲线。在前一种情况下,D_1 与供给曲线 S 相交,在均衡利率水平 R^* 上实现信贷市场的竞争性均衡,此时不会有信贷配给。而在后一种情况下,其利率水平取决于银行预期收益最大化的配给利率 R^+,其均衡表现为信贷配给均衡。因银行在不能分辨单个企业的风险,且随着利率的提高,其贷款的风险相应增大的情况下,为保护自身利益只能选择信贷配给的方式。为了避免逆向选择,银行将对第一类企业的贷款收取竞争性均衡利率 R^*,而对第二组企业收取配给均衡利率 R^+,对第一类企业的贷款供给是 M_1,对第二组企业的供给量是 M_2-M_1。

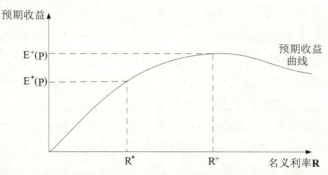

资料来源:Freixas and Robert,1997。

图 2-6 信贷配给下的利率与预期收益

由此看来,在不同的信息状态下,银行通过价格歧视实行信贷配给,承担了不同的风险并最终获得了最大的预期收益 $E^+(P)$,银行通常对信息透明度高且现金流量稳定的大企业提供利率较低的贷款,对信息不对称程度较高的中小企业以较高利率实行信贷配给(见图 2-6)。

(三)关系融资与中小企业资金供给

为解决金融中介与中小企业间存在的信息不对称问题,金融中介可供选择的方法有:对中小企业实行信贷配给,建立企业信息联盟制度,加大金融中介对中小企业不偿还的成本。然而,这种消极方法虽然使金融中介在一定程度上减轻了信贷过程中的道德风险,但其结果又将导致金融中介的信贷规模缩小,获利空间狭窄。所以,对金融中介而言,解决中小企业信息不对称问题更为积极的办法是与中小企业建立积极的融资关系。

在信息不对称条件下,银行信贷市场通常被认为处于一种信贷配给的混同均衡(J. Stiglitz & A. Weiss,1981 年)。然而,这种均衡状态没能反映贷款者之间相互竞争的情况。如果从企业成长过程看,对企业相对重要的不是贷款利率的高低,而是能否取得贷款者的信任,以获得贷款数量的增加。因此,在信贷市场上,企业不会满足于匿名状态下获得的信贷配额,而是试图与银行建立一种融资关系,通过关系贷款形成关系融资(Relationship Financing)。

关系融资制度指在中小企业和中小金融机构之间形成的一种特殊的融资关系,它不根据借款者企业的财务状况、抵押比率、信用级别等,而根据借款者企业经营者和员工的素质、企业发展前景、企业所在地的人文、政治和经济环境等给企业提供资金支持。关系融资制度不拘泥于企业能否提供合格财务信息和抵押品,最适合信息不透明且资产少的中小企业,被认为是通过市场手段很好地解决西方国家小企业融资难的问题,使中小金融机构得到稳定发展。

信息不对称使中小企业融资困难,本质是金融交易中的市场失效。有准市场交易特征的关系型融资,是银行和企业为克服这种市场失效共同构建的一种制度安排。与大企业比,关系贷款对解决中小企业融资存在的信息不对称问题进而解决中小企业融资难或许更有效。中小企业在信息不对称程度上比大企业更严重,银行与中小企业一旦建立稳定的融资关系,企业可通过特定的渠道(资金结算账户),向银行显示其私有而真实信息的能力并取得信任,结果使其不再受信贷配额限制。银行之所以向企业提供这种贷款承诺,是它在这种关系中通过一定的控制方式,如对借款人事前、事中、事后监督和参与企业的治理结构等,分享企业成长或成功后带来的较高预期收益,由此扩大获利空间。对新建的小企业或投资不确定性较大的中小企业,若贷款者对其未来损失的预期足够大,则企业要和贷款者建立融资关系的关键在于对贷款者的预期损失作出补偿。企业没有抵押能力时,是否存在健全的信用担保体系成为能否建立有效融资关系的基础。❶

(四)道德风险与中小企业债务融资

银行面对企业的融资需求有来自借款人因信息不对称引起的道德风险,有对借款人的投资项目和对借款人偿还贷款的意愿缺乏完全信息。它们的存在导致银行对企业尤其是中小企业不愿意实行信贷配给,使中小企业融资更困难。

1. 项目选择与信贷配给

假定一个企业有好坏两个项目,其中好项目以概率 P_g 获得单位产出 g ,预期收益即为 $P_g * g$;坏项目以概率 P_b 获得单位产出 b ,预期收益即为 $P_b * b$ 。因银行是从项目投资者那里获得固定的投资收益,从银行的角度看,它希望投资者都投资好项目。然而,从企业来讲,其利润最大化目标使其行为并不能完全符合银行的意愿。设企业向银行借款额为 R ,如果没有银行对企业投资行为的监督,则企业只有在以下条件下才会选择好项目。即:

$$P_g(g - R) > P_b(b - R), g > b, P_g > P_b$$

进一步变换得:

$$R < R_c = (P_g * g - P_b * b)/(P_g - P_b), g > b > R_c$$

式中: R_c 为企业投资于好项目和坏项目的债务临界量。

---

❶ 康晶:《成长型中小企业融资的理论与实证研究》,吉林大学 2007 博士学位论文。

　　上述条件的经济含义表明,对企业来说,若好坏项目的预期收益差与概率差的比大于临界债务量 R_c,企业的利润最大化目标将使其投资于坏项目,道德风险发生;反之,选好项目。对银行而言,银行先只向投资收益大于企业支付利息收入 $g > R$ 的项目提供贷款,同时,为避免道德风险发生,尽可能使其提供给企业的债务量控制在债务临界量 R_c 之内。为此,银行自然对企业实行信贷配给。

　　2. 企业偿还贷款的选择与信贷配给

　　除表现为借款人将贷款用于坏项目的投资外,还表现借款人在有能力偿还贷款的情况下,基于不偿还贷款的收益大于成本而选择不偿还的策略行为。对银行来说,这种道德风险产生的不良贷款若得不到控制,可能导致银行倒闭。银行控制选择"不偿还"道德风险的有效方法是对企业实行信贷配给。设贷款利率为 R,数量为 L,企业的收益为 L 的函数,企业单位时间的静态利润 π 为:

$$\pi = f(L) - (1 + R)L$$

　　企业的收益 $f(L) < (1 + R)L$,企业无力偿还贷款,这是因企业选择了坏项目;若 $f(L) > (1 + R)L$,企业有能力偿还贷款。是否还贷取决于其不还贷款的成本 C_n。若 $\pi > C_n$,企业选择不偿还策略,在 $\pi > 0$,$(1 + R)L < C_n$ 时,企业选择偿还策略。银行为消除企业的道德风险,使信贷总量 $L < C_n/(1 + R)$,即 C_n 的贴现值,实行信贷配给成为理性选择。决定银行临界信贷总量的重要变量是 C_n 的贴现值,银行要有效地实行配给,并降低企业选择不偿还的道德风险,除了采取信贷配给方法外还可采取提高其发生道德风险机会成本的办法。可用公式表示为:

$$C_n = aA + PL_f + F$$

　　式中,a 为抵押品拍卖时的折扣系数,0<a<1;A 为抵押品的折旧价值;P 为无法再融资的可能性,0<p<1;L_f 为企业预期的未来的信贷融资额;F 为债权人(银行)对其采取惩罚行为时的成本支出。由该式可见,若其它条件不变:(1) $A > (1 + R)L$,且折扣系数 a 较大,则企业不偿还的成本较高,因而,发生不偿还贷款的可能较小。因此,降低了银行的风险。(2)PL_f 较高,企业不偿还的机会成本也高。对单个银行,P 的大小取决于银行间对企业信息的共享机制或在银行间是否有企业还款的信誉机制。若银行间能共享企业的信用信息,企业发生不偿还贷款的道德风险,将不能得到其他银行的贷款,此时 P 值较高,企业不偿还策略的机会成本较高,达到约束企业道德风险的同时,扩大对企业的信贷规模,加大资金供给,缓解融资难的局面。

三、中小企业融资均衡

　　均衡的概念最初来自物理学,即对立的各种力量对系统的作用相互抵消,合力为零。经济学中的均衡指经济系统中各种变量经过调整达到均衡不再改变既定状态的倾向。经济学中的均衡并不是绝对相等,只要经济体系中各种变量经过调整使经济运动不断向某一点收敛,经济围绕这一点小幅波动,即为均衡态。均衡状态在一定的经济条件下形成,但并不是恒久不变的。随着经济条件的变化,经济主体的经济行为和各种变量之间关系的调整,原有的均衡会过渡到另一均衡。

融资均衡是资金的现实供给与现实需求两种合力作用的结果,这两股力量的对比决定了融资活动的基本情况,见图2-7所示。图中DD为资金需求线,SS为资金供给线,E为市场作用的均衡点,在均衡利率I下企业融入资金量和资金盈余部门提供的资金总量相等。

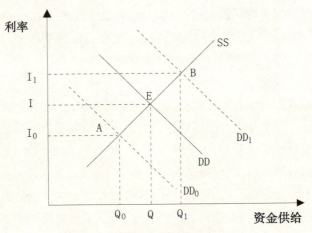

图2-7 企业资金供求均衡分析

但对于想融资的企业而言,一方面供给和需求是不能无限在一个不断延伸的曲线上寻找均衡;另一方面均衡的出现不仅受市场力量的左右,而且要受融资需求和融资供给特点的影响。高新技术企业的资金供给受企业对承受能力和银行对风险的认同影响,供给曲线局限在图2-7的A到B段,而需求也将局限在一定的范围内。当供给和需求不能同向协调时,均衡不一定能够出现,见图2-7。当DD线在AB范围内,均衡存在;当DD在AB范围外时,资金供不应求。对于大多数高新技术企业,供求态势处于后一种状态。高新技术企业的资金供求产生如此差异,主要是由于以下原因引起的:

第一,有效资金供求水平不协调,资金供求特性不对称。由于各种制度条件还不成熟,如制度的不完善,渠道的狭窄,支持高新技术企业发展的资本市场发展滞后等,以及高新技术企业本身具有的高风险以及发展的特殊性制约着潜在供求向有效供求的转化,使得供求双方在发展趋势上存在很多不和谐的地方。从需求方面来看,高新技术企业发展对资金的需要量具有阶段性,对资金的期限、成本、风险等各种属性有相应的要求,但受其发展特性、在技术上和财务上的高风险的限制,导致企业现实融资能力较低,资金有效需求被扭曲;从供给方面看,受到供给渠道和制度的制约,不能顺利转化为有效供给,供给规模小,结构单一。

第二,供求两极分化,科技型中小企业信贷活动存在较大差别。对于大型的科技企业,资金相对宽松,而对科技型中小企业,由于其处在创业期或成长初期,需要资金的数量较大,且随着 R&D 的进展情况对资金的期限有特殊性要求,但得到的资金却有限,使得 R&D 实施与成果的有效转化受到限制。银行出于利益与风险的考虑,对有一定资产抵押的大型科技企业竞相贷款,而对那些科技型中小企业则不给予或不愿贷款,使得一部分处于科技成果转化的科技型中小企业面临危机或停产,致使这些企业贷款供给严重不足,贷款需求无弹性。

第三,科技型中小企业 R&D 过程的特点,决定了它与传统企业的资金需求存在明显区别。图 2-8 显示了技术创新过程与资金需求的对应关系,它持续整个过程,且每一阶段的需求不同。

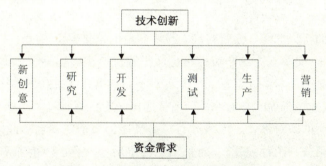

图 2-8 企业技术创新过程与资金需求

在科技型中小企业的技术开发与创新的过程中,所需的资金有研究开发资金、获取技术资产资金、为生产新产品所需资金与销售费用等。其中,研究与开发资金是企业投入在新产品、新技术研究与开发中的资金,由于研究开发活动包括了基础研究、应用研究和开发研究,所以实际上研究开发费用也就包括了其过程中的全部支出,即由市场需求分析所导致的新思想的产生、技术方案的形成及研究过程、为解决批量生产而存在的工艺技术问题、降低成本需耗的资金。

美国的查皮研究小组于 1996 年对企业技术开发与创新活动所需资金的分布进行了调查,他们的调查结果表明,在技术开发与创新过程中,R&D 费用约占15% ~30% ,工具、生产设施、制造活动的费用约占 40% ~60% ,以后阶段的资金约占巧 15% ~40% ,这项研究的结果表明:在企业整个技术创新过程中,不仅研究开发活动过程需要投入较大的资金,而且在研究开发的后期仍需相应的资金投入,才能保证新产品和新技术成功出现在市场。在这一研究基础上,其他人员也进行了研究,虽然得出的比例不相同,但都说一项 R&D 能够转化为经济效益、转化为现实生产力,每一个阶段都需要资金投入,这是科技型中小企业进行 R&D 活动的特点,也决定了科技型中小企业每个阶段潜在资金需求。

第四,信息不对称的存在,产生了逆向选择和道德风险。科技型中小企业成为银行的信贷配给对象,资金的有效供给不足,资金供求矛盾进一步加深,企业预期利润不能实现。

信息非均衡所导致逆向选择行为和道德风险会引起企业行为异化。在信贷市场上,银行与企业相比,企业拥有更多的自身经营的私人信息,处于信息的优势地位,这时企业就有可能产生机会主义的倾向,即利用自己的信息优势为了获得更有利于自己的条件,实现其利润最大化目标,可能故意隐瞒某些不利于自己的信息,甚至制造扭曲的、虚假的信息。机会主义行为的直接结果便是契约风险或契约行为的不确定性,最终会造成企业的行为异化。因为,在银行与企业的信贷活动中,企业采取机会主义,就不可能完全按借款合同中规定的那样去履行,见机行事,擅自改变借款用途,力图获得超额利润。就会设法误导、伪装混淆信息,这样会造成信息的严重不对称,从而影响银行的行为选择。银行对高新技术企业的信贷配给由此产生。

融资市场上,交易双方的非对称信息从内容上讲主要包括三方面(张维迎,1999年):一是投资项目质量的非对称。借款者对项目的潜在收益和风险比资金供给者清楚;二是借款人选择行为的非对称性。借款人倾向于投资风险大的项目;三是关于借款人的经营能力的非对称性。借款人对自身的能力最清楚,贷款方却未必了解。从发生时间上讲可分为两种:事前非对称信息与事后非对称。事前非对称是指交易之前买者不知道但卖者知道的信息;事后不对称是指在合约签订之后买者或卖者实行的不同于合约要求的行为,但交易对方并不清楚。事后的非对称行为在一般的商品市场上并不突出,产品交易标的物为所有权,当所有权发生转移时,原所有者已无法通过自己的行为对新所有者产生影响。但在资金市场上,由于交易的是资金使用权,资金交易双方的利益关系并不随着瞬时的交易结束而结束,资金所有者未来利益已与使用者如何使用紧密联系在一起。

由于信息不对称,在资金融通市场中也存在逆向选择,根据 Akerlof 的旧车市场模型的"柠檬问题",在资金市场也会出现"劣币驱逐良币",从而影响融资的正常秩序,影响科技型中小企业的融资效率。资金供给者只知道资金需求项目或需求企业的一般情况,只愿意按项目或企业的平均质量来决定让渡资金的使用权的价格。这样,高质量的项目或企业在衡量了收益与成本之后会退出这个特定的资金市场,结果该市场上资金供给者面临的项目和企业的平均质量下降,让渡资金使用价格上升,一部分高质量企业或项目退出融资市场。如此循环,如果双方不能采取有效措施,最后市场上将充斥着几乎同质的而且低廉的项目和企业,资金交易将不可能发生。当然,这种极端情况在实际经济中并不存在,无论在哪个层次的市场,资金的流通是绝对的,规则在供求双方的共同作用下,变得富有弹性。

由于科技型中小企业的 R&D 活动本身的技术不确定性太大,即技术风险太大,因此科技型中小企业在资金融通时的不确定性非常严重,造成科技型中小企业融资上的重重问题。按照 Lemons Model 的原理,将会打击部分自主创新的科技型中小企业,可能会使科技型中小企业 R&D 活动减少,严重的会使部分科技型中小企业在创业时期夭折。为了解决银行与科技型中小企业的信息不对称问题,需要在两者之间建立一种机制,使得信息变得透明,减少逆向选择问题的存在。

在信息非对称社会,企业融资过程中除了经常出现的逆向选择问题外,道德风险也很普遍。一般来说,道德风险发生在合约交易之后,当资金需求者得到所需的资金后,总是倾向于投向收益大风险大的项目。出资者承担的风险与收益明显不对称,理性而保守的出资者为了防止企业的道德风险,采取了缩减投资量的措施,这也是导致企业融资困境的原因之一。

由此可见,科技型中小企业与传统企业相比,其信息非均衡对其在融资中负面影响更大,企业不得不面临金融机构的信贷配给以及资本市场资金供给的约束。在现阶段经济背景下,我国科技型中小企业的融资大多遭遇信贷配给。银行充分利用自己的经验、知识和信息优势,在对借款者的选择上,宁愿选择在相对低的利率水平上拒绝一部分贷款人的申请,而不愿意选择在高利率水平上满足所有借款人的申请,这种情况下,科技型中小企业通过银行融资时,即使高新技术企业愿意接受更高的利率,银行也不愿意放贷,从而影响科技型中小企业融资方式的选择与降低资本成本的要求,对企业的资本结构产生不利影响。❶

---

❶ 王新红:《我国高新技术企业融资效率研究》,西北大学 2007 博士学位论文。

第三章　科技型中小企业融资现状

改革开放以来,随着市场经济建设的推进,中小企业蓬勃发展,国家也从起初将其作为国有经济的补充,逐渐认识到中小企业对国民经济发展的重要性。特别是2000年以后,国家将中小企业作为国民经济发展的重要组成部分,出台了一系列扶持中小企业发展的政策和措施,2002年通过《中华人民共和国中小企业促进法》以立法形式确定了国家扶持中小企业的政策和制度框架,为以后的相关机构设置和政策设置打下了基础。经济体制改革为中小企业的发展提供了广阔的空间。针对中小企业融资方面的困难,国家也初步通过财政税收手段进行扶持,自1999年以来,相继设立了科技型中小企业技术创新基金、中小企业国际市场开拓资金和农业成果转化资金、中小企业发展专项资金、中小企业服务体系补助资金和中央补助地方清洁生产专项资金等,对中小企业的融资和技术创新进行补贴,支持技术创新和提高出口竞争力。人民银行和银监会出台了多项政策,鼓励银行金融机构提高服务水平,鼓励面向中小企业的融资。随着银行体系对中小企业融资的重视和多层次资本市场的建设,中小企业融资环境得到了改善,融资的渠道不断拓宽。

另外,与世界发达经济体相比,我国无论在政府层面、法律层面、金融体系建设方面仍有很大差距,中小企业融资难的矛盾仍然十分突出,制约着中小企业健康发展。同时还应看到,我国中小企业自身仍存在许多问题,管理水平不高、竞争力不强、缺乏诚信,这也是造成融资困难的重要原因。

为客观、全面地了解我国科技型中小企业的一般特征和融资现状,以更好地把握和分析科技型中小企业在不同生命周期的融资需求和融资影响因素,我们根据研究的实际需要,设计了科技型中小企业融资现状调查问卷,由于问卷样本的选择对研究结果有着十分重要的影响,因此,我们在选择样本时,既考虑了大城市科技型中小企业样本的选择,也考虑了中小城市科技型中小企业样本的选择,同时考虑到调研人员实施调研活动的便利性,具体调查地点选择为天津市、四川省部分城市、陕西省部分城市、甘肃省部分城市和山东省部分城市。问卷采取随机发放的形式,在东、中、西部五个省份不同类型中小城市的科技型中小企业共发出调研问卷300份,收回问卷287份,其中有效填写问卷264份,问卷有效回收率88%。

第一节　科技型中小企业的一般特征

一、科技型中小企业的所有制特征和发展阶段

(一)科技型中小企业的所有制特征

从所有制方面来看,在所有调查样本中,私营科技型中小企业占主导地位,占比为58%;股份制企业其次,占比为30%;中外合资性质的科技型中小企业占比最低,仅为3%。各所有制形式科技型中小企业的占比情况如图3-1所示。

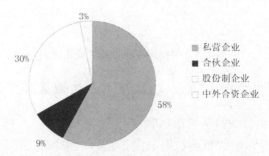

图3-1　各所有制形式科技型中小企业所占比重

(二)科技型中小企业所处的发展阶段

我国科技型中小企业所处的发展阶段如图3-2所示。由图3-2可知,目前,我国大部分科技型中小企业处于发展的初创期和成长期,在所有264个样本中,分别有108个和104个样本处于成长期和初创期,占比为39.4%和40.9%。种子期和转型期的企业数最少,分别为12个和4个,说明经过一段时期的发展,我国科技型中小企业已经处于发展的关键阶段,需要的资金量较大,融资需求强烈。其中,尤其以成长期的企业融资需求较为突出。

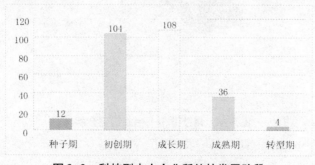

图3-2　科技型中小企业所处的发展阶段

(三)科技型中小企业成立时间

为了解我国科技型中小企业的成立时间长短,据此判断科技型中小企业的发展

状况,我们分别从 1 年以内、1~3 年、3~5 年、5~10 年和 10 年以上这五个阶段对科技型中小企业的成立时间进行了调研,结果如图 3-3 所示。由图 3-3 可知,我国科技型中小企业中,成立时间在 5-10 年的企业最多,占比为 30%,其次为成立 10 年以上的企业,占比为 29%,这也就是说,成立 1 年以下的企业数最少,占比为 6%,表明调研样本企业都经历了初期的发展阶段,这与企业所处的发展阶段的调研结果一致。

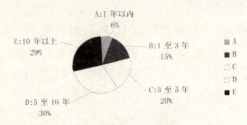

图 3-3　科技型中小企业的成立时间

二、科技型中小企业的资金状况、技术人员数量和产品研发周期情况

(一)科技型中小企业目前资金状况

科技型中小企业目前的资金状况决定了它们未来的融资需求,并且也能反映它们当前的经营状况。科技型中小企业资金状况的调查结果如图 3-4 所示。从图中可以看出,大多数企业认为自己当前的资金状况处于正常状态,这一比例占到了 44%。但也有不少的企业认为自己企业的资金有点紧张或非常紧张,占比均为 21%。只有5% 的企业认为自己的资金很充裕,认为自己充裕的企业也较少,仅占 9%。这一结果表明,我国大部分科技型中小企业的资金并不宽裕,有较为明显的潜在融资需求。

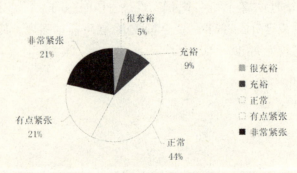

图 3-4　科技型中小企业的资金状况

(二)科技型中小企业新产品研发周期

科技型中小企业新产品研发周期对企业的资金需求也有重要影响。新产品研发周期越短,短期所需的资金量越大,但从长期或整个产品研发成本来看,融资需求量却相对减少了。另外,新产品研发周期缩短,能够加快产品推向市场的进度,更有利

于产品的市场竞争,较快地收回产品投资成本。从我国科技型中小企业的新产品研发周期看(见图3-5),大部分科技型中小企业的新产品研发周期在3～6个月和6～12个月,研发周期相对较短。这一方面与科技型中小企业本身研发新产品的技术力量有关;另一方面也反映了我国科技型中小企业在研发方面的投入状况,如果耗时过长,可能就没有足够的资金予以支撑,因此企业在研发周期上更多地强调成本,周期短是节约成本的方式之一,但研发新产品的周期过短,对产品的质量和市场竞争力也将产生一定的影响。

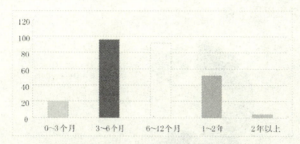

图3-5　科技型中小企业新产品研发周期

(三)科技型中小企业技术人员数量

科技型中小企业技术人员的数量决定了企业的产品研发实力。我国科技型中小企业技术人员数量分布比较均匀,处于最高值的为21～50人,1～5人和100人以上的企业相差不大。这一方面说明了我国科技型中小企业在聘用科技人才方面较为理性,能够根据自身的企业规模聘用适当的技术人员;另一方面也反映了我国科技型中小企业的规模分布较为合理,各种规模的企业都占有一定的比重。

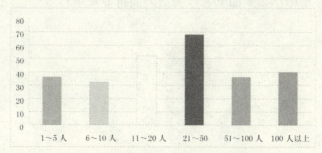

图3-6　科技型中小企业技术人员数量

三、科技型中小企业的行业分布和竞争程度

(一)科技型中小企业的行业分布

科技型中小企业的行业分布与其融资需求有较强的相关性,比如机械制造中小企业固定资产投资规模大,融资需求金额大、期限长,融资难度大。相对来说,

计算机信息技术产业对融资的需求多是短期融资,更容易取得。我国科技型中小企业的行业分布也基本与我国科技发展水平同步。从行业类型分布来看,调研样本企业主要集中于农业型科技企业,这和我们调研地点的选择有很大关系,在调研中,为了能够较全面地反映整个社会科技型中小企业的客观情况,而非大中型城市科技型中小企业的状况,我们在选取调研对象时,选取了一部分县城的科技型中小企业,这些企业主要是服务于农业的,属于农业型科技企业。从调研样本的统计结果来看,科技型企业的行业主要集中于农业、机械制造、生物医药等,以农业为主,占全部样本的31%(见图3-7)。

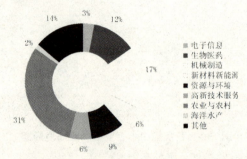

图3-7　科技型中小企业的行业分布

(二)科技型中小企业所处行业竞争程度

企业所处的行业竞争程度反映了企业发展环境,也在一定程度上决定了企业潜在的融资需求。从我们的调研结果来看(见图3-8),绝大部分科技型中小企业都认为它们所处的行业发展环境竞争激烈,认为行业发展环境不激烈的占比最少,这说明我国科技型中小企业面临着较为激烈的行业竞争环境。

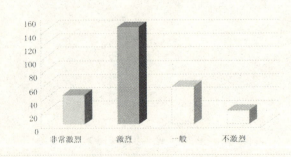

图3-8　科技型中小企业所处行业的竞争激烈程度

四、科技型中小企业技术水平及市场地位

(一)生产经营设备的技术状况

从科技型企业的技术水平情况来看,51.5%的企业认为自己企业的生产经营

设备的技术水平处于国内一般状况,仅有9.1%的企业认为自己企业的生产经营设备的技术水平处于国际领先的状况,而认为自己企业的生产经营设备的技术水平处于国内先进的占到所有样本的37.9%,认为自己企业生产经营设备的技术水平处于国内落后的企业最少,仅占调查样本数的1.5%,具体情况如图3-9所示。

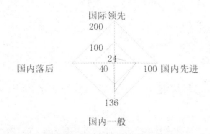

图3-9　科技型中小企业生产经营设备的技术状况

(二)科技型中小企业技术创新的动力

科技型中小企业的一项重要内容就是不断地进行科技创新,通过持续的技术创新获得发展的动力,推动整个社会的科技进步,但不同的企业进行科技创新的动力各不相同,我们对样本科技型中小企业技术创新的动力进行了调查,发现市场需求是科技型中小企业技术创新的主要动力,有77.3%的企业认为市场需求是它们技术创新的主要动力。排在第二位的创新动力来自同行业竞争,这一项占比为48.5%。后续几项依次为政策激励、新技术的出现和降低成本,分别占比为:25.8%、10.6%和3%(该项为多选题,所以调查结果百分比之和大于1)。

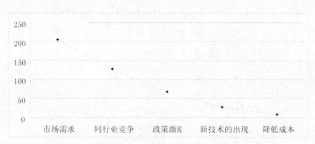

图3-10　科技型中小企业技术创新的动力

(三)科技型中小企业在当地城市的市场地位

为考察科技型中小企业在当地城市的市场影响力,以进一步判断企业的融资难易程度,我们对样本企业进行了市场地位调查,调查结果见图3-11。从图中我们可以发现,在整个样本企业中,认为自身企业影响力一般,属于当地一般性企业的有120个,占样本数的45.5%,其次为知名企业选项,即有96个企业认为自己的企业是当地的知名企业,有一定的市场影响力,占比为36.4%。认为自己企业没有影响力和著名企业的样本分别为36个和12个,其占样本数的比例分别为

13.6%和4.5%。

图3-11　科技型中小企业在当地城市的市场地位

第二节　科技型中小企业的融资现状

一、科技型中小企业对融资环境的评价及融资目的

(一)科技型中小企业对整体融资环境的评价

社会融资环境对科技型中小企业的融资具有重要的影响。多年来,经过政府、企业和社会各界的共同努力,我们在营造良好的社会融资环境方面采取了许多积极的措施,应该说已经取得了良好的效果。那么,在科技型中小企业看来,社会融资环境是什么样的一个状况,就此,我们进行了问卷调查,调查结果如图3-12所示。由图3-12可知,各科技型中小企业对当前社会融资环境的总体评价尚可,样本企业中,有120个企业认为当前社会融资环境处于一般水平,占样本总数的比值为45.5%。对社会融资环境不满意或非常满意的样本企业都较少,大部分选择了中等程度的评价。

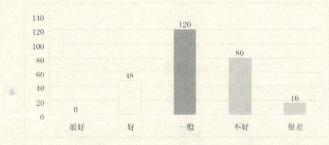

图3-12　科技型中小企业对当前中小企业整体融资环境的评价

(二)科技型中小企业科技投入的主要目的

企业进行融资,主要是希望能有更多的资金投入到技术创新中,更好地研发新产品和进行技术更新升级,但不同的企业进行融资进行科技投入的目的是不一样

的,对此我们进行了问卷调查,调查结果如图 3-13 所示。由图 3-13 可知,对科技投入的四个备选目的中,企业选择技术改造的比例最高,其次为技术合作引进,而选择购买新技术的企业数最少,这说明更多的企业融资并进行科技投入时,主要考虑在原有技术的基础上进行进一步的改造和研发,大多数企业不考虑直接购买新技术,这在一定程度上反映了我国科技型中小企业具有较强的创新积极性,并且在融资资金的使用上更为理性。

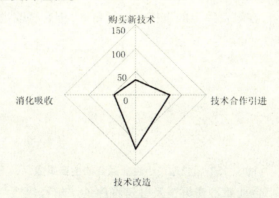

图 3-13 科技型中小企业科技投入的主要目的

二、科技型中小企业融资的数额、渠道和用途情况

(一)科技型中小企业每年融资需求数额

从理论上讲,科技型中小企业的融资需求数额与企业的规模有很大关系,因此,考察企业融资需求数额能从一定程度上反映不同规模企业的融资需求状况,我国科技型中小企业具体融资需求状况如图 3-14 所示。从图中我们发现,多数样本企业的融资需求数额在 1000 万元以下,也有极个别的融资数额高达 3000 万元,占主要比例的融资数额在 500 万元以下。

图 3-14 科技型中小企业每年的融资需求数额

(二)科技型中小企业融资的主要渠道

一般来说,科技型中小企业融资的渠道主要有两种,即内源融资和外源融资。在具体形式上,内源融资一般是通过自有资金的积累和企业发起人出资完成的。

外源融资则又有许多具体形式,我们对科技型中小企业主要的几种融资方式进行问卷调查,结果如图 3-15 所示。从图中可以看出,我国科技型中小企业常用的融资方式仍以银行贷款为主,在调查样本中,我们发现有接近 200 家中小企业以银行融资作为主要的融资方式,其次为向亲戚朋友借款,而几乎没有样本企业是通过私人借款、中小板、创业板和风险投资进行融资,通过自有资金和专项基金融资的企业也是微乎其微,这反映出目前我国科技型中小企业在融资方式上仍然没有突破传统融资方式的束缚,在融资渠道的选择上过于单一,仍有待改进。

图 3-15　科技型中小企业融资的主要渠道

(三)科技型中小企业对融资渠道及融资程序的了解程度

在科技型中小企业融资过程中,企业需要了解可行的融资渠道,并且熟悉各种融资渠道中的不同融资程序,对科技型中小企业融资渠道和融资程序了解程度的把握可以有助于我们更好地判断企业为什么存在融资难的现象。根据我们的问卷调查结果显示,48% 的企业对融资渠道和融资程序有一般的了解,但也有高达 42% 的企业对融资渠道和融资程序比较了解,而选择不了解和非常了解的样本企业各占 5%,说明我国科技型中小企业在融资过程中能够积极主动关注各种融资渠道和融资程序,在融资过程中做到心中有数,有针对性地选择较合适的融资渠道和融资程序。

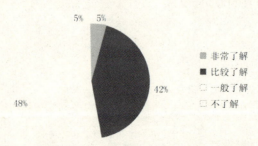

图 3-16　科技型中小企业对融资渠道及融资程序的了解程度

(四)科技型中小企业融资后的资金用途

为进一步了解科技型中小企业的融资目的,即融入资金后主要的资金用途,我们对样本科技型中小企业进行了资金用途调查,调查结果见图 3-17。从图中我们可以发现,占77%的样本企业融资的主要目的是解决流动资金不足的问题。有12%的样本企业进行融资,其目的是为了能够获得研发新产品的资金。而为了进行设备更新和技术改造、建厂房进行融资的企业占样本企业的比例较低,分别为2%和9%。

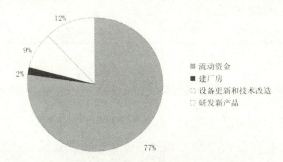

图3-17 科技型中小企业融资渠道获得的资金主要用途

(五)各企业认为自身存在融资困难的原因

对于科技型中小企业而言,存在融资困难的原因可能多种多样,各个不同的企业个体融资困难的原因也不尽相同,我们将科技型中小企业融资困难的原因分成了7种,分别为:(1)抵押资产少;(2)信用等级低;(3)企业利润较低;(4)财务记录不健全;(5)无清晰的融资制度安排;(6)企业管理体制不健全;(7)企业的社会关系较弱。由于企业融资难可能不是一种原因导致的,所以本选择我们设置了多选项,让企业可以选择多项他们自己认为导致融资困难的原因,调查结果如表3-1所示。从调查结果可以看出,企业普遍认为导致它们贷款难的最主要原因在于缺乏抵押资产,264个样本企业中,有156个企业选择了这一项,占比为59.1%。同时,科技型中小企业也认为社会关系在融资过程中起着十分重要的作用,有104个企业选择了社会关系较弱是其融资难的重要原因,占比达到了39.4%。在调查中,我们也发现有不少企业认为缺乏必要的信用等级是它们融资的原因之一,这一项占比为31.8%,这和我国尚未建立健全的信用体系有很大关系。值得注意的是,在所有7个选项中,只有12.1%的企业认为企业管理体制不健全是导致它们融资难的原因。

表3-1 企业自身认为融资难的原因

序 号	对融资难的看法	数 量	百分比(%)
1	抵押资产少	156	59.1
2	信用等级低	84	31.8
3	企业利润较低	64	24.2

续表

序　号	对融资难的看法	数　量	百分比(%)
4	财务记录不健全	44	16.7
5	无清晰的融资制度安排	44	16.7
6	企业管理体制不健全	32	12.1
7	社会关系较弱	104	39.4

三、科技型中小企业银行贷款融资的形式、期限及关心因素情况

（一）银行贷款的具体融资形式

由图3-15可知,目前我国绝大部分科技型中小企业仍以银行贷款为主要融资方式。在银行贷款中,一般来说,有抵押贷款、担保贷款、信用贷款和票据贴现等方式,为摸清我国科技型中小企业通过银行贷款的具体融资形式,通过调查发现（见图3-18）,抵押贷款是科技型中小企业的主要银行融资形式,在264个调查样本中,有168个样本是通过银行抵押贷款进行融资的,占比为63.6%。信用贷款和担保贷款的样本数分别为52个和44个,占比分别为19.7%和16.7%,而没有样本企业选择通过票据贴现的方式向银行进行融资,这个可能与科技型中小企业票据业务较少,我国票据融资市场不发达有很大关系。

图3-18　科技型中小企业融资的银行贷款形式

（二）科技型中小企业希望的贷款期限

科技型中小企业希望的贷款期限反映了中小企业普遍的资金需求时间长短。从调查结果来看,主要集中在1~2年和3年以上的期限。这两项分别占样本总数的30.3%和28.8%。其次为半年至1年和2~3年的需求期限,占比分别为18.2%和19.7%。比较短期的半年以内的贷款需求较少,仅占样本总数的3%。由此,我们可以大体了解科技型中小企业对资金需求的期限结构。

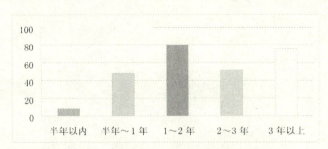

图3-19 科技型中小企业希望的贷款期限

（三）科技型中小企业对贷款利率的看法

贷款利率是企业融资的直接成本，利率的高低反映了中小企业融资成本大小，也是企业进行融资决策的重要依据。为客观了解我国科技型中小企业对商业银行贷款利率水平的看法，我们将其分为五个选项进行调查，分别为：（1）明显偏高，很难承受；（2）较高，但可承受；（3）较高，不能承受；（4）一般水平；（5）利率偏低。根据调查结果（见表3-2），我们发现绝大部分企业都认为现在的商业银行贷款利率较高，但还在他们能够承受的范围之内，这一比例占到了样本总数的57.6%，其他的选项为明显偏高，很难承受，占总样本数的21.2%。同时我们也看到，仅有1.5%的样本企业认为利率水平偏低。根据调查结果，我们总体认为，目前大多数企业都认为商业银行目前的利率水平较高，导致了他们融资成本上升，使得企业融资更加困难。

表3-2 科技型中小企业对商业银行贷款利率的看法

序 号	对利率水平的看法	数 量	百分比（%）
1	明显偏高，很难承受	56	21.2
2	较高，但可承受	152	57.6
3	较高，不能承受	12	4.5
4	一般水平	40	15.2
5	利率偏低	4	1.5

（四）申请贷款时最关心的因素

科技型中小企业通过银行申请贷款时，会关心许多因素，我们列出了常用的几种因素进行调查，调查结果显示（见图3-20），企业在申请银行贷款时最关心贷款下达的速度，在264个样本企业中，有140个样本选择了贷款速度，占整个样本数的53%。下面的几个因素依次为授信额度、贷款手续繁简程度和贷款成本，所选的样本数分别为64个、40个和20个，占比分别为24.2%、15.2%和7.6%。这表明，如果企业需要进行融资，则都是非常迫切地希望能尽快获得贷款。

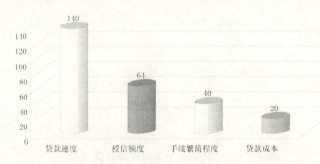

图 3-20　科技型中小企业申请贷款时最关心的因素

四、科技型中小企业融资特征分析

(一)我国中小企业的融资结构分析

由于受到我国经济发展水平的制约和转型期社会制度的制约,我国科技型中小企业发展水平不高,在企业管理、社会监督、信用体系、融资体系方面尚不完善,科技型中小企业融资难度比发达国家更大。

我国科技型中小企业融资结构具有如下特点:商业银行贷款占绝对支配地位。因为我国资本市场中针对中小企业股权融资的中小企业板和创业板,推出时间不长,规模较小,而且门槛较高,而门槛较低的场外股权交易市场缺位。债券市场以国债、金融债和大企业债为主。近年来,我国债券市场的债券品种中,国债和央行票据一直占据了债券市场的较大比例,其次是政策性金融债,商业银行债、企业债和企业短期融资券等企业类债券只占到非常小的一个比例,而且交易不活跃,这就导致我国中小企业融资主要靠银行借贷。我们的调查结果也显示了这一特点,科技型中小企业融资主要靠银行贷款和自有资金。随着企业规模扩大或国家宏观调控,银行贷款比较难,科技型中小企业融资可能有转向民间借贷的趋势。企业外部融资渠道中,银行贷款占到了融资额的绝大部分,其余基本为亲戚朋友借款或民间金融融资等,样本企业没有发行股票或债券融资存在。❶

(二)科技型中小企业资金需求期限结构分析

1. 长期债务融资困难,占债务比例低

商业银行考虑到科技型中小企业缺乏抵押,经营风险大,一般不愿向中小企业发放长期贷款,对于固定资产投资比例较高的制造业中小企业来说,如果要扩大规模,进行设备和技术投资就面临资金缺乏的情况,很多情况下中小企业就是靠不断

---

❶　李宜昭:《完善我国中小企业融资体系的路径研究》,中国社会科学院研究生院 2010 博士学位论文。

进行短期融资支撑着长期投资项目,这样,一旦出现资金不能接续的情况,就会导致企业资金链断裂,企业经营陷入困境。所以中小企业缺乏长期资金支持反过来又会加大中小企业的经营风险。

2. 不同发展阶段的企业希望获得的资金期限和融资方式不一

总体来讲,处于初创阶段的企业不仅仅需要长期发展资金,还需要短期发展资金,融资方式主要是短期贷款。处于成长阶段和扩张阶段的科技型企业的资金需求期限集中在 1～3 年,这并不是说处于此阶段的企业不需要短期贷款。由于他们获得短期融资渠道比较多,比如应付账款、承兑汇票、信用证等,获得短期贷款相对容易,而获得长期资金比较难;处于成熟阶段的企业短期周转资金一般而言相对比较充裕,需要的是长期发展资金。

(三)资金需求量大

与传统企业相比,高新技术企业属于资本密集型产业,对自然资源的依赖程度较低,而对资金投入的依赖程度较高。高新技术的特性决定了这种类型的企业在正式投产创造效益之前就需要投入大量的资金进行研究和开发工作,而且生产的前期投入也普遍比一般的传统型企业大得多。从创新企业的崛起到形成一定的规模,都是以大量资金投入为先导,且投资规模从研究阶段到规模化阶段越来越大。三个阶段的融资比例大致呈现这样的关系,即研究阶段的融资:产业化阶段的融资:规模化阶段的融资,其比例为 1∶10∶1000。

科技型中小企业融资困境的综合体现——金融缺口(Financial Gap)。"金融缺口"又称为"麦克米伦缺口",首先出现于 20 世纪 30 年代初英国议员向国会提供的关于中小企业问题的调查报告中。Macmillan 发现,对中小企业的长期资本供给存在短缺,这种短缺尤其明显地发生在那些单靠初始出资人的资金已经不敷运用,但又尚未达到足以在公开市场上融资的规模企业身上,这就是所谓的"金融缺口"。其后大量的实证研究表明,中小企业在成长过程中面临着"双缺口"——债务融资缺口(Debt Gap)和权益融资缺口(Equity Gap)。

金融缺口现象在本质上是一种市场失灵。在金融缺口现象中,资金的供给者没有将资金有效配置到资金需求者的手上,供求没有得到协调,资金的配置也就处于一种无效状态。因此,从金融缺口的外在表现来看,它是一种市场失灵。金融缺口形成的核心原因为在金融制度中,市场的力量无法促进资金配置到中小企业,即市场在这里无能为力。在市场经济条件下,金融机构作为经济主体追求的是自身利益的最大化,而中小企业由于财务及管理制度不健全,加之担保能力弱,抵押品品质不高,单笔借款数额较小,借款笔数多,手续复杂,因而金融机构认为对中小企业资金融通风险大,成本高,盈利少。因此,中小企业难以从一般金融机构获得足够的资金。另外,中小企业由于规模、信用等限制,难以通过金融市场进行融资。因此,中小企业融资存在着壁垒,市场力量难以发挥。在金融缺口现象中,市场力量之所以没有发挥有效作用,其深层次的原因就在于存在银行的垄断、银行对中小企业信息的掌握非常不充分、与中小企业之间具有更多的信息不对称、更高的交易成本等。

(四)融资风险高

科技型中小企业的发展从技术创新开始,而技术创新带有极大的不确定性,这一不确定性决定了这一过程的投资具有特殊性,即投入的初始阶段只是净投入,继续大量投入之后才有可能产出,收益时间过程带有滞后性和极大的不确定性,使科技型中小企业的融资表现为资金投入的风险性高,且风险越大,预期收益越大。

(五)融资渠道的狭窄

科技型中小企业融资渠道的狭窄制约了高新技术产业的快速发展。诸多因素正阻碍着中国科技型中小企业的发展,其中,融资难问题即为关键障碍因素,表现为我国科技型中小企业的筹资渠道单一,科技型中小企业主要依赖政府财政拨款、银行贷款和企业的自筹资金。单一的筹资渠道资金供应能力差。一方面,政府财政拨款的能力有限;另一方面,科技型中小企业的高风险使其难以得到银行的长期贷款的资金支持。受资金市场准入条件的限制,科技型中小企业难以在其创办之初发行债券、股票等进行筹资。这样一来,我国科技型中小企业可融通的资金主要是银行的短期贷款,这显然不能满足科技型中小企业较高的资金需求。因而,开发与疏通融资渠道就成为科技型中小企业发展的当务之急。

第三节　科技型中小企业融资存在的问题

一、科技型中小企业发展的资金投入不足

一般的科技项目成果从实验室走向市场,大致需要经过四个过程:科学研究、技术开发、试点生产、批量生产。按照国际惯例来说,前三个过程的资金要求比例为1∶10∶100,但根据我国的相关研究成果显示,这一资金比例仅为1∶1.51∶26.03。因此可以很明显地看出在科技型中小企业发展当中,后续资金的不足成了严重的问题,这导致很多的科技型中小企业科研项目成果只能束之高阁。同时,以企业为核心的投资主体框架构建还未真正得以确立,国家作为高新技术产业发展最重要投资主体的认识误区依然存在,虽然各级财政给予科技发展的资金支持绝对数已不算少,但财政投入力度仍显不足。与此同时,财政投入资金分

布面广、过于分散,缺乏整体统筹和稳定的制度化投入计划,投资的导向作用、基础作用不明显。

科技型中小企业融资渠道主要分为内源融资和外源融资两个方面。内源融资能力的大小取决于企业的利润水平、净资产规模和投资者预期等因素。具有自主性、有限性、低成本性、低风险性的特点。在科技型中小企业的创业阶段,由于研发需要大量的资金,而产品的销售收入几乎为零,而且由于产品能否被市场所接受还不知道,市场风险较大,融资方式为风险投资、各种政策性资金、私人权益资金。初期的内源融资主要为:企业创办人自有资金、家族成员和亲属资金、合伙人资金。当企业处于发展阶段时,其内源融资主要是企业创办过程中原始资本积累和运行过程中剩余价值的资本化,即财务上的自有资本及权益。

同时,对于合伙制的企业来说,合伙人的资金来源也非常重要。有限合伙制具体分为两种:普通合伙人和有限合伙人。普通合伙人通常是创业投资的发起人和经营人员,在企业内承担筹集资金、项目决策、企业管理和利润分配等职能,并为企业的经营承担无限责任。他们投入的资本份额通常都很小,但在公司利润的分配上要得到 20% 的资本收益,同时还要收取相当于有限合伙人投资总额 2% ~3% 的管理费。有限合伙人是真正的投资者,他们以对公司的投入额为限,对债务承担有限责任。在这样的制度安排下,一方面,公司把利润的很大一部分分给了普通合伙人,强化了对其努力工作的肯定和激励。同时又要求他们对企业债务承担无限责任,强化了对其工作的约束;另一方面,有限合伙人在可望获得较高收益的同时,仅以投资额为限承担债务和责任。所以,有限合伙制能够得到各方的认同,成为科技型中小企业和创业投资基金的最佳组织形式。

我国科技型企业内源融资的局限性体现:(1)企业中的留存收益如法定盈余公积金,法定公益金等的使用要受到国家的有关政策规定的约束。所以,企业不可能过多地运用企业的留存收益,同时,企业也不可能过多地提取留存收益,以免影响企业今后的外源融资。(2)由于产权不清,责任不明等一系列体制上的原因,目前中小企业利润分配中都存在短期化倾向,缺乏长期经营思想,很少从企业发展角度考虑自留资金来弥补经营资金不足。(3)企业主自身的资金以及合伙资金有限,难以适应企业快速发展的需要。每个企业不可能通过企业内部积累就能满足中小企业生存发展的需要。因此当企业高速发展时,必须依赖外部融资。

二、银行主导型融资模式存在的缺陷

银行主导型融资模式是指银行部门(包括非银行金融机构)充当资本筹集和分配的主要中介,通过信用手段将资本从其所有者那里征集起来,然后分配给它所选择的资金需求者(企业)使用的一系列模式。随着我国经济体制改革的深入,储蓄结构由财政主导型向居民主导型转变,主要表现为居民储蓄总额迅速增加,并且在总储蓄中所占的比重不断上升;政府储蓄所占比重逐渐下降。同时,企业资金自我供给能力越来越低,成为全社会最大的资金需求部门。因此,企业部门强大的资金需求必然由高储蓄的居民部门来弥补。并且,随着我国从传统计划经济体制向有计划商品经济体制的转变,我国各类企业的融资模式也实现了由财政供给型融资模式向银行主导型融资模式的变迁。

实践来看,银行融资主要通过两方面对科技型中小企业发挥金融支持作用:(1)直接组建专门的银行金融机构。如建立各种政策性银行等,或组建股份制银行。这类银行将主要贯彻执行政府的产业政策意图,对技术进步融资提供种种优惠性措施。(2)通过制定一系列的经济政策调节银行资金流向国家所选择的重点产业。如日本规定,长期信用银行除主要给各种基础产业提供融资支持外,在贷款行业投向方面,对技术开发性贷款不得低于一定的比例。这一经济政策曾对日本的技术进步起到了重要的推动作用。

目前我国正处于经济转轨时期,通过银行融资来支持科技发展仍很重要。这主要是因为:(1)长期以来,金融机构一直是我国经济发展和技术进步的主要融资主体,尽管改革开放后投融资体制已经由过去的完全财政"拨改贷"转变到融资多元主体型,但完全市场化的格局并未形成。因此,在今后一定时期内,银行还将继续是我国科技型中小企业发展过程中的主要融资支持者。(2)在目前资本市场刚刚起步,市场规模极小,业务规范化程度极低的条件下,为了实施国家赶超发展经济的战略,科技型中小企业发展的资金供给还主要依赖银行。(3)在我国现存银行体系中,国有银行是主体,银行资产也主要是国有资产。因此,在我国经济体制转轨过程中,国家有条件通过一系列保护和支持科技进步的经济政策,采取必要的行政手段引导资金流向国家选定的重要产业特别是一些技术含量高、对产业结构转型和经济增长方式转变具有决策性影响的产业,从而促进高新技术产业的发展。

但银行主导型融资模式也存在一定的缺陷。随着高新技术产业的发展和高新技术企业规模的不断扩大,越来越多具有高成长性、高营利性、经营机制健全的科技型中小企业成为银行潜在的优质客户资源。但是,在金融资源的配置效率上仍存在着一些缺陷,主要表现在以下几个方面:(1)银行信贷资金投资机制与高新技术产业融资特征不匹配。银行融资奉行的主要是安全、效率原则。银行从自身利益出发,一般愿意选那些资本实力雄厚、市场竞争力强的大型企业,特别是垄断企业为融资对象。而科技型中小企业的技术进步和技术创新往往所需资金金额大、期限长、不确定性高。一旦高新技术产品的研究开发失败或到市场销售前景不佳,资产雄厚的大企业照样有能力清偿银行的贷款,但科技型中小企业就不一定能做到。而且,科技型中小企业在创业阶段的贷款风险很大,银行在信息非均衡的情况下出于对资金安全性的考虑不得不对有关贷款持审慎的态度。因而大量存在对科技型中小企业的信贷配给现象和对科技型中小企业实行歧视性贷款政策的现象。(2)信贷机构与企业家之间存在着严重的信息不对称。由于信息不对称问题的存在,任何信贷合约都不可能是完全的,即使抵押担保也无法克服可能出现的逆向选择和道德风险问题。而这又将影响信贷资金对企业技术创新活动的支持。如果一部分企业不按期归还贷款,会影响信贷机构可动用的资金总量;少数人违背信贷合约,会使信贷机构提高贷款条件,从而增加了合格的创新项目获取信贷资金的成本,甚至使其他创新企业家丧失了把技术创新成果转化为现实生产力的可能。这对整个国民经济的发展是极为不利的。(3)融资系统风险加大。从主体方面来讲,由于商业银行本身行为特征,以及银企债权债务关系约束软化,使银行的不良资产增多,不但加大了银行的资金缺口,而且使风险集中于银行。很容易在经济呈现较大波动时,产生系统性金融风险,甚至危及整个社会的信用基础。从客体方面来讲,企业融资对银行体系的依赖程度很大,高负债率容易使科技型中小企业,特别是收益不稳定的发展初期的科技型中小企业,背负高额的资金成本,陷入经营困境,甚至难以为继。(4)银行融资呈现出财政化特征。我国的科技贷款大多是为了配合国家科技发展计划的专项贷款,基本上属于政策性贷款。在贷款对象的选择上存在"所有制歧视"问题。民营科技型中小企业作为我国高新技术企业发展的新生力量,却很难获得商业银行的信贷支持,这也导致银行主导型融资模式的资金分配效率和社会资金的使用效率降低。经过 20 多年改革,商业银行的利润目标和经营自主权加强。银行在尽快降低不良贷款的压力下,贷款谨慎与自主操作,是市场经济深化的必然。科技型中小企业不是企业化银行的追逐目标。在近期贷款利率不能完全自由化以及国家对科技型中小企业融资政策、投资咨询、财务培训等中介服务体系尚未健全之前,不能指望从根本上理顺货币政策的传导机制,也就不能对用货币信贷政策来支持高新技术的发展持过高的、不恰当的期望。为此,我国科技型中小企业的发展壮大已不能完全靠在商业银行身上,必须进行融资模式的创新。

三、我国抵押担保机制不完善

科技型中小企业可抵押物少,抵押物的折旧率高。企业资产评估登记要涉及土地、房产、机动车、工商行政及税务等众多管理部门,再加上正常贷款利息使抵押担保费用更高,科技型中小企业难以承受。科技型中小企业的无形资产比重较大,资产评估中介服务不规范,属于部门垄断,评估准确性低。评估登记的有效期限短,与贷款期限不匹配,在一个贷款期限内重复评估,导致工作效率低、信贷费用高的不利局面。无形资产的评估机制不健全,导致科技型中小企业无法拿出更多的抵押物。

与此同时,我国信用担保机制也不够完善。我国信用担保机构面临的问题很多。如担保机构数量十分有限,目前在保中小企业户数仅为中小企业总数的10%左右,更难以满足中小科技企业的担保需求。担保功能薄弱,累计担保责任金额仅为可运用担保资金总额的2~3倍左右,没有起到放大的作用。担保机构的资金规模及业务量均有限,也没有形成合理的与金融机构之间的风险共担机制。

我国信用评级体系还有待完善。我国还缺乏被市场投资者所普遍接受和认可的信用评级机构。"无形资产支撑证券的评级是投资者进行投资选择的重要依据"。而我国的信用评级制度不完善,评级机构的运作不规范,信用评级透明度有待提高,没有一个统一的评估标准,难以做到独立、客观、公正地评估。缺乏被市场投资者所普遍接受和认可的信用评级机构,必然影响资产支撑证券的市场接受程度。[1]

四、信息不对称加剧企业融资困难

在金融市场中,信息不对称会使借款人产生逆向风险选择和道德风险。这种"信息不对称"以及由此导致的"逆向选择"和"道德风险"效应会影响到金融市场机制的正常运行及其结果,从而影响到金融市场的均衡状态和效率。梅耶森Myeson(1991)将道德风险定义为"参与人选择错误行动引起的问题"。根据信息经济学的理论,一般认为道德风险是指由于经营者或参与市场交易的人士在得到来自第三方的保证的条件下,其所作出的决策及行为即使引起损失也不必完全承担责任,或可能得到某种补偿,这将"激励"其倾向于作出风险较大的决策,以博取更大的收益。签约前如交易双方信息不对称,就可能导致逆向选择。梅耶森将逆向选择定义为"由参与人错误报告信息引起的问题",它是指交易双方拥有的信息不对称,拥有信息不真实或信息较少的一方(不知情者)会倾向于作出错误的选择——逆向选择。

非对称信息会使经济均衡的性质发生一定程度的扭曲,影响到市场均衡的状态和经济效益。信息不对称体现在两个方面:(1)经济决策人对经济现实中存在

---

[1] 李延罡:"高新技术中小企业无形资产证券化融资",载《商场现代化》2007年第3期。

的事实缺乏了解;(2)经济行为人故意隐瞒事实真相,掩盖事实信息,甚至提供虚假信息。信息的非均衡性,造成银行不能区分高风险与低风险的借款者。银行在借贷市场上发放贷款时所关注的是贷款利率的高低和风险的大小,因此,银行实现利润最大化时的利率不一定是最高利率。尽管高利率能够直接提高银行的利润,但"逆向选择效应(道德风险效应)"很容易超过该直接作用。这时就会存在一个关键利率,利率的逆向选择效应使借款者发生分化,在该利率上安全的借款者停止申请贷款,因此,银行的收益率下降。既然企业具有不同还款的风险概率,银行必须清楚哪些借款者是最可能的借款者。由于银行对企业的有关信息无法全面了解,所以在鉴别借款者时,利率便成为一种检测机制或信号。贷款利率的提高将把"好的"(高质量的)借款者挤走,而留下"坏的"(低质量的)借款者,或者较高的贷款利率诱使企业去选择风险更大的投资项目,所以,银行的资产质量会出现下降。

科技型中小企业与资金提供者之间存在高度的信息不对称。一是科技型中小企业的资产结构与一般中小企业具有不同的特征,即资产中无形资产所占份额高,无形资产所能为企业创造的未来经济利益具有很大的不确定性。资金提供者对企业未来的收益能力判断困难。所提供的资金不能收回的风险大小不清楚。二是资金提供者对科技型中小企业的信用状况不了解,为了减少风险而不贷款。尤其是很多民营企业的财务管理制度不健全,其管理方式也不规范,使信息更加不透明,会计信息不可信,从而进一步加剧了融资难问题。

第四章　科技型中小企业不同生命周期的融资模式

第一节　生命周期及其风险特征

一、科技型中小企业生命周期

要确定企业所处的生命周期阶段,关键是合理确定划分阶段的依据。由于科技型中小企业一般规模较小,故采用营业收入增长率将企业分为初创期、成长期、成熟期和衰退期四个阶段。

(一)初创期

初创期的科技型中小企业,生产规模小,生产成本高,盈利水平低。需要投入大量的研发费用以及营销费用,为打开市场,企业往往采取放宽信用约束导致应收账款金额大,使得企业净现金流量往往为负值。一般没有留存收益用于再投资,又由于巨大的经营风险及有限的可供抵押资产,使得企业很难获得债务资本,因此,资金来源一般是低风险的权益资本。

(二)成长期

在成长期,企业实力有所增强,产品研发基本成功,销售量也逐渐增加。然而资金短缺仍然是企业的最大难题,主要表现在:销售量的快速增长,企业的净现金流量好转,经营风险降低,但为维持这一趋势,企业需要扩大再生产,需投入大量的资金;与销售量成正相关的应收账款金额也会增加,使得企业的财务风险加大,增加了融资难度。但与投入期相比,融资难度降低,企业融资可以通过债务融资、股权融资等方式进行。

(三)成熟期

在科技型中小企业成熟期,企业规模增大,组织结构完整,管理规范,产品已经被大多数消费者接受,销售量稳定,企业的现金流入增加,流出减少,企业利润和现金流量逐渐上升。这时企业融资相比成长期,融资难度相对要低,融资渠道也相对较多,可以采用间接融资和直接融资等多种渠道进行融资。

(四)衰退期

在衰退期,企业的利润开始下降,净现金流量减小,市场开始萎缩。企业的经营风险和财务风险均增大,融资变得非常困难。因此,企业需要研发新产品,或者进行战略性的资产重组,寻找兼并与被兼并的机会,获得重生。

综上,企业处于不同的生命周期阶段,对资金的需求不同,可能采取的融资方式也不尽相同。❶

二、企业发展的生命周期与融资

关于企业生命周期的研究,Berger & Udell(1998 年)将企业生命周期与融资结合,发展形成了金融成长周期理论(Financial Growth Cycle of Firms),该理论认为,伴随着企业成长周期而发生的信息约束条件、企业规模和资金需求的变化,是影响企业融资结构变化的基本因素。在企业创业初期,由于资产规模小、缺乏业务记录和财务审计,企业信息是封闭的,因此外源融资的获得性很低,企业不得不主要依赖内源融资。当企业进入成长阶段,追加扩张使企业资金需求猛增,同时随着企业规模扩大,可用抵押的资产增加,并有了初步的业务记录,信息透明度有所提高,于是企业开始更多地依赖中介的外源融资。在进入稳定增长的成熟阶段后,企业的业务记录和财务制度趋于完备,逐渐具备进入公开市场发行有价证券的条件。随着来自公开市场可持续融资渠道的打通,来自金融中介债务融资的比重下降,股权融资的比重上升,部分优秀企业的中小企业成长为大企业。

金融成长周期理论表明,在企业成长的不同阶段,随着信息、资产规模等约束条件的变化,企业的融资渠道和融资结构将随之发生变化。其基本的变化规律是,越是处于早期成长阶段的企业,外部融资的约束越紧,渠道也越窄;反之亦然。因此,企业要顺利发展,就需要有一个多样化的金融体系来对应其不同成长阶段的融资需求。尤其在企业的早期成长阶段,风险投资等私人资本市场对于企业的外部融资发挥着重要作用。相对于公开市场上的标准化合约,私人市场上具有较大的灵活性和关系型特征的契约,具备更强的解决非对称信息问题的机制,因而更能够降低融资壁垒,较好地满足那些具有高成长潜力的中小企业的融资需求。

伯杰等美国经济学家使用美国全国小企业金融调查(NSSBF)和美国联邦独立企业调查(NFIB)数据,根据企业金融成长周期模型,对美国中小企业的融资结构进行了检验。他们把企业的成长周期划分为"婴儿期"(0～2 年)、"青少年期"

---

❶　吴建军、潘静:"基于生命周期理论的民营企业动态融资方式研究",载《财会通讯》2011年第 8 期。

（3～4 年）、"中年期"（5～24 年）和"老年期"（25 年以上）四个阶段。把企业规模分为雇佣人数 20 人以下、销售额 100 万美元以下和雇佣人数 20 人以上、销售额 100 万美元以上两类。把资金来源分为股权融资和债务融资两大类，其中每一大类中又包括若干子类，统计出了不同成长阶段和不同规模的中小企业融资结构。从企业成长周期的融资结构看，债务融资的比率在婴儿期和青少年期先上升，进入中年期以后再下降。股权融资比率则相反，呈先下降后上升的趋势。这种变化与上述金融成长周期的理论是相一致的。从企业规模上看，美国小型企业的股权融资的比率远高于中型企业，债务融资的比率则低于中型企业，这种现象也符合企业的金融成长规律。

关于中国的中小企业成长过程中融资方式的选择是否也符合企业金融成长周期理论，学者张捷使用暨南大学"中小企业发展与支持系统研究"课题组的相关数据，依照伯杰等美国经济学家的上述做法采集样本，从企业金融结构和规模上进行统计分析，得出的结论是：尽管由于金融体制和融资环境等的差异，中国中小企业成长周期的融资结构与美国的相比存在一些差异，但金融成长周期的基本规律适用于我国中小企业的融资结构变化，其模型能从长期和动态的角度较好地解释中小企业融资结构的变化规律，存在的差异只能说明中美两国中小企业在各个融资阶段所面临的融资环境和金融压抑程度不同，并不足以否定金融成长周期规律对中国中小企业的适用性。张捷认为，金融成长周期理论之所以适用于中国的中小企业，其根本原因在于改革开放以来中国中小企业的产权结构发生了巨大变化，非国有企业已经成为中小企业的主体，中国中小企业的融资活动越来越多地受到市场经济规律的制约，融资行为也越来越具有市场行为特点。

三、不同生命周期阶段科技型中小企业的风险特征

科技型中小企业从总体上还是遵循着中小企业的金融成长规律的。处于成长周期不同阶段的企业面临的风险特征不同，这对解决科技性中小企业融资问题具有重要的参考价值。

（1）初创阶段。初创阶段主要是技术的酝酿与发明阶段，这一时期的资金从创意的酝酿到实验室样品，再到产品样品，都由科技创业家自己完成。

在初创阶段，资产规模小、缺乏业务记录和财务审计，企业信息是封闭的，另外，科技型中小企业在初创阶段面临着技术、市场、管理三大风险，具有不确定性因素多且不易测评、离收获季节时间长等特点，因此，外源融资的获得性很低，贷款成本总体较高，担保方式比较单一。平均贷款利率在 4.56%～6%，附加成本在 6%～8%，担保方式主要是担保机构担保，反担保方式主要是个人资产抵押和有形资

产抵质押。风险投资家在此阶段的投资占其全部风险投资额的比例是很少的,一般不超过10%。企业进行间接融资的可能性很小,这个阶段不确定性因素较多。

(2)成长阶段。成长阶段可分为两个阶段,第一是正常成长阶段,第二是快速成长阶段。正常成长阶段主要是技术创新和产品试销阶段,这一阶段的经费投入显著增加。在这一阶段,企业需要制造少量产品。一方面要进一步解决技术问题,尤其是通过中试,排除技术风险。另一方面又要进入市场试销,听取市场意见。

当企业进入成长阶段,追加扩张使企业资金需求猛增,仍面临着一系列风险,并且技术风险和市场风险开始凸显。但同时随着企业规模扩大,可用抵押的资产增加,并有了少量的业务记录,信息透明度有所提高,开始更依赖中介的外源融资,风险投资一般在此阶段进入,要求的回报率较高。债务融资比例并不高,贷款成本相对有所下降,但仍然较高,担保方式也仍然比较单一。平均贷款利率是6%~8%,附加成本是2.4%~4.56%;担保方式主要是担保机构担保,反担保方式主要是有形资产抵押和个人资产抵质押。一旦风险投资发现技术风险或市场风险超过自己所能接受的程度,就可能退出投资。

(3)成熟阶段。成熟阶段主要是技术成熟和产品进入大规模生产阶段,各种风险大幅降低,企业的业务记录和财务制度趋于完备,逐渐具备进入公开市场发行有价证券的条件,这一阶段的资金称作成熟资金。

在此阶段资金主要来源于内部积累,银行贷款占比增加,因为这一阶段的技术成熟、市场稳定,企业已有足够的信用能力去吸引银行借款、发行债券或发行股票。总体贷款成本较低,反担保方式更加多样化。担保方式主要是担保机构担保、企业担保、固定资产抵押,反担保方式主要是有形资产、第三方责任保证、个人连带责任保证、个人资产抵押。该阶段资金需要量很大,但风险已大大降低,企业产品的销售本身已能产生相当的现金流入。随着来自公开市场可持续融资渠道打通,来自金融中介债务融资的比重下降,是风险投资退出的阶段,股权融资的比重上升,部分优秀企业的中小企业成长为大企业。

(4)衰退期。科技性中小企业经过成熟期后将面临进入衰退期、发展壮大成一个大型企业或保持现有规模三种选择,在此,主要探讨处于衰退期的企业特征。处于衰退期的企业规模过大,管理层次多,组织成本高,创新意识弱,企业决策效率低,人才外流,企业经营效益低。在此阶段,企业面临的战略将是挖掘剩余需求、转型或撤退战略。企业该选择什么战略,要看企业在剩余需求上的相对优势,如果没有相对优势就应该转型或撤退,进行转产或重组。此阶段企业面临的主要是经营战略或资本运作问题,而不是融资困境问题。

上述五个阶段是从企业发展过程来分的,从企业生产经营来看,科技型中小企业又可以分为三个阶段:基础开发和研究阶段、科技成果转化阶段和产业化阶段。三个阶段所需资金投入按数量逐级递增。

企业在不同的发展阶段有不同的资金需求,这需要不同的资金支持与之匹配。有的研究将初创阶段划为宜风险投资支持区域,将成长期和成熟期划为宜商业银行和其他金融机构支持区域。事实上,在初创阶段企业一般很少能获得风险投资的支持。大多数的风险投资集中在企业推出产品进行批量生产的时候,即成果转化期。根据 Adam Soloman(1998 年)的研究,在美国,60% 以上的风险资本集中在科技型中小企业的成果转化阶段,在企业研究开发阶段风险资本的投入比例不到10% 。我们不能夸大风险投资的作用,在科技型中小企业初创阶段政府的作用和企业自身的发展不可缺少。

四、科技型中小企业融资一般规律

科技型中小企业与一般中小企业相比,一是高风险性,失败率较高,美国的科技型中小企业成功率不到30% ,所以也将科技型中小企业称为风险企业;二是高成长性;三是周期性,它是指从一项高新技术产品的研制与开发到企业开拓产品市场成功,再到高速成长,最后取得稳定的盈利进入成熟期的一个过程;四是在企业的成长阶段上有风险投资的介入,在融资方式上,偏好选择风险资本。

科技型中小企业在融资结构方面存在三个基本事实:一是创建和发展初期,它们比其他类型的企业更需要单纯性质的股权资金,由于大部分创业的企业家只拥有较少的资金,且此时企业尚未形成盈利能力,企业所需的股权资金来自外部;二是随着科技型中小企业由创建期进入发展期、成熟期,它们将更主要使用内源性融资;三是当科技型中小企业进入成熟期后,它们也在缓慢地增加债务使用量。

Carpenter & Petersen(2002 年)研究了美国 1981~1998 年间公开上市的 2400家高科技公司的财务数据,探讨它们的融资特征,发现大多数中小型企业在上市之前很少使用债务融资,并且在公司上市的当年,它们使用股权融资的数量也远大于使用债务。Carpenter & Petersen 的研究报告了这些高科技企业进入成熟期后的融资行为,发现尽管与即将上市前的时期相比,科技型中小企业使用债务的积极性在增加,但平均来说,债务在资本结构中仍只占据很小的部分,处于成熟期的高科技企业也很少利用股权融资,目的是为了少支付股利,企业所需资金主要来自内部盈余的积累。Hogan & Hutson(2003 年)调查了爱尔兰 117 家软件生产企业来研究这些企业的融资特征,发现样本中的企业很少使用债务获得外部融资,内部融资和来自外部的股权是企业获得资金的主要方式,以银行贷款形式的债务只占所有融资的 4% ,或外部融资的 8% 。另外,债务的使用量随着企业的生命期发生微弱变化,随着企业生命期延长,债务的使用量缓慢增加。

另外,Gellatly,Riding & Thomhill(2003 年)随机调查了 2775 个样本,研究了加拿大中小型企业(small-and medium-sized enterprises)的知识密集度(knowledge intensity)与资本结构选择之间的联系,发现资本结构与知识密集度之间存在强烈关联,处于知识密集度更高产业的企业较少使用高的财务杠杆。平均而言,高知识密集部门使用 38% 的债务融资,而其他部门则使用了 56%。

总之,科技型中小企业的不同发展阶段,应选择与其相适应的融资渠道,其要遵循的原则是融资产品的现金流出期限结构要求及法定责任必须与企业预期现金流入的风险相匹配;平衡当前融资与后续发展融资需求,维护合理的资信水平,保持财务灵活性和持续融资能力;融资工具不同,现金流出和期限结构要求及法律责任不同,对企业经营的财务弹性、财务风险、后续投融资约束和资本成本也不同。

第二节　科技型中小企业初创期的融资模式

经济合作与发展组织(OECD)在意大利博洛尼亚召开的第一次针对中小企业发展的会议吸引了来自全球 50 多个国家的代表参加了会议。会议通过了博洛尼亚章程,旨在推动全球中小企业的发展。OECD 在土耳其召开的第二次针对中小企业发展的会议,议题主要是创新型中小企业的融资问题。可见,初创期科技型企业的融资问题已是一个全球关注的问题。

一、初创期科技型中小企业的融资特征

科技型中小企业的初创期包括种子期和初创期。种子期又称筹建期,企业尚未真正建立,基本处于技术研究开发阶段中后期,只有实验室成果,还没有真正的产品,但创业者认为产品在技术上是可行的,是有市场的。因此种子期的资金除了基于创业家个人储蓄的自有资金外,其余资金大都依靠家庭或朋友资助。但这些内源性投资的数量毕竟有限,创业企业有时不得不去寻找外部投资。然而,由于处于种子期的企业几乎还无法表明其市场前景、回报率,也没有可以抵押给银行以获得商业贷款,所以,企业既很难获得专业管理的风险投资,也很难找到愿意贷款的银行。愿意进入这一阶段的创业投资主要是种子基金,投资者主要是政府机构或富有、独具慧眼而又敢于冒险的非公开、正式的个人投资者,即天使投资。在美国,很多天使投资者本身就是创业富翁,他们凭借自己的力量创造了财富,因此,既有扎实的商务和财务经验、敏锐的头脑、良好的教育或技术背景,又深知创业的艰难。因此,一旦他们发现了值得投资的项目就会立即在早期进入。

在初创期的科技型中小企业,产品进入开发阶段,但管理团队还没完全建立,经营计划比较粗糙,没有收入来源,产品的研究开发费用却很庞大。在此阶段,企业对资金的需求较前一时期更大,但如果项目开发成功,回报率将会很高,因此拥有充裕资金的风险投资可能介入企业。对于初创期企业来说,其资金的主要需求来自 R&D 活动。同时,R&D 活动的不确定性和创业者与投资者之间的信息不对称使初创期的科技型企业很难得到传统金融部门如银行的融资。

首先,创业活动的收益分布是有偏且不确定的;其次,创业家比潜在投资者更了解 R&D 活动的过程;第三,很多创新活动的资产都是无形的,很难估计它们的货币价值。因此,对传统的商业银行来说,对初创期科技型企业投资的风险太高,要想达成一份双方都满意的财务合同是相当困难的。

和传统商业银行不同,风险投资家有独特的分散风险的方法。在通常情况下,投资者只投入金钱,并不参与经营管理活动。但是,对于初创期科技型企业来说,风险投资家不仅投入资金,还要参与到创业企业的管理中来。如果风险投资家不参与创业企业的管理,他就与一般的投资者没有区别,自然就不会承担初创期科技企业的风险。因此,风险投资家一定会要求在初创企业中享有控制权,以便参与到企业管理中来,但这样必然会触犯创业者的利益,如果投资者控制权过多,最极端的情况是创业者将没有激励努力研发,只是接受投资,对项目开发结果毫不关心。因此,如果融资契约没有达到使双方都满意的程度,必将造成创新项目得不到融资。

这一阶段,在企业资金来源的问题上,研究人员、创业人员等私人资本和风险资本家资金资助已经不够,必须寻求外部资金支持。但由于企业无业绩,也无法由投资银行或机构获得资金,并且公司太年轻,不能满足发行股票并上市进行融资。同时,由于此阶段企业的获利能力较差,如果所借短期贷款越多,其负债率越高,其利息负担越重,资本结构就会越不合理,严重的可能产生财务危机。企业获得下一笔贷款的可能性将越小,除非企业可以突然提高获利能力。因此,创建阶段高新技术企业更需要长期股权性质的资本,以有利于高新技术项目的投产和发展。❶

对于许多创业技术家、发明家即企业创始人而言,放弃一部分股权,让与风险资本家,尽管稀释了股权,但企业可以获得下一步发展的资金,因而对于这种融资方式,创业者还是可以接受并欢迎的。此外,一个成长中的风险资本支持的企业,必须提供股权或具吸引力的股票,以诱使所需人才放弃原来的安定工作加入此新

---

❶ 韩珺:《我国高新技术产业融资模式创新研究》,中国海洋大学 2008 博士学位论文。

企业,创业企业的成功完全依赖于个人的技能和经营能力。此阶段的融资对企业而言极为重要,因为必须提供足够资本,使企业的经营达到损益平衡点。

银行等传统的金融机构的经营以稳健为主,其在风险和收益的平衡中更注重风险的大小,其所希望的是贷款到期时企业能够还本付息,从而使银行获得固定的利息收入,因此,银行资金不可能在高新技术企业的创业阶段参与投资。其次,银行的管理制度和人员构成也不能适应风险资本管理的要求。日本有过一次教训。日本银行业在风险资本市场上扮演了十分重要的角色,有52%的风险资本企业是银行的全资企业,它所拥有的资金占风险资本总额的75%。这使得日本风险资本行业中具有科技背景的人员很少,大多数管理者都来自金融机构,他们往往又沿袭了银行的管理体制,从而导致了日本风险资本机构在投资机会的过滤和评估上存在严重的缺陷,其结果是投资风险增加,殃及银行本身,对整个高新技术企业的成长所起的资金支撑作用不大,无法有效解决高新技术企业的金融缺口,影响了整个国家高新技术的发展。而风险资本投资高新技术企业是为了获得企业的股权,这些股权通过企业上市后变现,并获得超额收益,这种超额收益是风险资本不断发展壮大的动力机制。

二、初创期科技型中小企业融资存在的问题

(一)从信息不对称的角度来看

初创期科技型企业融资面临的问题在于:缺乏有形抵押资产,得不到传统商业银行的贷款;创业者与投资者之间事前信息不对称,导致项目的逆向选择;创业者与投资者之间事后信息不对称,导致道德风险。这是一般科技型企业在初创期普遍面临的问题,而对于中国现阶段的科技型企业来说,还有一个问题就是政府经常作为创新企业的资金提供者,由于政府的预算软约束,可能出现投资过度现象,降低资金使用效率。

初创期科技型中小企业由于资产中无形资产所占的比重大,企业在市场上的信誉还没有建立,追求低风险的债券投资者一般不愿意向企业提供资金。Tirole(2001年)的模型可以很好地解释初创期科技型企业所遭遇的投资不足问题。该模型假定企业家有一个项目需要总投资为 I 的投入,企业家自身受到财富约束的限制,只有 A 的投入,其中 I>A。因此,企业家需要 I-A 的外部投资者的投入。

外部投资者当然会理性地认识到这一点。为了让企业家能够尽职地管理企业,外部投资者必须要给企业家足够多的股份 S,使得企业家在尽职时所得的收益

不低于不尽职时的所得。Tirole 的模型主要是对投资不足问题的解释,欧阳凌等(2005 年)❶对 Tirole 的模型进行了改进,加入了控制权安排和监督成本变量,他们发现随着控制权比例的变动,投资不足和投资过度现象是可以转换的,即控制权安排可以影响投资力度,在科技企业初创期既可能发生投资不足,也可能发生投资过度现象。之所以产生投资无效率的情形,是由于企业的经营权与所有权发生了分离。对于经营权与所有权分离的企业,股东与企业经营者之间既可能存在由于股东不能区分能干的与平庸的经营者而出现逆向选择的委托代理问题,也可能出现股东不能观测到经营者的经营行为而出现经营者消极怠工的道德风险,还有可能出现经营者偏离股东的利益而大量进行在职消费或盲目扩张建立"帝国"的道德风险问题。由于创业者的资金不足,而不得不出让部分股权给投资者,因此在初创期的科技型中小企业中也会产生上述委托代理问题。

这些问题的出现是由于在股东与企业经营者之间存在信息不对称。逆向选择问题的根源在于股东与经营者签订雇佣合同之前存在信息不对称,股东不能清楚地了解经营者的经营能力。经营者偷懒和在职消费或盲目扩张建立"帝国"的道德风险问题根源于股东与经营者签订雇佣合同之后存在信息不对称,股东可能只知道经营成果,却不知经营者的行为,这使得经营者有动力为了自己的私利而采取偏离股东利益的行为。

在初创期科技型企业中,除了上面的信息不对称导致的问题外,创业者与风险投资家之间还存在另一种不对称。对 R&D 项目研发成功的信念不同,这个信念直接影响投资者是否对项目持续投资。即便项目开始时,企业家和风险投资家关于项目本身是信息对称的,但随着项目的进行,企业所面临的内外部条件的变化,企业家通常拥有某些私人信息,因此比风险投资家更了解项目的进度以及成功的可能性。

正是由于对 R&D 项目能否成功的信念不同,造成了初创期科技型企业有可能产生投资不足问题,即投资者出于保护自己的目的,过早地放弃了还有前途的项目。如果委托人是专业风险投资家,那么投资不足是初创期科技型企业面临的最大挑战。❷

(二)从风险的角度来看

对于一个初创期的科技型中小企业而言,产品和服务还没有完全开发出来,市

---

❶ 欧阳凌、欧阳令南、周红霞:"股权'市场结构'、最优负债和非效率投资行为",载《财经研究》2005 年第 6 期。

❷ 杨军敏:《科技型企业融资行为与资本结构研究》,复旦大学 2006 博士学位论文。

场营销模式尚未确立,管理团队尚未正式形成,企业正处于构想之中。此时主要的创业活动是:(1)确定所开发的产品和服务在商业上的可行性,并评估其风险;(2)确定所开发的产品和服务的市场定位,并制定相应的市场营销模式;(3)确定企业组织管理模式,并组建初步的管理团队;(4)募集启动资金,筹备企业注册事宜。

因此,对一家尚处于初创期的准企业进行投资,不仅要面临技术风险、市场风险、管理风险、财务风险,而且最重要的是面临创业管理团队尚未形成的风险。由于风险投资在很大程度上是投资于"人"的投资活动,所以,只有那些以体验冒险激情为目的的冒险资本或天使资本才会投资。[1]

三、初创期科技型中小企业的融资模式

(一)自有资金融资

企业通过自有资金融资是一种内部融资方式。内部融资是企业创办过程中原始资本积累和运行过程中剩余价值的资本化,即财务上的自有资本及权益。内部融资的成本也是各种融资策略中成本最低、使用效率最高的。所以,这个时期有很多企业会利用自有资金。

自有资金融资基本方式是发起人出资,即利用中小企业发起人自身的资金。企业主利用累积在自己存款账户上的资金进行投资,同时可利用个人所有的和能获得的一切有价值的资产取得资金。这种融资方式特点是融资成本低,无须付任何利息,资金的使用方式灵活。

(二)向亲戚朋友借款的债务性融资

除自有资金外,向亲戚朋友借贷是科技型中小企业初创期资金的另一重要来源。这种资金常以短期贷款的形式进行,其优点是由于资金拥有者对其有一定的信任感,因此较易获得,但也存在着对企业进行干预的可能。创业者在借款时,往往要通过协议合同的形式约定借贷双方的权利和义务。

(三)风险投资

高新技术产业的特点决定其在产业化过程除从内部资金筹集渠道解决部分资金短缺以外,更要争取从风险资本家和社会得到专项投资基金的支持。这种资本通常在中国更多地被叫做"风险资本"或"创业资本"。风险资本是由风险资本家投资,协助具有专门技术而无法获得资金的高新技术创业企业,并承担创业阶段高风险的一种权益资本。根据美国风险投资协会的定义,"风险投资"是指由职业金

---

[1]　仲玲:《科技型中小企业融资的理论与实证研究》,吉林大学 2006 博士学位论文。

融家投入到新兴的、迅速发展的、具有巨大竞争潜力的企业中的一种权益资本。风险投资是一种融金融与科技、资本经营与企业管理为一体的系统性金融工程,风险投资者可以在被投资的高新技术企业发展到相对成熟后,采取企业上市、并购、回购等股权转让形式来获取高额的风险投资回报。因此,风险投资的目的是取得高风险下的高额长期平均收益率,而非满足于获得股利或短期投机收益。它的基本特征是:投资周期长,一般为 3~7 年。中国学者成思危认为,"风险投资"是指把资金投向蕴藏着较大失败风险的高新技术开发领域,以期成功后获得高收益率的一种商业投资行为。在美国约有 90% 的高新技术企业是按照风险资本的模式发展起来的,这些企业已经成为 90 年代美国经济增长的重要源泉,如数据设备公司(DEC)、英特尔(Intel)公司、戴尔(Dell)公司、微软(Microsoft)公司、苹果(Apple)公司等。

风险资本投资高新技术企业是为了获得企业的股权,这些股权在企业上市后通过变现就可以获得超额收益,这种超额收益是风险投资的风险补偿,是风险资本不断发展壮大的动力机制。风险资本在投资高新技术企业时,通常要求在投入资本的同时也参与高新技术企业的经营管理,同时,对资本的报酬是在企业上市或出售时以资本增值的方式来实现。对于许多创业技术家、发明家即企业创始人而言,放弃一部分股权,让与风险资本家,尽管稀释了股权,但企业可以获得下一步发展的资金。此阶段的融资对企业而言极为重要,因为必须提供足够资本,使企业的经营达到损益平衡点。当公司达到该点后,就比较容易从银行获得贷款,或再从风险资本家手中获得第二期创业资本的融通,而吸收更多的风险资本拓展业务使高新技术企业迅速并稳定成长以获取更多的资金来源。

知识经济的特点即在于知识作为生产要素的边际效益递增规律。在此规律下,高新技术企业和项目具有相对其他产业更高的成长性和利润扩张性,为风险投资的高收益获利创造了坚实的基础和最佳载体,而风险投资又以其谋求长期权益资本收益、分散投入、高风险等特点迎合了高新技术产业的持续而大量的资金投入要求,因此,风险投资与高新技术产业之间形成了一种休戚相关的天然共生关系。

(四)科技型中小企业技术创新基金和贴息贷款

科技型中小企业技术创新基金属于财政直接投资,是我国政府在解决科技型中小企业融资难问题上的一种探索。科技型中小企业技术创新基金是用于支持科技型中小企业技术创新的政府专项基金,其资金来源为中央财政拨款及其银行存款利息,它不以盈利为目的,通过拨款资助、贷款贴息和资本金投入等方式扶持和引导科技型中小企业技术创新活动,促进科技成果的转化,培育一批具有中国特色的科技型中小企业。

贴息贷款是指国家为扶持某行业,对该行业的贷款实行利息补贴,此类贷款称为贴息贷款。国家为了扶持高新技术产业的发展,也通过贴息贷款的政策来进行扶持。如国家为了促进企业的技术更新改造和产品研究开发,推动产业升级,优化产品结构,对高新技术产品研究开发项目进行扶持而采取的一种资金助推方式。

(五)争取国外投资

我国科技型中小企业在初创期可积极吸引国外创业投资基金直接投资我国高新技术项目,可采取中外合作基金以及中方提供技术项目,外方提供创业资本等方式。

近年来,外国风险资本认识到在中国的投资机会,纷纷进入中国市场,例如国际数据集团(IDG)技术创新投资基金是最早进入中国市场的美国风险投资公司之一,管理总金额达 8 亿美元的风险投资基金,主要投资于各个初创期阶段的公司,主要集中于互联网、通信、无线、数字媒体、半导体和生命科学等高新技术领域。目前已在我国投资了 100 多家优秀的创业公司,包括携程、百度、搜狐、腾讯、金蝶等公司,已有 30 多家所投公司公开上市或并购。

第三节　科技型中小企业成长期的融资模式

科技型中小企业在经历初创期的发展之后,将进入成长期(grow-up stage)。在成长期,如果企业能够获得丰富的发展资金,则会得到快速发展。这一时期的特点主要表现为:一是产品经过试销和完善后,已逐步打开市场并形成一定的市场占有率;二是市场营销模式也已初步确立;三是企业组织管理模式正逐渐形成,管理团队已基本稳定。主要涉及以下几项内容:(1)根据市场开拓情况,尽快确定相对成熟的市场营销模式,进一步开拓市场;(2)适应不断扩张的市场规模和生产规模的需要,进一步完善企业组织管理形式,并考虑企业系列产品的开发或进行新产品开发;(3)募集营运资金。

一、成长期企业的融资特征

科技型中小企业不同于一般小企业,传统行业的小企业可以一直保持着小规模,而科技型中小企业必须发展壮大,在新的市场中扩大份额和多样化产品,发展新的技术和管理技能。因此,进入成长期的科技型企业的资金需求开始增大,仅依靠初创期的融资模式已不能满足科技型企业的发展,必须借助于其他的更大的资金来源。

Giancarlo & Paleari(2000 年)的研究认为成长期科技型中小企业的资金需求

主要来自三个方面:R&D开发、相应的资产投资和市场费用。这三方面的开支贯穿于科技型中小企业整个生命周期,但不同阶段分配比例不同。当科技型中小企业经过初创阶段的研发后,一方面要增加相应的资产投资,另一方面要增加市场开发费用。由于资产投资将产生有形资产,因此,从这一阶段开始,科技型企业已具备了向银行等金融机构借款的条件,科技型中小企业的资本结构中开始出现债务。同时,从创业者的初衷来讲,把握企业的控制权对他们还是很重要的,因此,在可以借债的情况下,科技型中小企业将大力举债。

同时,在这一阶段,由于产品逐渐开始上市,行业间差异开始显现。Butchart(1987年)将科技型中小企业按行业分为"高科技制造业"和"高科技服务业"。前者包括微电子元器件行业、计算机硬件行业等,后者包括通信行业、计算机网络服务行业等。Giancado & Paleari(2000年)通过对意大利科技型中小企业创新活动的资金问题进行研究也发现不同的高科技行业,资产性质是有差别的。因此,在成长期,技术本身的特征将影响到企业资本结构的形成。

处于成长期的企业已经开始有营业收入,但仍处于负现金流状况之中。尽管逐渐出现收支相抵,并进而呈现出正的现金流状况,但随着市场的急剧增加,急需大量资金投入生产营运。因此,在此阶段需要足够的资金支持。由于此时仍然存在一定的市场风险,并具有较高的管理风险,加之企业尚未形成有效的抵押资产或建立起市场信誉,融资活动主要体现在对自身的股权结构和财务结构进行调整和完善,以降低财务风险。[1]

二、成长期企业融资存在的问题

根据传统资本结构理论,在既有股东又有债权人的情况下,股东和债权人之间的矛盾必定会产生投资过度或投资不足的代理问题。处在成长期的科技型中小企业,经过了初创期产业化的成功试验,企业具备了产品生产的技术条件。企业进行产品生产需要购置生产设备、原材料、招聘员工等,企业面临再一次的融资问题。由于企业成功地从初创期转型为成长期,因此具备了一定的债务融资能力。在引入债权人的同时,也会带来股东和债权人之间的冲突问题。另外从实物期权的角度来看,处在成长期的科技型中小企业实际上拥有了一个"生产机会"(Dixit & Pindyek,2002年)。企业何时执行这一期权,取决于企业面临的外部融资环境和市场等条件。企业在成功融资并进行产品生产后,依然要面临产品销售价格的风险,

---

❶ 仲玲:《科技型中小企业融资的理论与实证研究》,吉林大学2006博士学位论文。

并且有可能因为产品的销售问题而宣布破产。这时企业资本结构重点考虑的问题已经不再是初创期企业时所考虑的如何克服创业企业家的激励问题和道德风险问题。经过初创期的相互了解，风险投资家常常会与企业家之间建立起了相互的信任。如果企业家和风险投资家之间的委托代理问题在经过初创期后仍然存在，则风险投资家通常可以采用更换企业家等手段来加以解决。由于债务融资相对股权融资而言，具有融资成本低的优势，成长期的科技型企业可以通过债务融资来进行生产。何时进行融资以及进行多少债券融资、多少股权融资成为企业融资时面临的主要问题。❶

三、成长期企业的融资模式

进入这一阶段的高新技术企业已经初具规模，技术风险较低，经营风险和市场风险逐渐降低，企业基本形成了核心能力。随着市场的拓展，企业的盈利数额迅速增加，但面临着生产规模的扩大、市场进一步开拓、产品质量和经济效益提高、管理完善等诸多问题，这些问题的解决需要大量的资金投入，如果此阶段得不到持续的资金供应，就会失去高速成长的机会，甚至有可能停止增长，或被其他公司合并、收购。由于该阶段企业仍不能达到发行股票进行上市融资的要求，所以该阶段企业的融资模式以内部融资和债务融资为主。在增加融资后，企业可以吸收更多的专业人才，更好地发展产品和加强企业管理，加快提高总收入。

（一）自我积累

高新技术的高效益，为高新技术企业资金的自我积累创造了条件。通过发展已有产品和控制股利分配政策，企业在一定时期内可积累一定的利润，通过留存盈利进行合理的再投入，不断地增强企业资金自我积累能力，并最终保证企业成长所需要的资金投入。通过自我积累方式筹措成长资金，要求企业有符合市场需求的产品，企业主能放弃近期的物质利益，经营者能合理地使用积累资金实现资产增值。自有资金积累率一般是根据经营者的提议，经企业所有者协商同意后确定的。例如，惠普就是坚持在自力更生的基础上进行经营的企业，其成长过程所需要资金主要是靠自己的利润，而不是通过债务融资。企业的长期政策是：把大部分利润进行再投资，依靠这种再投资，加上从职工购买股票中所得到的资金以及其他现金收入，作为企业成长所需资金的来源，也就是说，主要依靠内部融资来解决成长所需的资金。

---

❶　杨军敏：《科技型企业融资行为与资本结构研究》，复旦大学 2006 博士学位论文。

（二）股权融资

当企业发展到一定规模时，企业可以通过扩张股本的方式募集成长资金。只要外部条件许可，科技型中小企业高效益的前景，将使企业在快速成长阶段易于从外部环境中筹集所需资金，其中包括吸收风险投资公司和其他投资公司及私人投资者投资入股，以及公开发行股票并上市进行直接融资，在我国如通过创业板市场上市和香港创业板等进行直接融资。国外成功的高新技术企业大多采用这种方式筹集成长资金。

中小企业板块是深圳证券交易所主板市场的一个组成部分，其上市对象主要是在主板市场拟上市的公司中主业突出、具有较好成长性和较高科技含量的中小企业。根据该板块的实施方案，中小企业板块的总体设计可以概括为"两个不变"和"四个独立"，即在主板市场现行法律法规不变、发行上市标准不变；在主板市场的制度框架内实行相对独立运行，即运行独立、监察独立、代码独立和指数独立。中小企业板块的上市公司符合主板市场的发行上市条件和信息披露要求，所以目前中小企业板首次公开发行的上市条件为：其生产经营符合国家产业政策；其发行的普通股限于一种，同股同权；发行前一年末，净资产在总资产中所占比例不低于30%，无形资产（不含土地所有权）占其所折股本数的比例不得高于20%；公司股本总额不少于人民币3000万元；向社会公众发行的部分不少于公司拟发行股本总额的25%，拟发行股本超过4亿元的，可酌情降低向社会公众发行部分的比例；发起人在近3年内没有重大违法行为等。中小企业板块的建立，为高成长性中小企业和创业型企业搭建直接融资平台。❶

（三）债务融资

债务融资方式主要有向商业银行借款和发行企业债券。进入到这个阶段的高新技术企业已经初具规模，随着生产经营规模的扩大，企业的资产规模迅速扩张，企业可供抵押资产随之增加，这就为采取债务融资创造了条件。借贷资金具有到期必须偿还的特点，且要支付一定的利息，因此，借贷资金对于企业经营者的资金运作水平有较高的要求，并要求企业所有者有较强的风险承受能力，能承担起失败的风险。

1. 商业银行借款

该阶段可通过银行等金融机构或向外部富余资金拥有者借贷的方式，获得企业成长所需的一定资金。向银行等金融机构贷款具有成本低、手续少等优点。这

---

❶ 于春红：《我国高新技术企业融资体系研究》，哈尔滨工程大学 2006 博士学位论文。

时企业可以担保贷款的形式获得资金。科技型中小企业申请担保贷款的优势在于避免企业股权稀释,并可建立与担保公司、银行、信用评级机构的联系,增加企业的知名度和信誉度;此外,通过财务杠杆和节税效应可有效提升公司价值。劣势在于,担保贷款的资金成本较高,企业运用贷款资金的项目盈利大小如果不能覆盖利息支出,则会侵蚀股权收益,而且一旦项目失败,可能导致企业破产。另外,由于企业在申请担保时需要包括支付审计费、信用评级费等,如果不能通过信用评级,就会使这一部分投入白费。高新技术企业要获得担保贷款,从银行、担保公司和信用评级的角度出发,公司能正常盈利是企业的最低门槛,一般要求企业有 2 年的营运记录,公司业务较稳定,有较高的现金流,资产收益率比贷款利率高,息税前的收入至少是利息的 2 倍,而且资产负债率要低、项目产品有销路,贷款的用途主要用于市场推广等流动资金的运作,而不支持长期的产品开发研究。

企业除可申请担保贷款外,还可通过地方科技部门申请科技贷款。从 1990 年中国人民银行设立"科技贷款"以来,科技贷款发展非常迅速,"八五"期间年平均增长 21.5%。2003 ~ 2005 年,中国工商银行、中国农业银行、中国建设银行和中国银行对科技项目贷款总额从 229.25 亿元增加到 381.54 亿元。自 2005 年以来,国家开发银行签订科技贷款合同 868.92 亿元,累计发放贷款 600.15 亿元。这些贷款大大促进了高新技术产业的发展,但还是远远不能满足科技型中小企业的资本需求,其主要原因是商业银行在该阶段向科技型中小企业贷款仍存在有许多顾忌。要解决这些问题,一是要求中央银行制定更优惠的金融扶持政策,允许商业银行对科技型中小企业风险贷款实行市场化利率,使银行风险和收益对称,允许商业银行向中央银行贴息再贷款等,大力支持科技型中小企业的发展;二是采取有效防范风险的措施,切实维护债权人经济效益。

2. 发行企业债券

在发达国家,企业来自证券市场的资金中,债券融资所占比重较股票融资要高得多,美国企业在 1970 ~ 1985 年从债券市场取得的资本平均约为股票市场的 10 倍,而从 1994 年开始,由于公司回购股票的现象较普遍,股票市场已成为企业负债融资来源。近年来,美国企业债券融资趋向于满足科技型中小企业后期发展的需求。与国外相比,我国发行企业债券融资的比例很小,科技型中小企业发行的债券更少,前几年我国仅仅选择了部分高新区发行企业债券,如 1998 年科技部选择了部分高新区发行了 3 亿元的实名制记账式企业债券,2003 年科技部又组织成都高新区等 12 家国家高新区捆绑发行了 8 亿元高新区债券,这些债券的发行远远不能满足科技型中小企业的资本需求。

（四）科技型中小企业成长期的辅助融资模式

科技型中小企业成长期的其他融资渠道有：政府的财政支持政策、融资租赁及其他资金等。目前我们国家对成长期的财政支持政策主要通过政府采购、对科技型中小企业的税收优惠、贴息贷款以及科技型中小企业所在地的高新技术产业开发区和高新技术创业服务中心的政策支持等。我国科技型中小企业在成长期仍可积极吸引国外创业投资基金直接投资我国高新技术项目，可以采取中外合作基金以及中方提供技术项目，外方提供创业资本等方式。❶

第四节　科技型中小企业成熟期的融资模式

成熟期又称获利期、上市期，企业逐渐在本行业特定市场上站稳了脚跟，销售收入高于支出，行业绝对销售额已经相当高，但是行业整体成长率可能开始降低，销售增长率和利润率会逐步滑落。

一、成熟期科技型企业的融资特征

科技型中小企业发展到这一阶段也可以称为规模化阶段。在该阶段，企业的产品在市场上占有较大的份额，盈利额剧增，通过前一阶段资金的经营形成了较大规模，风险也逐渐减少。科技型中小企业已成长为一个具有稳定的现金流量和市场份额的公司。在进入规模化阶段后，虽然科技型中小企业的生产需要更广泛的产业资本投入，以获得产业的规模经济效益。但在该阶段，科技型中小企业在资本市场方面，除业务领域与传统产业有着较大区别外，其融资行为与传统产业并没有重大的差别。在稳定的市场份额和现金流量基础上建立的信誉使得项目公司可以更广泛地利用低成本的融资方式，包括发行公司债券、以更高的价格发行公司股票、商业银行更加优惠的贷款条件、更大的借款额度等。

科技型中小企业的发展在成熟期已经有了比较坚实的基础，其经营规模和财务状况基本达到上市要求，这时达到上市标准的企业可以选择进入股票市场，风险投资机构通过出售其所持有的股票从企业退出，并继续投入到其他科技型中小企业。而对于不能上市的企业，风险投资机构可以通过出售、并购、回购、清算等方式实现退出。这一时期企业所需要的资金一方面用于推动产品市场的扩张，即除了增加人力资源、设备以扩大生产能力提高市场占有率以外，还需要着手开发下一代

---

❶　韩珺：《我国高新技术产业融资模式创新研究》，中国海洋大学 2008 博士学位论文。

产品;另一方面企业还需要相当一部分资金用于保持企业优势地位的资本性扩张,即企业一旦发现其他科技型中小企业的产品或者技术对自己构成替代威胁时,就通过资本市场收购兼并它。由于这个阶段更多地采用股票置换等方式来完成,对流动性提出了较高的要求。而对资金风险偏好的要求与前两个阶段相比,明显降低。❶

企业经营活动获取利润的关键因素是对大规模批量生产进行有效的成本控制。另外,由于技术一直处于向前发展的过程,如果一家科技型企业满足于现状,不久它将被市场淘汰。科技型中小企业不同于其他类型的企业,技术创新仍然是企业不断保持技术领先,并不断发展壮大,最后发展成为大型科技型企业的动力。所以,处在成熟期的企业仍然需要大量资本的投入。

当科技型中小企业处于成熟阶段时,企业的融资能力有了明显的改善。这是因为到达成熟阶段的科技型中小企业通常有了稳定的销售收入来源,企业的规模和固定资产以及企业的商业信誉,还有公众与企业之间的信息沟通等方面都有了明显的改善。处于成熟阶段的科技型中小企业通常有上市的机会和公开发行债券进行融资的机会。这一阶段,对于风险投资家来说,他们谋求将企业股份高价出售,以取得前期投资的高额回报。对于创业者来说,一些创业者希望将企业以高价出售,将资金投向新的创新项目,而另一些创业者则希望通过上市来收回分散的控制权,这些需求都可以通过公开资本市场来满足。最早对科技型中小企业上市融资作出理论解释的是 Zingales(1995 年),他发现当一个企业上市后,被收购者收购的机会更大。而且,创业者发现收购者更能让外部投资者做出价格让步。创业者一般都会积极上市,因为上市可以让他们得到比直接出售企业更多的收益。而Black & Gilson(1998 年)也指出创业者经常通过 IPO 收回控制权。但也有学者对企业上市持保留意见,比如 Chemmanur & Fulghicri(1999 年)认为上市分散了企业的所有权,因此企业是否上市、什么时候上市,要根据自身的需要来确定。但上市后的科技型中小企业股权结构日趋复杂,各个利益主体之间都存在矛盾。

二、成熟期科技型中小企业融资存在的问题

当科技型中小企业进入成熟期之后,就具备了在公开市场上融资的能力。在公开市场上融资的科技型中小企业,必须面临证券价格被低估的风险。进入成熟期的科技型中小企业股东与债权人的冲突依然存在,这些冲突来源于股东和债权

❶ 韩珺:《我国高新技术产业融资模式创新研究》,中国海洋大学 2008 博士学位论文。

人利益上的不一致,但是成熟期的科技型中小企业股东与债权人的冲突表现形式与成长期科技型中小企业有所不同。处在成长期的科技型中小企业面临的风险远高于处在成熟期的科技型中小企业,股东利用债券融资所得资金进行高风险项目投资的"资产替代"问题,对处在成熟期的科技型中小企业已经不是一个严重问题,因为成熟期企业的破产风险远低于成长期的科技型中小企业。成熟期的科技型中小企业股东与债权人的冲突除了股东利用债券融资所得资金进行高风险的项目投资,从而增加债券持有人的风险之外,还有更多的表现形式。比如:股东通过发行新的债券或发行优先级更高的债券,从而增加企业的破产风险,导致此前债权人所持有的债券价格下跌;股东以债券融资所得资金进行大规模的股利分配,从而实现股东谋取债权人财富的目的。

进入成熟期的科技型中小企业除了需要面对企业股东与债权人的冲突之外,还面临内部人和外部人之间的矛盾。内部人与外部人之间的矛盾产生原因有:由于单个小股东对企业经营进行监督的收益大大低于其监督成本,因此小股东的"搭便车"心理使得小股东普遍缺乏对公司经理层的监督动力,对公司经理层的监督实际上落在大股东的头上。显然大股东拥有比普通小股东更多关于公司内部的"私人信息",大股东与小股东之间的这种信息不对称,有可能为大股东掠夺小股东的财富创造了条件。比如在我国证券市场上大股东挪用上市公司资金、掏空上市公司的事件屡屡发生。大小股东之间的信息不对称也会对企业的新股发行产生重大影响。广大认购新股的投资者意识到自身信息上的劣势,要求在新股的认购价格上获得补偿,因而有可能造成企业股票价格的严重偏低,其结果可能是企业融不到所需的资金。大股东(控股股东)与小股东之间的冲突在我国表现特别突出。从总体来看,控股股东都是通过利用对公司的控制权,操纵公司董事会,通过关联交易等方式,攫取公司利益的。有些是隐蔽的转移,有些就是赤裸裸的掠夺。总体来看,控股股东侵权的行为方式可以类型化为以下几种:侵吞公司财产,将上市公司当做自己的"提款机";关联交易,控制股东与公司之间进行购买、销售、租赁、代理等交易行为来套取上市公司资金;溢价出让控制股;内幕交易;夺取公司有利机会,控制股东利用自己的支配地位,夺取本应属于公司的有利机会,从而损害公司及少数股东的利益。

由于大股东实际上掌握公司的控制权,因此,大股东与小股东之间仍然存在一种代理关系,即大股东代理小股东管理企业(Fama,1980,Shleifer & Vishny,1986年)。而大股东与小股东之间的信息不对称使得大股东能够利用对公司的控制权谋取私人利益成为可能(Shleifer & Vishny,1997年,Baek etd.,2004年)。因此,LaPorta等(2000)认为股东和管理层之间的冲突对于存在控股股东的上市公司而言,其严重程度远不如大股东与小股东之间的利益冲突问题严重。Lins(2002)对东亚新兴市场国家和地区的企业进行研究,发现大股东控股所造成的控制权和现金流权力高度分离的现象非常普遍。而在股权较为分散的美国,大股东控制公司的现象也较为普遍(Anderson & Reeb,2003年)。按照 Shleifer 等(1997年)的观点,当大股东的所有权超过一定临界水平之后,大股东就能控制整个企业并且能够获得小股东无法获得的私人收益。随着大股东控制权与现金流权力分离程度的提高,大股东用较少的现金就可以获得对企业的实际控制权,从而实施对小股东的财富掠夺行为。Chung 等(1999)对韩国企业的研究表明大股东主要通过所谓"隧道行为"来掠夺小股东的财富。Dyck & zingales(2004)比较了各国的企业控股股东掠夺小股东财富的手段,表明转移公司资产和利润是大股东获得私人收益的主要手段。而许多国内学者的研究也发现了许多大股东侵害小股东利益的证据。比如唐宗明等[1](2002年)、施东晖等[2](2003年)的研究都认为我国证券市场广泛存在大股东侵害小股东的行为。[3]

三、成熟期科技型中小企业的融资模式

在该阶段,由于企业的经营状况比较稳定,管理基本规范,成长性好,核心竞争力已经形成,并可向投资者展现其发展前景,也拥有足够的业绩记录和资产规模来证明自己的信用,各种风险大幅度降低。企业可以选择债务融资,另外,企业通过公开市场发行股票进行融资也有了可能,这时公开发行股票融资,能够为广大投资者所接受,且可以最大限度地募集到企业扩大规模所急需的资金,所以此阶段的融资策略是在内部融资和通过债务融资方式筹集资金的基础上,可以考虑通过公开发行股票并上市的股权融资。这一阶段相对较低的投资回报对追求高风险高回报(一般要求15%以上的投资回报率)的风险投资资金逐渐失去吸引力,但风险投资资金仍会进一步介入,其目的是为了"包装、美化"企业,以利于企业公开上市或并购,实现风险资金本身的更多增值和早日退出,使风险资金拿到真实的投资回报后再去投资新的企业。成熟期的科技型中小企业主要融资模式有以下几个。

(一)债务融资

该阶段企业的最优融资策略是债务融资。此时,企业的资金来源主要是追求稳健经营的银行等金融机构的信贷资金。银行等金融机构作为从事货币经营的特

---

[1] 唐宗明、蒋位:"中国上市公司大股东侵害度实证分析",载《经济研究》2002年第4期。
[2] 施东晖:"上市公司控制权价值的实证研究",载《经济科学》2003年第6期。
[3] 杨军敏:《科技型企业融资行为与资本结构研究》,复旦大学2006博士学位论文。

殊企业需要扩大客户群,为数众多的科技型中小企业,为银行提供了广阔的潜在市场。当科技型中小企业进入成熟阶段后,由于企业经营业绩稳定,资产收益率高,资产规模较大,可抵押的资产越来越多,此时,银行也愿意为进入该阶段的科技型中小企业贷款。因此,该阶段当企业的资金需求量较大时,银行等金融机构的贷款成为企业资产的主要来源。对于已形成相当规模,具有一定核心竞争力的科技型中小企业,也可以通过证券市场发行企业债券或可转换债券等方式进行融资。

(二)发行股票进行股权融资

科技型中小企业要筹集更多的社会资金必须依靠资本市场。企业通过股票上市筹集资金,具有融资量大、资金可长期使用等优点。从融资结构来看,如果科技型中小企业单纯依靠借贷形式取得资金,会造成企业的资本结构不合理,加重企业的负担和风险,不利于企业发展。债务具有明确的偿还期限,而且一般还款期限较短,给企业的经营带来很大的还款压力,借贷资金的利息是一项不小的开支,对于处于成熟期的科技型中小企业来说,是沉重负担。同时,出于防范风险的考虑,企业可以获得和利用的借贷资金有限。与借贷资金带来的影响相对应,企业上市发行股票可以吸引到更多、更广泛的投资人,符合条件的企业还可以通过增发等形式再次从资本市场获得资金支持。通过资本市场融资,企业的规模扩大,企业信用等级提高,银行等的贷款限制也得到改善,有助于从银行等金融机构获得贷款,企业的资本结构不断改善并得到优化,企业的信用和声望相应提高。

创业板提供了企业融资和发展的平台。创业板市场是在现有股票市场以外另设立的,专门为中小型企业特别是中小型高新技术企业创业与发展募集资金服务的股票市场,[1]创业板的设立与运作的主要目的是为新兴公司提供集资途径,助其发展和扩展业务。创业板市场与主板市场不同,现阶段其主要目的是为高科技领域运作良好、发展前景广阔、成长性较强的新兴中小型公司提供融资服务,创业板的门槛相对较低,主要是面向具有成长性的处于创业期与发展期的科技型中小企业,对上市的公司要求比较宽松。相对于主板市场而言,创业板无疑为科技型中小企业带来了良好的融资平台和发展机遇。[2]

(三)自有资金

企业的自有资金也称做自有资本或权益资本。根据资本金保全制度,投资者除依法可以转让外,不得以任何方式抽走。所以,自有资金具有使用期长、数额稳

---

[1] 马毅:"我国中小企业创业板融资渠道研究",载《经济研究导刊》,2009年第17期。

[2] 曹晓雪、杨阳、时军:"吉林省科技型中小企业利用创业板融资探讨",载《经济纵横》2011年第6期。

定的特点,是企业进行生产经营活动、抵御经营风险的主要资本。自有资金包括资本金、资本公积金、盈余公积与未分配利润四部分。其中资本金是指企业在工商行政管理部门登记的注册资金。资本金按照投资主体不同分为国家资本金、法人资本金、个人资本金以及外商资本金等;资本公积金是一种资本储备形式,或者说是一种准资本,可按照法定程序转化为资本金。其主要来源包括投资者实际缴付的出资额超过其资本金的差额;企业法定资产按照法规规定,在组建股份制、吸收外商投资、对外联营投资、企业兼并、合并、改组、拍卖以及国家统一组织的清产核资时重估价大于账面净值的差额;资本汇率折算差额及接受捐赠的财产等几个部分。资本公积金、盈余公积金及未分配利润是企业开办、发展过程中形成的资金,是投资者投入资本金后经过生产经营活动而产生的结果,与企业的债权人无任何关系,不需还本付息,是企业可以长期使用的资金。❶

　　科技型中小企业发展到成熟阶段已积累了一部分自有资金,利用自有资金进行内部融资可解决企业部分的资金需求问题。

---

❶ 韩珺:《我国高新技术产业融资模式创新研究》,中国海洋大学 2008 博士学位论文。

第五章 科技型中小企业融资模式选择的影响因素

要对企业融资问题进行细致的微观研究,离不开对企业所处经济制度环境的分析。Porta,Loperde-Silanes(1997 年)等人分析了 49 个国家和地区的资本市场和法律制度之间的关系,发现对投资者的法律保护与企业从外部得到的资金有非常密切关系;Beck 和 Levine(2000 年)的研究也得出类似结论,在整体金融业比较发达并对外部投资人有很好保护的国家,其对外部融资有很强依赖的工业有更快的增长。本章我们试图从科技型中小企业融资的环境因素研究科技型中小企业融资的影响因素。

科技型中小企业融资环境是指存在于科技型中小企业之外影响和制约其融资的各种外部条件和因素的总和,是企业选择融资方式的基础。环境对科技型中小企业融资活动有着重要的影响作用。有利的融资环境企业能获得较多的融资机会,反之,受环境的约束,融资会很困难。企业制定融资战略必须立足于一定的环境,企业外在环境主要包括:政策法规环境、制度环境、经济金融环境、产业环境、技术和市场环境、企业治理结构、企业资源因素和企业能力因素等,详见图 4-1。

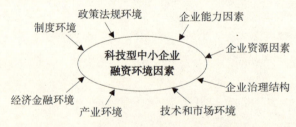

图 4-1 科技型中小企业融资环境因素

第一节 政策法规及制度环境因素

一、政策法规因素

在促进科技型中小企业融资的外部环境中,法律和政策环境是最基本的方面。完善的法律和政策环境为科技型中小企业融资的其他外部环境的实施提供保障,而其他外部环境又影响着政府科技型中小企业融资政策的内容与目标。在科技型中小企业融资过程中,政府不仅要着重为包括技术人才和经营人才在内的各种人才各展所长创造适宜的机制,同时还应主动为科技型中小企业融资提供宽松的市场准入、市场秩序、市场体系、企业组织等各种法律或政策环境。

(一)政策环境

政策环境是指政府通过制定一系列与科技型中小企业相关的融资和财政税收政策的体现。政府对要加快发展的行业制定相关的扶持政策,通过这些政策影响企业的融资。如,设立政策性金融机构给予企业资金支持,建立技术创新基金、企业担保基金,给予企业税收和政策优惠等。这些政策为科技型中小企业融资提供有利条件。企业应利用优惠政策,寻求解决资金的有效途径。

中小企业融资具有其特殊性,离不开政府的扶持,世界上许多国家和地区的立法机关和政府都对中小企业融资给予特殊的支持,形成一个比较完善的支持中小企业发展的政府组织、法律保证系统、财政支持系统,为中小企业发展提供了强有力的支持,并取得了巨大的成功,积累了丰富的经验。因此对相关政策研读与运用是企业融资过程中必须做的事。

政策因素与融资的可得性是企业融资的外生因素,企业在融资选择时必须考虑这一因素。政策因素与融资的可得性关系密切。政策因素包括各种政策信息、所有制等内容。从某种极端角度来说,如果缺乏可靠的承诺或者信号传递机制,那么信息敏感的市场会在一瞬间崩溃。在企业信贷市场上,由于中小企业无法有效地将企业内部信息传递给外部潜在的投资者,从而会产生系统性的投资不足。例如,中小企业拥有现金流现值为正的投资项目,但是由于缺乏资金从而项目无法付诸实施。[1]我国中小企业融资难表面上反映的是渠道狭窄,而其深层次的原因可归结为两方面的因素,即产权因素和信息不对称因素。由于我国绝大部分的中小企业属于非国有企业,在现行的体制下,国有产权的属性弱化了国企融资的信息不对称风险,而非国有产权却加剧了非国有企业的信息不对称风险,从而使得国有企业尤其是国有大型企业的信用可得性(Credit Availability)普遍较高,而非国有经济成分的中小企业信用可得性十分低下,因此,中小企业在发展过程中的融资困境便成为了一种必然。[2]我国一些学者在研究上市公司融资行为的影响因素时发现了贷

---

[1] Akerlof, G. A. The market for "lemons": Quality uncertainty and the market mechanism. The Quarterly Journal of Economics, 1990, 488-500.

[2] 全丽萍:"非对称信息下中小企业融资问题研究——兼论我国中小金融机构的发展",载《管理世界》2002年第6期。

款可得性对企业负债的影响,国有股比重与企业债务融资比重正相关。

从上述影响企业融资选择的内生因素上看,这些因素同样会影响我国中小企业的融资安排。政策限制与资金的可得性等外部制约,更是中小企业要用心钻研、精心设计的,"入乡随俗""适者生存",是它们的安身立命之本。

(二)法律环境

法律环境指进行融资活动应遵循的各种法律、法规、规章和制度。完善的法律和政策环境是科技型中小企业融资的保障,科技型中小企业对法律体系有较高的依赖和要求,法律法规健全、合理、稳定与否,直接影响科技型中小企业的生存与发展。在市场经济中,人的经济行为和市场经济的秩序是通过法律规范调整。市场经济中的资源配置是资本导向型,法律关系对资本配置效率的影响非常重要。一个完善的法律体系和公正公平的司法制度,减少贷款者进行贷放活动的不确定性,有利于借贷双方达成长期的借贷契约,通过这种机制,良好的法律制度能促进长期资本的积累。在没有法律的强制实施下,借款者违约成本低于违约收益。法律对建立信用关系的作用,在于降低贷款者的资本贷方的不确定性和降低债权的实施成本。通过这样的制度安排,有效地促进资本所有权与资本使用权的重新分配,通过储蓄与投资的分离与融合,促进经济增长。完善的法律制度将有助于保护企业和个人的财产权利,维护市场公平竞争的秩序,为市场的每一个竞争主体提供良好平等的法律环境。对科技型中小企业融资来说,中小企业法、公司法、财产法、破产法、信用担保法、公平竞争法尤为重要。其中《证券法》主要规定企业股票融资、债券融资、兼并收购活动的条件、操作程序及违法行为的确定和处罚方式。

《中小企业促进法》是第一部关于中小企业的专门法律,它标志着我国在促进中小企业发展的道路上,日趋规范化和法制化。对于改善中小企业的融资环境规定:(1)中央预算应当设立中小企业科目,安排扶持中小企业发展专项资金,地方人民政府应当根据实际情况为中小企业提供财政支持;国家设立中小企业发展基金,用于扶持中小企业的创业辅导和服务,支持建立中小企业信用担保体系,支持技术创新,鼓励专业化发展及与大企业的协作配套,支持中小企业的服务机构开展人员培训、信息咨询、支持中小企业开拓国际市场等事项。还规定了中小企业发展基金的来源,并通过税收政策,鼓励对中小企业发展基金的捐赠。(2)规定中国人民银行应当加强信贷政策指导,改善中小企业融资环境;中国人民银行应当加强对中小金融机构的支持力度,鼓励商业银行调整信贷结构,加大对中小企业的信贷支持。各金融机构应当对中小企业提供金融支持,努力改进金融服务,转变服务作风,增强服务意识,提高服务质量。(3)规定在国家推进中小企业信用制度建设,建立信用信息的征集与评价体系,实现中小企业信用信息咨询、交流和共享社会化的同时,县以上人民政府和有关部门应当推进和组织建立中小企业信用担保体系,推动对中小企业的信用担保,为中小企业融资创造条件,并鼓励各种担保机构为中小企业提供信用担保,鼓励中小企业依法开展多种形式的互助性融资担保。(4)规定国家采取措施拓宽中小企业的融资渠道,积极引导中小企业创造条件,通过法律、行政法规允许的各种方式直接融资。

二、制度环境

决定一个地区或一个企业发展状况的主要因素,不是物质资本的数量和质量,而是与人力资本潜力发挥相关的经济组织结构和文化传统等社会因素。某种意义上说,制度高于技术。

(一)社会文化环境

价值观念等社会文化环境会直接影响人们对失败、冒险、宽容及对知识和技术的看法。信用文化是在市场经济条件下,用以支配和调节人与人、人与社会、社会各经济单元之间信用关系和信用行为的一种基本理念和规范。信用作为一种独特的文化现象,具有物质层面和制度层面上的内容,而且具有行为层面和精神层面上的内容,它们之间的相互作用,导向、约束和凝聚着一种共同的信用精神、信用行为和文化氛围。信用文化要凸显共赢性、广泛性、民主性三个特征。科技型中小企业融资时刻离不开信用,没有一个良好的信用文化,企业的融资很难顺利开展。信用文化的缺失可导致资源的大量低效率配置,使道德风险发展到极致,致使信贷市场失效并损害经济运作。社会对不讲信用的行为缺乏惩罚机制,致使信用问题成为困扰我国几乎所有企业的普遍问题。对于企业而言,信用问题体现在产品或服务质量的履行上,又体现在付款和偿债的及时性上。目前大多数科技型中小企业还未真正把信用当作企业的无形资产来经营,当作投资环境来培育。历史演变、较差的生存环境及管理理念,导致其信用度低于全社会平均信用水平。外界无法对其进行评估。信用意识淡薄、信息披露意识差、财务信息虚假、财务管理水平低、报表账册不全等现象普遍;赖帐、逃废银行债务的现象屡见不鲜。

(二)所有权结构

最近的研究表明,大股东一股独大会产生代理问题,通过扩大投资规模有助于大股东追求私人利益(private benefits),大股东从而得以掠夺小股东的利益。另外,由于国内银行(尤其是国有商业银行)放款过程中有偏向于国有企业的传统倾向,在同等条件下,那些国有股比例较高的上市公司往往有更多的机会获得贷款;另一方面,国有股比例越高,公司的内部治理结构可能越不健全,其业绩就越难以达到证监会规定的配股要求。基于以上两点,可以认为上市公司的融资结构与其所有权性质相关。

（三）企业制度因素

企业制度包括企业产权制度、组织制度和管理制度。企业的健康发展离不开健全完善的企业制度。产权制度等制度环境可为科技型中小企业的技术创新活动提供有效的激励机制，而且为现代企业制度的建立奠定基础。科技型中小企业在企业制度层面有诸多不足之处，这也是导致企业融资困境的主要原因之一。问题主要表现在产权关系模糊、治理结构不完善和组织结构不科学等方面。

产权是影响中小企业融资的一个重要因素。产权包括所有权、使用权、收益权、处置权等。当一种交易在市场中发生时，就发生两束权利交换。交易中的产权束所包含的内容影响物品的交换价值，这是新制度经济学的一个基本观点。

产权实质上是一套激励与约束机制。影响和激励行为，是产权的一个基本功能。新制度经济学认为，产权安排直接影响资源配置效率，一个社会的经济绩效如何，最终取决于产权安排对个人行为所提供的激励。

科斯提出产权的划分是市场交易的基本前提，产权清晰要求明确企业出资人和企业之间的财产权关系及企业享有全部法人的财产权，真正成为法人实体，出资者依其出资份额享有所有者的权益。首先，应当明确企业（不论是国有企业还是股份制企业）资产的归属权，亦即谁对企业的资产拥有要求权和主张；其次，要落实资产经营管理的代理权力和责任，亦即谁来管理，怎样管理企业；再次，要明确有关方面对企业剩余收益（盈余）的分享权，亦即谁能分享企业的盈余；最后，构造一个新的、具有一定效率的产权制度。许多民营或私营的中小企业，在创建过程中出于种种利益上的考虑，往往采取挂靠集体、合资合作或投资入股等方式，与当地政府部门存在着千丝万缕的联系，不同程度存在着机器设备等固定资产的所有权、房屋等不动产所有权以及土地使用权等产权不明晰。

产权关系模糊、产权结构封闭给科技型中小企业的外部股权融资设置重重障碍。首先，产权关系模糊直接影响科技型中小企业的股份制改造，使企业无法按照规范的股份制企业进行运作，更不可能通过上市募集资金。其次，科技型中小企业的所有者由于担心分散其对企业的控制权而不愿进行股权融资。再次，由于股权融资的交易方式是直接的，即使投资者愿意投资，它们也需要对资金使用者有所了解和判断。但是，科技型中小企业决策控制权和剩余索取权高度集中、内部约束机制严重缺乏的现状，使投资者很难控制资金使用者的行为，而科技型中小企业在产权归属上所存在的问题也使投资者的收益面临着更大的不确定性，进而因担心投入资金的去向和利益分配问题而裹足不前。

产权关系模糊已成为制约科技型中小企业迅速成长的瓶颈。据调查，科技型企业中尤其是高科技企业,有个人独资企业、合伙制企业、家族企业、有限责任公司、上市公司等产权模式,主要由国家公职人员、科研人员、大学毕业生、留学归国人员、高等院校、科研机构以及乡镇企业改造、国有民营等方式创办。表面上看高科技企业的产权问题较清晰,但实际情况是由于政治经济等复杂因素的存在,使一些企业的产权在创办初期就模糊,如 20 世纪 80 年代初兴起的科技型中小企业有不少是脱胎于高等院校、科研院所的,与其母体的产权关系常难理清;科技型中小企业在创业之初,由于企业生存的需要,戴上了国有或集体的"红帽子",以享受国有企业或集体企业的各种优惠,或者免遭政策歧视,结果造成其在产权关系上的模糊状态。有几种有代表性的所有者权益理论。

(1)所有者论。企业开业时,企业的净值等于所有者的投入资本;在企业持续经营期间,企业的净值等于所有者的原始投资加上其追加的投资及累积净利润,减除所有者从企业的提款。所有者论体现着传统经济学中的财富观念。在这种理论支配下,收入(营业收入,下同)是所有者权益的增加,费用为所有者权益的减少。收入超过费用的净利润,反映了所有者财富的增加。据此推论,净利润是所有者追加资本的来源,现金股利是资本撤出,股票股利作为资本内部结构的调整,留存收益作为待转或待撤出资本金额;由负债产生的利息作为所有者的费用,同样,所得税也作为所有者的费用确认。显然,所有者论对私人独资企业、合伙企业更为适用,这类企业的所有权与经营权合一。企业财务上的收支在会计主体假设比较模糊的情形下,常视为所有者个人财富的增减。会计为这类企业处理所有者权益时,常把一定时期所产生的利润追加到每一个企业主的个人资本账户,实际上等于提示所有者个人财富的净增额。从法律主体的观点而言,这一理论对私人独资企业、合伙企业也适宜,这类企业的法律主体即为独资个人或合伙人。所以,所有者论认为,企业交纳所得税,便是所有者在交税,视企业交纳的所得税为所有者的财务支出、财富的耗费费用,这似乎是顺理成章的。现代公司会计实务中不难发现来自所有者论的影响。例如,公司的净利润被分摊到每一股份上时,就被理解为股东的财富;而公司会计信息披露时也被要求揭示和股东财富有关的每股收益、每股净资产等。此外,企业对外权益性投资(股权投资)的会计处理所采用的权益法,也与所有者论有关。在权益法下,与其说是为了全面反映一个会计主体股权投资上的价值总额,也可以说是为了准确反映投资企业权益持有者所拥有的财富。

(2)独立主体论。不论是否被人格化,企业本身独立存在。企业的创办人与所有者不与企业的存在相提并论。独立主体论把债权人权益视为企业的特定义务,把资产理解为能给企业带来某种经济利益的资源,资产的计价反映了企业获得未来利益的一种计量。该理论把企业的净利润看作所有者权益的变动、增加、独立主体资金来源的增加,不是像所有者论那样视其为所有者的收益财富的增加,只认为净利润反映的是扣除了利息和所得税之后的剩余权益上的变动。在独立主体论看来,净利润可用于向所有者分配,亦可保留下来用于企业的扩大投资,唯当利润分配时,权益的人格化才称得上重要。据独立主体论的观点,企业净利润不能直接认定为所有者的净收益,收入的取得和费用的发生不能直接用来增减所有者权益。收入是企业的经营成果,导致企业资产的增加,费用是企业为取得收入而消耗的物品与劳务,导致企业资产的减少。一般认为,独立主体论主要适用于公司制的企业组织,其实,这一理论对独立于所有者而持续经营的非公司制企业同样适用。这一理论又与会计主体的假设吻合,对非法律主体的企业集团编制合并会计报表也适用。

(3)剩余权益论。最初由会计理论家威廉·佩顿提出,认为股东与其他权益持有者一样拥有权益,并不强调股东的所有者性质。佩顿强调剩余权益持有者与会计人员工作之间的关系,这种权益的确认与会计人员工作重点有关。资产计价上的变化,利润和留存收益上的变化,以及其他权益持有者利益上的变化,都在普通股剩余权益上得到反映。该理论的主要目的是为普通股股东进行投资决策提供更有价值的会计信息。在持续经营的股份有限公司里,普通股的现行价值主要取决于未来的股利;而未来的股利,又取决于未来的现金流入减去特定契约的义务、向特定权益持有人的付款及对公司再投资所需之后的剩余额。对一家公司的投资价值的趋势常可通过以现行价值为基础计量的剩余权益价值来衡量。剩余权益论还认为,在持续经营假设下,普通股股东只能对公司宣告分配的股利有要求权,而在资本(股本)上的剩余权益是不能向剩余权益持有者分配的。从这一意义上看,普通股股东提供的资本及留存收益,只能看作以权益方式表现的公司的一种资金来源。这种观点多少与独立主体论相似。

综上,对各种权益理论的比较分析,发现各种权益理论都站在各自的立场上阐述对权益的认识。但因观察问题的角度不同,使得各种权益理论在解释资产的产权关系时,难以形成一种具有指导意义、广泛适用的概念框架。一些理论适用于规模小、产权性质较单一的企业,对规模大、产权性质复杂的企业并不适用;有些理论仅侧重权益要素的确认和计量,对其他会计要素的确认与计量却并不怎么关心;有些理论相反,因片面强调了会计主体假设,淡化了权益问题。因此对各种权益理论的选择,要采用谨慎的态度。显然,企业法人资产的确认、计量问题没有得到良好的解决,保护资产权益的利益就无从谈起;而如果忽视权益的重要地位,对于维护国有资产持有者的利益及国有资本的保值、增值也只是空话。

第二节　产业竞争环境因素

一、经济金融环境

（一）经济环境

经济环境指进行融资活动所面临的经济运行状况。经济形势、财政货币政策、行业竞争等均影响融资活动,表现在利率波动因素、科技发展因素和市场体系因素。经济环境通过作用于资本市场、银行体系、企业的经营活动对融资活动产生影响,以及通过政府制定相关政策对融资产生影响。

（二）金融环境

科技型中小企业融资的特点:风险由大到小收益由小到大,这样的成长过程决定其融资特点不同于一般的小企业和大企业,其融资环境的好坏取决于资本市场的发育程度及资本市场融资机制的完善程度。具体地说,资本市场发育程度又取决于融资渠道的多少和融资结构的组成,融资渠道越多,科技型中小企业获得资金的机会越大,而各种不同的融资渠道和方式在各个国家所占整个融资的比重也不尽相同。我国大量的私人资本因机制不完善而只能滞留银行或股票一级市场里,而同时大量的科技型中小企业普遍感到资金缺乏,其原因在于没有建立起适应科技型中小企业生存和发展的资本市场运作机制,没有培育出多元化的投资主体和顺畅的资本退出途径。金融环境是经济环境的重要组成部分,是科技型中小企业融资的最直接的外部环境。

二、产业环境

科技型中小企业受规模制约,它的内部资源存在一定的局限,须充分利用各种外部资源弥补自己的不足与缺陷。科技型中小企业所在地区若有良好的产业基础,尤其各产业部门间联系较紧密,关联性强,能够集群成该地区的主导性产业,则能够有效地提高科技型中小企业的创新能力,降低失败率。世界各国成功的例子说明,在有良好的产业基础地区更易促使科技型中小企业的集群,随企业的聚集,专业基础设施、法律、金融和其他的专业服务机构得以在区域中发展,逐步构建起有效的资金网络、人才网络和各种服务网络。一个区域各产业之间是一个开放性的有机系统,存在着内在的相互依存的制约关系。因此,区域产业环境好坏首先跟区域产业基础有关,具体地说,跟区域主导产业、产业组织、产业间的关联程度、技术密集型产业产值占 GDP 的比例等有关。区域产业环境好坏还跟国家或区域的产业政策环境有关。产业集群的形成对科技型中小企业融资有很大的影响。

(1)科技型中小企业集群融资的间接效应。中小企业集聚成群后,可以在一定程度上增加银行的信贷收益,降低银行的信贷成本,减少银行的信贷风险,增大中小企业获取抵押担保贷款的可能,因此能够加大银行对中小企业信贷的倾向。

第一,产业集群有利于提高银行的信贷收益。产业集群可以使银行获得贷款的规模经济,银行可通过向集群内同一产业的众多中小企业贷款而获得规模经济效应,而且由于对中小企业的贷款利率可在基准利率上适当上浮,使得收益加大。产业集群双重乘数效应放大了银行的收益,由于集群的经济增长率较高,产业区的资本积累更快,通过银行货币的乘数效应进一步放大,产业区可获得更多的贷款,投资增加,从而促进经济进一步增长,具体关系表现为:高经济增长→储蓄增加→银行的货币乘数→投资增加→区域经济增长→银行收益增加。

第二,产业集群降低了银行的信贷成本。一方面降低信息的收集成本。在产业集群内部,企业之间及人际之间的交流和接触频繁,加速了信息的流动,从而使银行有可能以较低的成本获取所需的信息;另一方面降低了银行贷款的平均交易成本和贷后的平均监管成本。在产业集群内,银行可以对众多同一产业领域的中小企业进行贷款,尽管每笔贷款的数额较小,但由于贷款企业的数量多,贷款的总额很大,可以实现银行对中小企业贷款的规模经济。同时,由于贷款企业所处的产业领域相同,银行在贷前和贷后所使用的技术具有同质性,这也降低了银行的贷款成本。

第三,产业集群降低了金融机构的信贷风险。集群的产业发展方向明确,一批生产经营及配套服务的上下游相关企业,主要是围绕某一产品系列发展,产业风险具有一定的可预测性,因此,相对降低了信贷风险。同时,由于企业的信用度提高,又有当地政府对产业群的政策性支持,集群内的中小企业发展较为稳定,违约现象减少,减少了金融机构的坏帐率。另外,产业集群内中小企业往往有上千家,金融机构向众多企业贷款,根据大数定律,坏账占贷款数额的比例会是一个较稳定值。总体上看,金融机构向集群内企业贷款的风险相对较小。

第四,产业集群有利于中小企业获取抵押担保贷款。中小企业的信誉不佳和经营变数大,抗风险能力弱等原因使得银行为了降低贷款风险,往往要求中小企业提供贷款抵押或担保。中小企业集聚成群后有利于企业获取抵押担保贷款。产业集群内的中小企业由于地域依附性和专业化分工与协作程度高,与一般游离的中小企业、国有大企业相比都具有独特的信用优势。集群内部的专业化分工较强,企业所需的人才、信息和客户在集群内部更容易获得;生产服务配套条件较好,而且集群内对中间产品和辅助产品的需求量大,能创造更多的市场机遇,有利于企业的发展。集群内的中小企业离依托集群这个产业环境,减少了企业机会主义倾向,增大了企业的守信度。从而可以增加抵押物或质押物的范围,集群内的中小企业可采用相互担保、联合担保或互保+债转股等形式的担保,不需专业担保机构的介入。

第五,产业集群便于中小企业获得政府的金融支持。一般来说,地方政府出于发展本地经济,提升集群国际竞争力的需要,会采用降低税率、税费减免、低息或贴息贷款、就业补贴、研究与开发补贴、出口补贴、产业发展基金、科技创新基金、风险投资基金等形式来扶持中小企业的发展。

第六,企业集群使融资获得规模效应和乘数效应。对集群内企业贷款,银行通过对同一产业的众多中小企业贷款获得规模经济,由于企业集群区域的经济增长率较高,产业区的资本积累更快,通过商业银行货币的乘数进一步放大,本地更多地贷款,投资增加,经济进一步增长,高经济增长→储蓄增加→银行的货币乘数→投资增加→区域经济增长→银行的收益增加。另外,产业集群区内银行的收益较高,可以吸引更多的区外资金,资金的乘数效应进一步放大,更有利于区域银行的快速发展。

(2)科技型中小企业集群融资的直接效应。科技型中小企业集群融资后可以更多地吸引来自不同渠道的资金,其中重要的一个方面就是民间融资。

首先,产业集群可以促进民间融资的发展,拓宽中小企业的融资渠道。民间融资是个人与个人之间、个人与企业之间的融资,例如亲戚朋友之间的私人借贷、企业内部集资、个人财产抵押借款、当铺、钱庄、个人捐赠等。民间融资是最原始的融资方式,其特点是缺乏最基本的法律保障,只能在关系密切、互相了解和信用关系良好的个人之间进行。尽管民间融资一度受到政府的取缔和限制,但事实上,民间融资一直在中小企业融资渠道中占据了重要地位,它是中小企业的创业资本、流动资金等资金需求的重要来源。产业集群有利于民间融资的发展。集群内的企业主可以通过私人关系借贷,双方由于地缘关系相互了解,有的是同学、朋友,甚至是兄弟姐妹,信息不对称程度降低,借款必定要还钱,借贷的风险小。

其次,产业集群有助于企业进入资本市场进行直接融资。集群内一些大企业可以利用区域品牌的优势,在地方政府的培育下,加上自己的积极努力,能比较容易地进入资本市场。而集群内较早进入资本市场的企业反过来又有利于从根本上解决集群内中小企业的融资难题。资本市场带来的巨大资金支持可以给集群内其他企业树立一个良好的示范效应,解放过去一些企业主"小富即安"的封闭思想意识,促使其改变以前融资渠道单一的局面,努力进行多元化融资。促使中小企业改善内部财务状况,增强其信用能力。企业要进入资本市场必须要有明晰的产权关系、完善的公司治理结构,企业的运作要规范化。

三、技术和市场环境

（一）技术环境

科技型中小企业的发展建立在技术创新基础上，技术创新是科技型中小企业成长的动力源泉。高校、科研机构、R&D 投入研究开发环境直接影响着技术创新活动的数量、频率和水平，因此，良好的研发环境可以为科技型中小企业的成长提供技术上的支持和帮助。科技成果的生产能力要转化为现实的生产力还有赖于技术转移与扩散的环境，它决定了科技成果转化的速度和效率。科技环境是企业融资重要的外部环境，特别是直接影响科技型中小企业的科技政策、科技制度，有助于科技型中小企业的融资。

（二）市场环境

科技型中小企业处于一定的市场结构中，不同的市场结构对科技型中小企业融资有不同影响。科技型中小企业所处的市场结构，指企业市场关系的特征和形式，市场集中度、市场进入障碍是反映市场结构变量的主要指标。消费者的状况对科技型中小企业的融资有着重要影响。消费者状况有消费者数量、收人水平与消费结构。有良好的市场结构和消费者状况并不一定意味有一个健康的市场环境，市场竞争机制也是反映市场环境好坏的重要方面。

1. 直接融资的限制

现有融资政策、法律和市场的限制，使我国的科技型中小企业不能像发达国家的中小企业一样，能在资本市场顺利地直接融资。在发达国家，适应中小企业的融资需求，从金融体系设计到资本市场安排，均为中小企业留出了相应的领域。

在美国，资本市场的发达程度较高，拥有完备的发行上市制度及多层次的融资场所。美国的证券发行采用注册制，发行人只要符合条件，即可以在主管部门注册并选择合适的市场融资。美国多层次的资本市场体系既有集中交易的交易所市场，又有以网络联系的自动报价系统，还有典型意义的场外市场。在这些市场上有多套上市标准，中小企业可以依自身条件，找到相匹配的投资场所。因此，美国中小企业融资受其金融体系安排的影响，较之其他发达国家来说，具有偏向资本市场融资的特点，直接融资占外部融资的相当比重。

就企业发行债券来说，美国的公司债券发行比较自由，在法律上对发行债券形成的负债总额不作限制。可发行债券种类多，中小企业能够方便地发行资信评估低等级或无等级债券；企业与作为主承销商的证券公司对发行总额、发行条件进行协商，即可做出发行决定。正是由于直接融资的场所充分、条件宽松，在美国中小企业资金来源结构中，中小企业发行有价证券的比例较之其他发达国家来说是最高的。

　　日本中小企业的融资方式与美国有所不同,其金融体系的重点是强调银行融资,具有间接融资为主,直接融资为辅的特点,中小企业和大企业一样,外部资金的主要是来自银行贷款。但尽管如此,自第二次世界大战结束以来,日本经济的复兴和快速崛起,使企业融资模式也随之发生着演变,来自资本市场的直接融资越来越具有不断深化的趋势。

　　就债权融资而言,日本的多层次证券市场也提供了相应的平台,使日本的债券发行无论在品种上还是数量上都居于领先地位。目前日本债券市场交易的品种有公共债(政府债)、金融债和企业债。企业债即是指民间企业公司发行的债券。为促进企业的债权融资,日本在发行机构和发行制度上均作了改进,于20世纪80年代废除了禁止城市银行、消费者基金会发行企业债的禁令,并于1996年废除了原来仅适用于优良企业的发债标准、财务限制条款,而将发债企业直接交给市场,由市场评判其财务状况、发行条件等一切影响其安全性的内容,不少中小企业在放宽的债券上市条件中获益。

　　我国企业的直接融资主要通过证券市场完成的。我国证券市场的发展,走过了一条曲折而艰难的道路。新中国成立后,因推行计划经济体制,证券市场一度被取消。真正意义的证券市场,可从20世纪80年代的国债发行算起。1981年,我国恢复发行国库券,发行市场初露端倪,1984年,北京、上海、深圳等城市的少数企业开始发行股票和企业债券,标志着证券发行市场正式启动。1990年底上海和深圳两家证券交易所获准成立,证券交易市场正式形成。而后,2004年4月中小企业板开设,2009年10月,创业板开设,证券市场逐渐完善。

　　然而,我国的资本市场尚处于不断发展阶段。以下三个方面的原因使得中小企业进入该市场融资十分困难。一是资本市场法律、法规、规则的硬性约束。无论是国家的法律、政府的法规,还是交易所的上市规则,基本上都是针对中型以上的企业而定的。二是包括市场定位等客观现实的软性约束。在我国,证券市场从诞生起就定位为国企改革服务,国有企业从最初的由国家统收统支,到改革后的扩大企业自主经营权、经济责任制、利改税、承包经营责任制等,而最终走上股份制改造道路。在这样一种制度环境下,证券市场承担了为国企市场化改革提供融资服务的功能,正式制度的设计都是围绕这些现实而确定的。三是相关决策者思维定势的潜在约束。我国长期的计划经济及公有制占主体的经济制度,使决策者形成了对国有企业的偏爱及对中小企业的忽略,使中小企业从业务发展上往往无法纳入国家产业政策的扶持范围,从内部治理上无法达到核准制的评判要求。因此,对大多数中小企业来说,无论是股权融资还是债券融资,都是可望而不可及的。

就发行、上市制度而言,我国经历了一个由额度管理、计划控制向核准制演变的过程。额度管理、计划控制,即是由国务院证管部门会同有关部门下达发行计划,依计划安排证券的发行与上市。国家曾多次不定期地公布过在某一期间的发行额度,而在国家下达额度之后,再分配给各省、市,再按条件层层下拨,1999年首部《证券法》出台,股票发行、上市制度改为核准制。这虽然是一种进步,但其市场化程度并没有到位。核准制是一种实质性管理方式,它不仅要求拟上市企业符合上市条件,还必须接受证券监管部门对其上市条件的核准,并接受对其治理能力、盈利能力的审核。相比在国外很多国家采用的注册制,这种制度又增加了对公司实力的评判,同时增加了一层行政管理。

2. 间接融资的约束

在无法进行直接融资的情况下,绝大多数中小企业寄希望于商业银行。中小企业间接融资最关键的制约因素就是金融体系。与大企业相比,中小企业融资具有劣势。大企业融资除依靠正规的资本市场外,在信贷市场上,可以通过金融中介较容易地筹集到各种期限的债务资金。一般情况下,由于外源融资的障碍小,大企业资金融入较少受到本国金融体系结构差异的影响。但中小企业融资难以如愿,和其在经济中的贡献不相匹配。从中小企业发展的历程来看,世界发达国家的中小企业均经历了一定的融资困境,但在市场经济发达国家,在中小企业发展的各个阶段,各式各样的金融渠道和金融机构都随着企业的成长而发挥着不同的作用,中小企业的"强势"地位由于有比较完善的中小企业金融支持体系的保障而得以确立和巩固,其"弱势"的融资状况因此在很大程度上得到了改善。❶

(1)发达国家中小企业间接融资约束。发达国家对中小企业间接融资的支持,大多是通过政府推动、银行系统跟进、金融服务机构配合、参考企业信用基础来完成的。

建立由政府推动的银行贷款体系,是发达国家扶持中小企业的首要举措。通常,发达国家或通过法令,或通过政府专门机构,或二者兼而有之,带动贷款银行,扶持中小企业。

如美国,虽然中小企业的资金融通主要来源于证券市场,银行贷款相对较少,在外源融资上,长期资金的供给来源于公司股票债券,仅短期资金才借助于银行信贷。

如日本,在其"间接融资为主,直接融资为辅"的金融制度安排之下,由政府推

---

❶ 沈洪明:"转型经济条件下民营中小企业融资和企业信用",载《管理世界》2006年第10期。

动,针对不同规模的中小企业融资,建立了不同的金融机构。在金融支持系统中,中小企业金融公库、国民生活金融公库、商业组织中央金库、中小企业综合事业团主要为不同经营规模和不同贷款数额的中小企业提供信用服务,包括为中小企业贷款提供担保或对中小企业债务担保进行保险。

(2)我国中小企业间接融资约束。我国中小企业间接融资是借助银行贷款和民间借贷等形式完成的,在此我们以银行贷款为例说明间接融资体系的不足。

首先,政策、法规执行不力。客观地说,针对中小企业发展中的问题,为解决中小企业融资难的困境,相关的政策、法规也在逐渐建立。自 1998 年起中国人民银行出台了一系列扶植中小企业的措施,包括重点在于推动中小企业融资的《关于改进金融服务、支持国民经济发展的指导意见》、《关于进一步改善对中小企业金融服务的意见》和《关于扩大对中小企业贷款利率浮动幅度的通知》,国务院也发布《关于鼓励支持和导个体私营等非公有制经济发展的若干意见》。所有这些政策和法规,内容涵盖设立专门的信贷职能部门、增加信贷投入、适度实行贷款利率浮动,为中小企业融资提供配套服务等,内容相当全面,主题也突出,执行的效果明显,但是并没有从根本上解决问题。仔细分析我们发现,这些政策法规的制定,忽略了我国银行体系的格局及基本定位、金融配套机构的现行状态及中小企业的信用状况。

其次,现行银行体系难以满足中小企业融资需求。在我国的银行信贷体系中,国有银行一直是居于主导地位的,而国有银行的基本定位是服务于国有大中型企业的。长此以往,我国的国有商业银行在贷款中有严格的所有制限制。国有银行只能对中小企业中的国有企业、城镇集体企业和少数个体工商业发放贷款。自1990 年起,国有银行才增加了对乡镇企业的贷款项目,但被随后而来的亚洲金融危机警示,便又采取了对中小企业贷款的紧缩政策。虽然自 90 年代末央行出台了一系列旨在加大对中小企业支持力度的措施。但国有商业银行长期形成的贷款"路径依赖",使中小企业融资未有较大改观。

我国股份制商业银行是改革开放的产物,大部分是由区域性商业银行起步的。虽然其中也不乏招商银行、深圳发展银行等从事全国业务的银行,但这些银行的服务对象仍然是大中型的优质企业。

我国的中小银行正处于迅速发展阶段。目前我国尚无统一的中小银行的界定标准,习惯上,人们往往把区域性股份制银行、城市商业银行、农村合作银行(信用社或信用联社)归入中小银行的范畴。实践表明,现有的中小银行其市场定位并未

集中于为中小企业服务上,而倾向于对大型优质客户的金融支持。❶

再次,中小企业信用担保体系发展滞后。我国中小企业信用担保机制起步于1992年,十余年来已经发展到4247家(2008年),担保资金为2334亿元。但审视担保机构的作用,不难发现,离解决中小企业融资难、担保难的问题还有很大距离。一是政府政策导向问题,即政策性机构偏多,商业性担保机构不足。由于政策性担保机构资金来源以政府财政资金为主,因此,经营上的政府干预严重,项目选择以实现政府产业政策为主,使得担保机构没有走上市场化运作模式,大多数中小企业仍然无缘获得担保;二是社会原因,即缺乏赖以依托的信用体系。我国信用体系不健全,缺乏权威的信用评价体系和资信评估机构,尚未建立完善的企业和个人征信系统,更无对失信者的惩戒机制。而中小企业内部机制不健全,信息传递不畅,财务运作不规范,这一切都使担保机构裹足不前。三是担保业自身的问题,即担保机构定位不明确、不合理,目前信用担保机构定位于中介机构而非金融机构,这使其资本金缺乏,资金来源不足,规模小、担保能力弱,难于发挥杠杆作用,为贷款机构提供充分的保障。❷

第三节　企业内部资源和能力因素

一、企业治理结构

公司治理结构(Corporate Governance)是一种对公司进行管理和控制的体系。规定公司各参与者(董事会、经理层、股东和其他利益相关者)的责任和权利分布,明确决策公司事务时应遵循的规则和程序。公司治理的核心是在所有权和经营权分离时,所有者和经营者的利益不一致而产生的委托—代理关系。公司治理的目标是降低代理成本,使所有者不干预公司日常经营的同时保证经理层以股东的利益和公司的利润最大为目标。科技型中小企业的融资结构实际上是一种治理结构,不只是公司融通资金不同方式的构成,从委托代理关系的角度而言,不同的融资结构对抑制经理过度投资、较好地激励经理,促使公司收缩和清算等方面具有不同的效果。

(一)公司治理结构与企业融资

治理结构与融资结构是现代企业理论与实践中两个至关重要的问题,它不仅

---

❶ 武巧珍:"高技术企业成长与风险投资关系分析",载《生产力研究》2008年第16期。

❷ 萧端:《我国中小企业融资顺序及影响因素研究》,暨南大学2010博士学位论文。

体现了企业资本的来源问题,还影响着企业权利在各个利益主体之间的分布,决定了各利益主体所受到的约束与激励强度、委托——代理关系的效率,关系到企业所有权与控制权的制度安排问题。在一定治理结构的框架内,融资决策会改变现存的公司资本结构,并最终会影响到公司业绩。

从控制权角度看,股权出资者在任何情况下都可以行使对企业的控制权,而债权出资者只有在公司无力支付本息时,才可能行使对公司的控制权。企业选择不同的融资模式决定了其控制权在出资人之间转移的时间和顺序。融资方式决定投资者对企业的控制程度和干预方式。股权结构不同,控制和干预程度不同。实践证明,通常情况下股权的适度集中更有利于股东参与治理、代理权争夺、收购兼并和公司治理机制作用的发挥。

股权与债权融资的数量比例关系决定控制权在股东和债权人间的分配和转移,最终导致公司治理结构的重大变化。就股权融资看,由股权融资导致的"用手投票"、"用脚投票"的机制,直接决定公司治理机制的两个重要方面,即董事会控制和公司控制权市场。就债权融资独特的治理功能看,债务要求企业用现金偿付,它将减少经理可用于享受其个人私利的自由现金流量,债务支出削弱低效投资的选择空间,抑制经理的过度投资行为。❶债务可作担保机制,促使管理者做出最好的投资决策,降低所有权和控制权分离而产生的代理成本;❷信号理论认为,由于信息的不对称,在破产概率与公司质量、负债水平负相关的前提下,外部投资者有可能把较高的负债水平视为高质量的信号,原因是低质量的公司通常是无法通过发行更多的债券来模仿高质量公司的。❸

由于存在代理问题,企业内部人为降低外部融资成本,必须使投资者相信其能够以约定的方式使用所募集的资本,并按期偿还投资者的本金和利息。为了提高信誉,它们必须确认投资者在特定情形下,对企业的资产和现金流量有所有权或必须放弃对投资决策的部分控制权。这两种选择形成两种融资模式——保持距离型融资和控制导向型融资。保持距离型融资,投资者只要得到按协议规定的支付,并不直接干预企业经营决策。但当企业无力履行融资协议中规定的支付时,投资者

---

❶　詹森·迈克尔:"自由现金流量的代理成本,公司财务与收购",载《美国经济评论》1986年第3期。

❷　Sanford J. Grossman, Oliver D. Hart., Corporate financial structure and managerial incentives. The Economics of Information and Uncertainty, 1982(1):107–140.

❸　Ross,S,, The determinants of finaneial structure:The incentive signaling approach, Jonmal of Economies, 1977.

可以对被作为抵押的资产行使所有权为要挟而抽出资金。控制导向型融资,投资者通过自己监控企业投资决策来减少代理问题。如果说保持距离型融资意味着通过目标治理,控制导向性融资则是通过干预来治理。

企业在融入资金同时会引入投资者对公司治理的参与。原先的治理状况得到很大改变,旧的权利制衡被打破,形成新的治理结构。融资和公司治理实际上是一个问题的两个方面。即融资结构的选择决定公司治理结构的特征,公司治理结构的完善程度影响公司的融资能力和融资成本。现代资本结构理论的新发展——代理成本理论,说明治理问题如何影响公司的融资行为及资本结构的选择,认为经营者不是企业的完全所有者时,经营者的工作努力使它承担全部成本而仅获部分收益,而它进行在职消费时,它得到全部收益却只承担部分成本,导致经营者不努力工作,热衷于追求在职消费。这种行为的后果是企业的价值小于管理者作为企业完全所有者时的价值,差额就是外部股权的代理成本。外部股东能够理性预期到这么一个代理成本时,它们购买股票时的价格策略将考虑到代理成本因素。所以这一成本将由经营者负担,在经营者采用债务融资方式时,债务比例的增加将加大经理的股权比例,降低外部股权的代理成本。但债务融资导致另一种代理成本,经营者作为剩余索取者有更大的积极性从事有较大风险的项目,它能够获得成功的收益,并借助有限责任制度把失败的损失推给债权人。经营者的这种投资行为带来的企业价值的损失被称为债权的代理成本。如果债权人能够理性预期到这个代理成本,将使举债融资的成本上升,债权的代理成本也将由经营者来承担。

很多科技型中小企业都是从市场"裂缝"中成长起来,有严重的"先天不足"。比如其所有权与经营权从一开始就密不可分,很难拥有良好的公司治理结构。这个问题如果得不到有效解决,企业融资只能是空想。从国家投资到银行贷款,政策法规往往是向大企业倾斜,这类企业几乎无羹可分,其公司治理结构也不可能像大企业那样规范。中小企业的失败率之所以居高不下,主要与其治理结构缺失、缺乏监管与风险控制有关,这也是科技型中小企业在公司治理问题上的首要"顽疾"。规范的公司治理结构应该包括股东大会、董事会、经理层、监事会等,尤其是在上市公司,结构更为清晰。具体表现:(1)有些中小企业笃信血缘、不相信制度,这类企业的原始资本积累往往来自亲朋好友,很多情况下企业就是"家天下",在中小企业的管理层中,实际领导者一身兼数职的情况非常普遍,治理结构被严重扭曲。这类型企业在成长初期,由于决策、执行非常便捷,往往发展很快,但在管理上没有相应的预防和约束机制,一旦"掌门人"发生重大失误,后果将是致命的。(2)不少科技型中小企业信奉公关、不遵守程序,从企业注册开始就热衷于"走门路",搞虚假注资、做虚假报表,认为只要能搞定"各路神仙"就能拉到生意,有利可图。(3)领导层迷信技术、不重视管理,也是中小企业融资或经营失败的根源所在。这类企业的领导者本身多为年轻的技术专家,未能充分认识到管理尤其是治理结构对企业的重要性。科技型中小企业虽然普遍选择公司制,但与现代企业制度的区别是所有权与经营权不分,股份高度集中,所有者与经营者制衡的机制在企业的法人治理结构中形同虚设。

目前,科技型中小企业在公司治理结构方面仍有许多问题。内部治理结构的缺陷。表现为:(1)股份过分集中,股权结构不合理。许多企业没脱离"家长制"管理模式,一股独大或家族控股的现象普遍存在,极大地限制了企业继续发展的空间。部分上市公司体现为国有股一股独大,代表国有股的董事在董事会中占有绝对优势。

(2)"内部人控制"现象严重。有些企业董事会和执行层之间的关系没有理顺,董事长或 CEO 是由政府主管部门任命的,而且,董事会与执行层高度重合,执行董事往往在董事会占有压倒优势。有些企业实行集权管理,任人唯亲,企业经营决策也限于狭小的圈子,家长或家族意志左右着企业的发展,难以形成真正行之有效的激励与约束机制,无法为职业经理人引进和正常行使经营权提供有效的制度保证。总之,所有权与经营权高度重合导致企业决策权高度集中,形成"内部人控制"的局面,严重地影响了企业的经营效率。

(3)家族式管理,内聚力缺乏。高科技中小企业中大多数为民营企业,它们的一个显著特点是家族式管理。家族式企业普遍遇到的一个突出问题就是对企业高级管理人才的"信任危机",当企业发展到一定规模之后,家族式管理会成为企业发展的瓶颈,投资决策失误和融资渠道单一是其副产品。同时,家族式管理让高管人员缺乏归属感,进而严重侵蚀企业的向心力,变成离心力,导致科技型中小企业缺乏内聚力,最终削弱其竞争力。

(4)外部治理结构的缺陷。外部治理结构又称市场控制结构,包括经理人市场、股票市场、产品市场及并购市场。其中,除了产品市场由于竞争激烈,市场结构接近于完全竞争或垄断竞争状态,因此,对科技型中小企业而言,经营者在产品市场明显有压力,可达到约束经营者行为的效果,其他几个市场都存在缺陷。对于上市公司,可以通过资本市场约束经理行为,如果经理没有使企业的股东价值最大化,股票价格会下降,带来更换经理人的威胁。新发行的股票收益相对来说较低,抑制经理进行扩张。但是对于大多数未上市的科技型中小企业而言,股票市场这一外部治理机制空缺。

在我国存在债务软性约束的特性,使融资结构调整对抑制经理的过度投资作用趋于弱化,同时经理股权激励机制的缺位,使融资结构无法调节股权激励之大小,而破产程序的不合理性影响了控制权转移作为对经理约束机制的实际运用,至于资本市场的发育滞后,则导致了融资次序等级的倒置。但是,尽管存在上述特殊性,融资结构对公司治理的作用和影响机制普遍存在于社会主义市场经济体制下的我国企业。公司治理是通过一套包括正式或非正式的、内部的或外部的制度或机制来协调公司与所有利害相关者之间的利益关系,以保证公司决策的科学化,从而最终维护公司各方面的利益。

(5)并购市场又称控制权配置。公司控制权争夺被视为一种制约经营者行为的有效手段,控制权市场的激烈竞争不仅把所有的公司都置于潜在的接管风险之中,而且还对公司经营者形成了强有力的威慑,因机会主义行为或业绩不佳而被替换的危险随时存在,对中小企业而言,由于公司资产规模小,更容易被其他公司接管或兼并,因此,对于中小企业并购市场也是约束公司经营者的一个强有力的机制。但由于企业产权关系模糊、与并购相关的政策制度欠缺等原因,使得高科技中小企业尚未形成健全的并购市场,也未能有效发挥其外部治理的机能。

(二)内部组织结构

一个组织的特征通常是以组织结构来描述的。对中小企业的研究表明,组织结构是影响科技型中小企业的关键要素之一。这里组织结构是指一个组织中对工作角色的正式安排和对包括跨组织活动在内的工作进行管理和整合的机制。描述组织结构通常应用的指标包括集中度和制度化等。集中度是描述公司有关人事、采购、投资等决策的授权程度,对相同问题进行决策的管理层次越高,表明企业集中度越高。制度化是指在一个组织中工作程序、规则、操作说明、文件流程以及沟通等制度书面化的比例。

企业组织结构是融资的保障。投资者是否选择投资很大程度上取决于企业的产权是否明晰、治理结构是否健全、内控机制是否完善。而且,随着科技型中小企业的规模扩大,企业制度对融资的影响强度越来越大。科技型中小企业中存在组织结构不合理现象,组织结构过于简单、繁杂,犯了所谓的"大企业病"。科技型中小企业在创业初期,因人员少,以一种简单的组织结构方式进行管理,这种简单化的组织结构在创业初期往往会有很高的效率,当企业发展到一定规模,过于简单化的组织结构,将出现组织结构分化不明显、企业成员之间分工不明确、各部门以事务型管理为主等现象,使得部门职能过于笼统、权责不清,管理层更是身兼多职、缺乏有效的协调手段。当企业走过创业初期,经营规模、市场占有率有较大提高,企业核心竞争力也逐渐发展成型,甚至成为行业领导者时才可能出现。大企业病的症状,是指中小企业发展到一定规模后,经营上出现规模不经济,管理上面临规模极限,将大企业组织结构模式移植过来,当外部环境变化加速时,由于这种官僚化组织设置的管理层次过多,它的信息传递和处理系统变得过于臃肿复杂,该种组织对环境变化的反应往往会很迟钝,即所谓的"大企业病"。此时,会出现工作的审批程序规范而复杂;由于人员不多、管理层次多,企业的沟通模式成为员工→部门经理→副总经理→总经理,在这样的流程指挥链上,沟通效果极差,办事效率很低。

(三)控制权维护

控制权偏好是企业融资过程会考虑的另一个因素。中小企业股东不仅希望企业能得到快速发展,同时也十分看重对企业的控制力。小企业所有者对控制权的偏好显著影响小企业的融资次序和资本结构选择。[1]小企业融资次序也可进行修正,即先使用自己的钱(私人储蓄、企业未分配利润),然后短期借贷(亲人、朋友、银行),再长期借贷,最后是外部权益资本的进入,外部对企业控制权的干涉也相应逐步达到最大。[2]小企业基于成本、独立性和控制权均衡考虑,多数小企业主不会选择长期债务融资,即当小企业扩张与独立发展发生矛盾时,所有者会以保持企业的独立性为重。[3]

强烈坚持保留控制权的企业主较少采取增长导向的目标,更偏好于内源融资并采取保守的方式融资。[4]这些企业即使从外源融资也主要限于短期资金周转,不愿从外部机构融资尤其是外部股权融资。一般来说,创立者可能会拒绝高增长战略,它们愿意保持独立性和家族控制,而且高增长战略会威胁到这些渴望。[5]中小企业不会考虑外源性权益融资,部分私营中小企业不会使用任何形式的长期债务融资。企业主的风险规避程度也会对企业的融资决策产生影响。[6]经验表明,在集中的股权结构下,大股东总是通过与管理层合谋,使融资过程对自己更为有利,在它们看来,股权融资会使其控制权因新股东的加入而削弱,而债务融资,则可以使

[1] Norton, E., "Capital structure and small growth finns", Journal of Small Business Finance, 1991,1(2):161-177.

[2] Cosh, A. D. and Hughes, A., Acquisition in the small business sector in finance and the small firm, Routledge, London, 1994.

[3] Westhead, P., M. Cowling, C. Howorth, The development of family companies: Management and ownership imperative. Family Business Review, 2001,14(4):369-385.

[4] Nicos Michaelas, Francis Chittenden, Panikkos Poutziouris. Financial policy and capital structure choice in U. K. SMEs: Empirical evidence from company panel data. March 1999, 12(2):113-130

[5] Davidsson, Per, Achtenhagen, Leona & Naldi, Lucia. Research on small firm growth: A review. In European Institute of Small Business, 2005.

[6] Burton, S. L. & Matthews, C. H., "Corporate Strategy and Capital Structure", Strategic Management Journal, 1988(9):623-632.

其控制权免受影响。

据对温州民间金融与中小企业发展问题进行的调查显示,中小企业对自有资金存在着很大的依赖性,这与国外中小企业是类似的。[1]借贷和亲友入股也是中小企业重要的资金来源。在股权融资的态度上,对于中小企业主而言,它们更为关心的是控制权基础上的股权,而不仅仅是股权本身,出于对控制权稀释的担心,它们将会按照个人积蓄、内部财务资源、短期及长期债务、股权融资的顺序进行融资。

二、企业资源因素

企业资源包括人力资源、财务资源、技术资源和市场前景等,是企业生产经营中投入的要素,是企业拥有的能够对企业生产经营有用的一切资产的总和。由员工技能、原材料、设备、厂房等有形资产和技术专利、品牌、信用等无形资产构成。这些资源的组合形成企业的销售能力、盈利能力和技术创新能力。资金、人才、技术与管理是科技型中小企业生存的大问题。技术与管理须靠人才实现,没有优秀人才,新技术与管理也无从谈起。一个企业要在现代市场中立足,靠的是先进技术,归根到底是人才的竞争,人才是企业的兴衰之本。毋庸置疑,如何有效加强人力资源管理,改善提升企业人力资源素质,已成为科技型中小企业的首要难题和制约发展的“瓶颈”因素。

(一)人力资源

人力资源是科技型中小企业最重要的资源。管理团队的基本组成、知识结构和社会经验、创业的经历及其拥有的社会资源均影响企业的融资。科技型中小企业的特点在于成长速度快,各个层次竞争的加剧,资本、市场、品牌的获得和建立都变得相对容易,新企业不断涌现。企业的增多使人才的选择余地更大。另外,竞争迫使企业更注重于创新,人力资源成为决定企业能否发展的关键因素。投资者对企业的投资在很大程度上是对人的投资。科技型中小企业人力资源管理具体在如下方面影响企业融资

第一,企业发展战略与人力资源管理体系。众多科技型中小企业的人力资源管理部门忙于处理人事管理的日常事务,没有能力去分析和开发企业的人力资源,更没有能力去研究和建立与企业发展战略相适应的人力资源管理机制,导致这些企业的人力资源管理缺乏统一而科学的体系,滞后于企业的整体发展步伐。

第二,重视“事”与重视“人”。人力资源管理停留在粗放式的人事管理上。目

---

[1] 郭斌、刘曼路:“民间金融与中小企业发展:对温州的实证分析”,载《经济研究》2002 年第 10 期。

前有很多科技型企业人力资源管理部门往往只是承担了招聘、调配、考核、薪酬核发、培训、建立人事资料等方面的日常性工作,它们没有精力和能力去挖掘人力资源管理的深层次和新课题,忽略了对"人"的研究和开发,是一种着重眼前的被动性的管理。

第三,用人制度、分配制度和激励制度。很多科技型中小企业沿用传统的、以经验判断为主的考核评估手段,缺乏规范化、定量化的员工绩效考评体系,使考核缺乏客观性和公平性。不少企业在选人用人上只重学历和资历,忽视人员素质、业绩和潜能的测评和分析。不少企业的激励力度只限于物质和金钱的奖励及制约,没有一套完善的机制调动和激发员工的工作积极性和企业归属感。

第四,人力资源管理投入与人力成本核算。虽然不少科技型中小企业都深刻认识到人力资源管理的重要性,但在实际工作中不少企业对人力资源管理方面的资金、人力、物力及时间的投入不足。同时,在人力成本核算方面也缺乏系统、科学的核算体系和方法。

第五,人力资源管理者队伍。科技型中小企业均缺乏这方面的专业人士。同时人力资源管理部门仍然处在二线参谋部门的位置,只承担着行政性和作业性的工作,人力资源管理工作在人力上、组织上和机制上得不到支撑和保障。

(二)财务资源

企业资产规模,包括企业总资产规模、可抵押资产规模、财务安全等反映一个企业的财务状况指标并影响融资结构。资产规模是决定融资结构的重要因素。企业的杠杆率与规模正相关,企业发行债务和股票的交易成本与规模正相关。可抵押资产规模数量与债务额正相关。高杠杆率的股东有将债务融资投资于次优项目的倾向,有抵押资产可限制这种机会行为。抵押资产数量与债务额正相关,企业的杠杆率与可抵押资产负相关。❶现金资源,即用来判断企业是否存在经营风险、市场风险、技术管理风险的重要方面是现金水平。企业如果出现上述风险,均会最终导致财务风险,即企业的资金链条断裂。财务安全权衡理论认为由于债务一般需要定期支付利息甚至部分本金,所以高杠杆率的公司面临较大的财务危机。

在财务资源上科技型中小企业存在的问题具体表现在:(1)财务控制薄弱。现金管理不严,造成资金闲置或不足,有些企业认为现金越多越好,造成现金闲置,未参加生产周转,有些企业的资金使用缺少计划安排,无法应付经营急需的资金,陷入财务困境;应收账款周转缓慢,造成资金回收困难;存货控制薄弱,造成资金呆

---

❶ Jensen,M,W. Meckling. Theory of the firm:Managerial behavior, ageney costs and capital strueture. Joumal of Finaneial Eeonomics, 1976.

滞；重钱不重物，资产流失浪费严重。

（2）管理模式僵化，管理观念陈旧。就高科技中小企业而言，一方面，大多数企业典型的管理模式是所有权与经营权的高度统一，这种模式给企业的财务管理带来了负面影响。在相当一部分民营企业中，企业领导者对于财务管理的理论方法缺乏应有的认识和研究，造成财务管理混乱，财务监控不严，会计信息失真等。企业没有或无法建立内部审计部门，即使有也很难保证内部审计的独立性。另一方面，企业管理者的管理能力和管理素质差，管理思想落后。

（3）难规避财务负债的陷阱。过度负债是高速度成长企业的通病、财务危机的根源。战略需求应由企业的战略布局驱动，或表现为现有业务的发展，或表现为新业务的开拓，规模和数量的扩张经常明显快于内涵质量的扩张，在高成长阶段都将出现某种程度的资金短缺。高成长战略造成资金短缺，企业就不可避免地要负债经营。组织放大效应和内部担保则加剧债务水平，造成负债过度。在过度负债的情况下，企业经营成本和财务压力加大，支付能力日渐脆弱。

（4）财务风险意识淡薄，企业始终在高风险区运行。这表现为：一是过度负债。其结果是债台高筑，财务风险极大。二是短债长投。一些企业将短期借债用于投资回收期过长的长期项目投资，导致企业流动负债远高于流动资产，使企业面临极大的潜在支付危机。三是企业之间相互担保，相同资产重复抵押，或为了融资而不断投资新项目。这不仅加大了银行对企业财务状况判断的难度，也给财务监管带来很大困难。

三、企业能力因素

（一）技术创新能力

技术与资金两种资源的有效配置与金融创新有关，科技型中小企业与资本市场相结合又可以为高科技风险投资提供一条"安全通道"，促进科技链与产业链的联动，充分发挥资本市场在科技型中小企业发展过程中的推进器和催化作用，促进技术转化和扩散。企业技术创新能力表现为：研究开发转化能力、核心技术的先进性、技术的成熟度、技术人员的合作程度、技术竞争者等。技术影响企业融资突出表现在面向科技型中小企业的风险投资和资本市场特殊的融资安排中。技术创新投入不足导致企业核心竞争力欠缺。国内外的实践证明，培育以核心技术为基础的核心竞争力，加快技术创新，是提升科技型中小企业适应市场变化能力的重要保证。调查发现，科技型中小企业在技术创新和核心竞争力培育方面存在诸多问题：（1）人才缺乏，技术创新人才外流严重。（2）技术创新经费投入不足导致技术进步的可持续性相对较差。（3）知识产权意识淡薄，边际收益下降挫伤技术创新动机。

（4）战略缺乏针对性和稳定性。大部分高科技企业选择的主要技术战略是低成本战略与差别化战略,这样的战略选择缺乏针对性。加之部分企业在发展上缺乏长期战略安排,变化频繁却很难在某领域取得领先地位。（5）缺乏自主知识产权的高技术支撑。

在目前高科技企业的庞大群体中,真正拥有自主知识产权的高技术企业并不多,甚至可以说,大多数高科技企业所运用的高技术是在相关领域中知识产权属于外国企业的高技术,即本土企业在目前所运用的技术往往是所谓的"外源性技术"而非"内源性技术"。

（二）市场能力

科技型中小企业所处行业的市场前景、成长性是关键。企业有销售能力（营销策划、营销网络、营销技能等）,才能实现高速成长。只有销售才能使企业最终实现产品价值和增值,获取现金流。销售能力决定企业的生存和发展。一个企业是否具有投资价值取决于企业是否能被市场接受,并能在企业发展的中前期保持市场份额的稳定增长,实现企业的价值。在价值发现和风险过滤的过程中,依不同的融资方式其受关注的程度有所不同。市场结构、市场份额、机会发展潜力、市场需求潜力、竞争对手与竞争策略、行业前景等均是投资者,特别是风险投资筛选项目进行投资的重要评价指标。

（三）管理能力

管理能力的高低关系到企业的战略目标、战略制定和选择。战略导向不同决定了企业的经营方向、经营理念、组织文化、营销策略等,进而影响企业的市场占有率、产品销售收入、市场竞争能力、获利能力等。因此,管理能力的提升,有利于增强企业竞争力,进而提高融资能力。

（四）盈利能力

关于企业盈利能力对融资结构影响的分析,到目前为止还没有一个完全一致的结论。权衡理论认为,当公司盈利水平高时,由于公司有足够的能力支付利息费用,又由于利息支出是在应税收益之前扣除,这样公司提高债务融资将会增加公司的税后业绩,公司盈利能力与公司杠杆比率正相关。在企业为新项目筹资时,融资先通过内部资金进行,然后再通过低风险的债券,最后才不得不采用股票。当公司的盈利能力强时,内源资金充足,这样公司将会减少对外部资金的需求。

盈利能力越强,可留用的资金越多。使用自有资金用于扩大再生产或投资新项目具有成本低、不稀释股权、可得性强等特点。将盈利转化为投资,会影响股东的现期收入,因此,即使是现股东也不一定愿意牺牲当下利益为具有不确定性的未来项目投资,股东们通常会在个人的当期收入和企业未来发展之间进行权衡,权衡的关键点是对企业成长性的判断。成长性高,股东愿意少分红,多投资,在自有资金不足的情况下,企业会选择外源融资。

(五)偿债能力

企业偿债能力的强弱是反映企业财务状况的重要标志。融资结构不同,企业的长期偿债能力也不同。不同的融资结构,其资金成本也有差异,进而会影响企业价值。通过长期偿债能力的分析,可以揭示企业融资结构中存在的问题,及时加以调整,进而优化融资结构,提高企业价值。偿债能力越强的企业,具有较好的资产偿还能力,企业的信用等级越高,债权人就更愿意将更多的资金借给企业,企业最终也能借入更多的资金

(六)产生内部资源能力

产生内部资源能力强的公司选择更高的债务水平以获得更多的债务税盾,产生内部资源能力与负债融资比率呈正相关关系。负债能够提高管理者及其所在组织的效率,从而可以减缓股东与经营者之间的冲突。❶所以,对于产生内部资源能力强的公司来说,其应该具有较高的债务水平,以限制管理层的自由裁量权,充分实现控制效应。存在信息不对称的情况下,公司首先偏好于内源融资,如果内部资源不能满足公司资金需求才发行债务,最后选择权益融资,即公司融资顺序是:"先内后外,先债后股"。❷

---

❶ Jensen, Michael., Agency cost of free cash flow, corporate finance and takeovers, Amer······ Economic Review, Papers and Proeeedings, 1986(76):323–329.

❷ Myers, C., The capital structure puzzle. Journal of Finance, 1984,39(3):575– 592.

第六章　发达国家科技型中小企业融资模式借鉴

第一节　美　国

一、直接融资模式

（一）股票市场融资

1. 多层次的资本市场

美国多层次的资本市场为中小企业直接融资搭建了平台。首先，全国性集中市场也称主板市场，包括纽约证券交易所、美国证券交易所和纳斯达克等，三个全国性市场其公司上市条件依次递减。其次，全国性的场外交易市场也称三板市场，主要包括场外柜台交易系统（OTCBB）和 Pink Sheets，专门为未能在全国性市场上市的公司股票提供一个交易的场所。再次，"未经注册的交易所"，由美国证券监督管理委员会依法豁免办理注册的小型地方证券交易所，主要交易地方性中小企业证券。最后，私募股票交易市场。全美证券商协会还营造了一个 Portal 系统，为私募证券提供交易平台。另外还有区域性市场，包括太平洋交易所、中西交易所等地方性市场，主要交易区域性的企业证券。

美国各个层次市场之间定位明确，上市标准拉开差距，上市标准从高到低依次为：证券交易所、纳斯达克市场、OTCBB 和 Pink Sheets。美国多层次资本市场的成功之处不仅仅在于可以满足不同企业和投资者投融资需要，且各个板块之间打通了双向升降通道。❶

在美国多层次资本市场体系中，尤其值得关注的是纳斯达克市场，它是专门为新兴公司和高成长性的企业提供融资渠道，更重要的是它为创业资本提供套现和股权转让的通道，实现资本增值，以形成良好的创业资本周转循环，极大地鼓励人们参与创新活动。截止到 2011 年 3 月总共有 2872 家公司在纳斯达克市场上市。

---

❶　倪艳冰：《基于产业园区的科技型中小企业融资体制研究》，上海社会科学院 2010 硕士学位论文。

与美国主板上市相比,纳斯达克上市的条件相对较低,尤其是财务条件,这有利于处于发展中的科技型中小企业的上市融资。表6-1显示了美国主板市场和纳斯达克市场上市的条件对比状况。

表6-1　美国主板市场和纳斯达克市场上市的条件对比状况

项　目	美国主板市场	美国纳斯达克市场
实收资本	无	无盈利企业资产净值要大于1200万美元;有盈利的企业资产净值要大于400万美元
营运记录	须具备三年业务记录,近三年主要业务和管理层没有重大变化发生,际控制人没有发生变更	无盈利的企业经营年限要在三年以上;有盈利的企业经营年限没有要求
盈利要求	三年盈利,且每年税前盈利200万美元,最近一年税前盈利为250万美元;或三年累计税前盈利650万美元,最近一年450万美元;或最近一年总市值不低于5亿美元的公司且收入达到2亿美元的公司,三年总盈利为2.5亿美元	无盈利的企业没有净收人的要求;有盈利的企业以最新的财政年度或者前三年中两个会计年度净收入40万美元
最低公众持股量	社会公众持有股票数目不少于250万股;有100股以上的股东人数不少于5000名	无盈利企业公众持股要在100万股以上,有盈利的企业公众的持股要在50万股以上;无盈利的企业股东人数要求在400人以上,有盈利的企业公众持股量在50万股至100万股的,股东人数要求在800人以上;公众持股多于100万股的,股东人数要求在400人以上
最低市值	1亿美元	无
证券市场监管	较强的监管制度,一旦上市公司出现违法违规行为,有非常严厉的处罚	不明确

资料来源:http://baike.baidu.com/view/139062.htm。

通过表6-1可以看出,相对于主板市场,美国创业板上市的门槛相对较低,这有利于经营规模小、营业时间短、成长性强的科技型中小企业上市融资。在美国证券市场上,目前每天超过一半的成交量是在这里完成交易的,NASDAQ市场已成为数以千计规模较小的新兴公司的上市场所。[1]

2. 成熟的科技型中小企业证券市场

成熟的科技型中小企业资本市场以纳斯达克市场为代表,为那些不符合在美国其他证券交易所上市的科技型中小企业提供另一条发展渠道。据相关机构统计,在纳斯达克挂牌交易的上市公司占美国高科技产业中的80%以上。很多企业规模小、创新能力强的企业选择在纳斯达克市场上市,为企业筹集到了更多的经营

---

[1]　程金金:《我国科技型中小企业金融支持体系研究》,江西财经大学2012硕士学位论文。

资本,为一大批具有发展潜力的科技型中小企业迅速崛起构建了有效平台。

纳斯达克市场的制度颇具特色,一是股票市场构架的多层次化。1982年,成立了纳斯达克全国市场,该市场基于当时在纳斯达克交易最活跃的40个股票基础上,纳斯达克全国市场对上市公司的财务状况和交易透明度要求较高,如达不到全国市场标准则可以进入小型资本市场。两个市场相互衔接,小型市场起到专业孵化器的作用,经过成长达到全国市场的上市标准,即可以进入全国市场。2006年1月,纳斯达克股票市场有限责任公司(Nasdaq Stock Market LLC)获得美国证券交易委员会(SEC)批准,注册为全国性证券交易所。为了吸引各层次的企业上市,同年2月纳斯达克宣布将股票市场进一步划分为全球精选市场、全球市场和纳斯达克资本市场。二是在各层级市场间构建灵活的转换机制,上市公司在低层次市场经过发展壮大后符合高层次市场的相关上市条件后,可通过简单的程序进入高层次市场交易。如果公司满足纳斯达克资本市场要求但仍不能满足高层次市场维持上市标准,也可以申请在纳斯达克资本市场中挂牌,并且纳斯达克系统与其技术系统的场外交易市场(OTCBB)也是连通的。三是上市审核程序简捷高效。根据美国《证券交易法》的相关规定,注册成功的证券或者获得豁免权的证券可以进入纳斯达克交易所上市。四是建立了严谨的退市制度。国际创业板市场,退市制度普遍存在,创业板的退市率明显高于主板市场。严格的退市制度不仅保证了上市公司的经营质量,使纳斯达克能够进行优胜劣汰,还给上市公司带来一定的经营压力。为保证企业的需求得到有效满足,与外部宏观经济环境发展相适应,纳斯达克完善了信号传递机制,先后三次调整持续上市的最低股价要求和宽限期,逐步形成了对上市公司严格的约束机制,保证了市场健康运作。五是进一步强化上市公司治理机制,纳斯达克于2002年10月提出25条公司治理修订建议,增加董事会的独立性,增加审计委员会的权力,增加独立董事权力等,以增强财务的透明度和保护投资者的利益。❶

作为美国多层次资本市场的重要组成部分的纳斯达克市场,促进风险资本的发展,对于缓解科技型中小企业发展瓶颈、推动高新技术的产业化等起到了十分重要的推动作用。纳斯达克推动了美国风险资本的快速发展。❷

---

❶ 肖炘:"中美中小企业融资结构比较",载《当代经济》2011年第1期。

❷ 费腾:《中、美、日科技型中小企业融资结构比较研究》,东北师范大学2012博士学位论文。

（二）债券市场

1. 引导民间债券投资

美国政府从不给商业性金融机构下达行政性指标，而主要是通过建立专门机构，为中小企业的融资提供担保及援助，引导商业性金融机构对中小企业贷款。美国对中小企业进行管理的部门是联邦小企业管理局（SBA），在各州设有派出机构，为中小企业争取平等的竞争条件，制定宏观调控政策，引导民间资本向中小企业投资。美国联邦小企业管理局已通过 14 万个投资项目向大约 9 万家小企业提供了 400 亿美元的资金，创造了大约 100 万个新的工作岗位。❶

2. 发行中小企业债券

美国的债券发行监管比较宽松，不仅发行债券种类多，而且对发行债券的总额也没有限制。中小企业能够发行资信评估低等级或无等级的"垃圾债券"（junk bond）。垃圾债券最早起源于美国 20 世纪二三十年代，在 80 年代中期，达到鼎盛时期。在整个 80 年代，美国各公司发行垃圾债券 1700 多亿美元，垃圾债券在美国中小企业融资的历史上占有举足轻重的地位，推动了美国中小企业的融资和创新活动。❷

（三）风险投资基金

风险投资，又称创业投资，是一种由职业金融家投入新兴的、迅速发展的、具有竞争潜力的企业的一种权益投资，在孵化科技型中小企业、推动其发展、培育新的经济增长点等方面发挥巨大作用。在企业创新推动阶段最适合创新企业家的金融支持就是风险投资。美国风险投资多投资于项目设立或项目起步不久的早期阶段（种子阶段），投资对象大多是处于创业期的科技型中小企业。究其原因，美国投融资体系比较发达，早期阶段的项目才最需要风险资金，有盈利的成长型企业很容易获得银行贷款或发行债券得到融资，企业在有盈利后再融资的第一选择往往不是风险投资，或者风险投资在这一阶段介入，就要花很高的股权成本。而风险投资在早期介入，一旦成功将可获得巨大的收益，通常都有几十甚至几百倍的收益。❸

最早发展风险投资的国家是美国，也是风险投资最发达的国家。美国年风险投资总额占 GDP 的 1%。根据汤森路透社和美国风险投资协会统计，美国 2011 年第二季度，共有 37 家风险投资基金募资 21 亿美元，同比增长 28%。举世闻名的美国硅谷，科技企业的摇篮，风险投资在其繁荣发展上起了十分重要的作用。在风险

❶ 江文：《科技型中小企业融资若干问题探讨》，上海交通大学 2007 硕士学位论文。
❷ 江文：《科技型中小企业融资若干问题探讨》，上海交通大学 2007 硕士学位论文。
❸ 黄媛：《科技型中小企业的发展与融资支持探析》，西南财经大学 2009 硕士学位论文。

投资家们的支持下,苹果公司、罗姆公司和英特尔公司等一系列的科技型企业,从创业迅猛发展成为全球著名的企业集团。完善的风险投资退出机制是美国风险投资如此生机盎然的原因之一,两者紧密联系,多元的投资渠道与一个多层次的退出渠道息息相关。美国风险投资退出方式主要有四种∶IPO、并购、回购和清算。❶

对于处于种子期的科技型中小企业,寻找风险投资基金是比较理想的选择。科技型中小企业可以通过投资俱乐部网络或贸易出版社的出版物找到这些风险投资者,递交富有创意的商业计划,准备激动人心的解说,直至风险投资者确信该项目前途光明并立即将资金转入公司账户。在美国,从 1996 年开始由风险投资者投资的创业企业的数量以每年 35% 的速率增长,累计增长率为 236% 。❷

(四)金融投资公司

美国中小企业融资的另一条重要渠道是金融投资公司,金融投资公司包括两类。一类是小企业投资公司,它是由中小企业管理局审查和许可成立的,并且最高可从联邦政府获得 9000 万美元的优惠融资。小企业投资公司提供的融资方式包括低息贷款,购买和担保购买小企业的证券。它不能控股所投资的企业,致力于企业发展和技术改造的小企业投资。❸

设立面向中小企业的投资公司,引导民间资本向中小企业投资。中小企业管理局于 1958 年开始审查和许可成立中小企业投资公司,由这些投资公司向中小企业提供商业银行不愿涉足的风险投资。中小企业投资公司可以得到联邦政府不超过 9000 万美元的低息贷款支持,或者是由联邦政府购买和担保购买该公司的证券。投资公司也只能投资于合格的中小企业,不能长期直接或间接地控制所投资的企业。❹

美国中小企业投资公司的另一个特点是对愿意让股票上市的高技术中小企业投资。政府官办的中小企业投资公司的目的则是主要引导民间资本的投向。美国法律规定:创业资本不能小于 50 万美元、对一个项目投资不能超过总投资的 49%;对同一个项目的风险投资不能超过其投资总额的 20% 。❺

美国小企业管理局(SBA)运作的创新型中小企业投资公司计划(SBIC)是支

---

❶ 程金金:《我国科技型中小企业金融支持体系研究》,江西财经大学 2012 硕士学位论文。

❷ 黄媛:《科技型中小企业的发展与融资支持探析》,西南财经大学 2009 硕士学位论文。

❸ 万强、黄新建:"国外中小企业融资经验对我国的启示",载《特区经济》2009 年第 1 期。

❹ 林斌、陈至发:"国外中小企业融资经验比较及其对江西中小企业融资的借鉴",载《江西农业大学学报(社会科学版)》2004 年第 3 期。

❺ 马连杰、陈捍宁:"美国中小企业融资方式及其启示",载《企业改革与管理》1999 年第 3 期。

持创新型中小企业融资的另一重要途径。SBIC 主要为初创阶段的创新型中小企业服务，以股权融资为主。私人资本和 SBA 担保证券融资是其资金的来源，因此，SBIC 也是拥有政府支持的风险投资机构。相对其他风险投资机构相言，它具有数额小、覆盖面广的特点。❶

二、间接融资模式

(一)商业银行贷款融资

在美国由于科技型中小企业的财务资料不完善，且创新型中小企业缺乏相应的抵押担保，大银行不愿贷款给科技型中小企业。后来，由于受到新兴金融机构和金融工具的强烈冲击，传统商业银行不得不重视对科技型中小企业提供金融服务，并且为了降低对其操作成本和风险管理成本采取了很多措施来应对。❷

一般来讲，银行等金融机构对中小企业的资信状况和履约能力不了解，常常拒绝批准小企业的贷款申请。美国中小企业管理局通过提供担保来解决这一问题，为中小企业提供金融协助，让中小企业从商业性银行等金融机构获得贷款。中小企业向中小企业管理局提出申请后，由中小企业管理局向金融机构承诺，当借款人逾期不能归还贷款时，保证支付不低于 90% 的未偿还部分。中小企业管理局对担保的对象规定一定条件，只有符合条件的中小企业才能获得中小企业管理局的担保。❸

(二)硅谷银行

总部位于美国加州 Santa Clara 的硅谷银行，创立于 1983 年，当时的注册资本金仅为 500 万美元。它是全美科技型中小企业投资领域最有地位的商业银行之一，美国半数以上的科技型中小企业都获得过硅谷银行的贷款。与担保投资的"担保+股权"模式相似，为抵补创新型中小企业贷款的高风险，硅谷银行采取了"债权+股权"的经营模式。该行专注于面向科技型中小企业的业务，经营模式不同于一般商业银行。首先，它没有对私人的存款业务，只有面向创新型中小企业的融资业务；其次，它既向创新型中小企业贷款，也向有潜力的服务对象进行股权投资；第三，它将企业的贷款额或贷款利息转化为股权，以获取红利等收益；第四，向科技型

---

❶ 王彦:《创新型中小企业融资法律制度研究》,中国政法大学 2011 硕士学位论文。
❷ 王彦:《创新型中小企业融资法律制度研究》,中国政法大学 2011 硕士学位论文。
❸ 马连杰、陈捍宁:"美国中小企业融资方式及其启示",载《企业改革与管理》1999 年第 3 期。

中小企业发放贷款或直接投资的风险高,它以公开上市等投资收益来释放风险的副作用。❶

硅谷银行在为科技型中小企业提供融资支持方面取得了极大的成功。一方面,服务的科技型中小企业量大面广。至2004年,它已为3万家初创公司提供金融服务,在2000年和2001年进行IPO的技术和生命科学公司中,近1/3是硅谷银行的客户;风险投资公司投资的企业中,有一半是硅谷银行的客户;500多个风险投资公司是硅谷银行的客户。思科公司、电子艺界公司等著名公司都曾受到硅谷银行的资助。另一方面,硅谷银行的发展成就令人瞩目。2009年,在支持清洁技术的金融机构中,硅谷银行被美国旧金山商业周刊排在第一位;2009年5月,美国银行家协会杂志评出的美国最佳表现银行中,硅谷银行列第23位;2008年10月,在 The Street. com 排出的最强银行排名榜上,硅谷银行名列第一。

1. 市场定位

1993年,硅谷银行只有贷款和储蓄两个最简单的金融产品,客户主要是硅谷的技术公司、房地产开发商和中型商业机构,显然,这个被称作“三条腿的板凳战略”是一个没有任何新意的战略。此时,正是硅谷高科技产业风起云涌之际,当时在硅谷开设的银行虽有350家之多,其中包括美洲银行、巴黎国民银行、标准渣打银行的分支机构,但这些大银行都把其服务对象放在大公司身上,对中小公司则无暇顾及。硅谷银行决定绕开大型银行的分支机构,把自己的目标市场定在那些新创的、发展速度较快、被其他银行认为风险太大而不愿提供服务的中小企业身上。这些公司全都受到风险投资的支持,但都还没有在股票市场上市。同时,硅谷银行的业务向全国延伸,“技术创新的中心在哪里,我们就在哪里”,这是硅谷银行提出的响亮口号。

2. 盈利模式

(1)债权式投资。对于债权投资,硅谷银行主要是从客户的基金中提取部分资金,将资金以借贷的形式投入创业企业。由于客户多处于高风险领域,因而硅谷银行的贷款利率普遍高于其他商业银行。而硅谷银行的资金来源成本又是最低的。许多创业者从风险投资者那里得到一笔投资后,会马上在硅谷银行开一个账户,并在银行的帮助下建立起一套财务体制,这些客户对存款的利率也不敏感,而且在存款中有30%左右是不付利息的活期存款账户。资金成本低,贷款利率高,保证了硅谷银行可以得到较高的回报率。(2)股权投资。采用股权投资时,硅谷银行与创业企业签订协议,收取股权或认股权以便在退出中获利。一旦公司成功

---

❶ 王彦:《创新型中小企业融资法律制度研究》,中国政法大学2011硕士学位论文。

上市或股票升值,就能给硅谷银行带来巨大的收益。2000 年,由于大批客户公司成功上市,硅谷银行仅第一季度的收益即远远高于它 1999 年全年的利润,股票期权的收入更达到了 1 亿美元。需要指出的是,硅谷银行的某些股权投资业务来自其信贷业务,即银行在给客户提供贷款时,把获取一部分股权或者期权作为附加条件,而不需要对客户公司进行专门的股权投资。

3. 客户关系

硅谷银行重视客户关系,通过深入了解客户而准确理解客户的需求并提供创造性的服务。硅谷银行营销部门的几百名员工与客户保持密切联系,银行几乎了解投资机构中的每个合伙人,以及科技公司的每一名 CEO,这为银行改善服务奠定了基础。很多美国基金都与硅谷银行保持长期合作,很多投资人都与硅谷银行有良好关系,这种业务合作中有很强的个人关系色彩,有点类似中国人的"圈子"。硅谷银行还采取了一种名为"思维领导"(Thought Leadership)的业务拓展方式,即先帮助潜在客户,为以后获得客户打下基础。

三、政府财政支持融资

(一)美国政府提供技术创新资金支持

美国政府对中小企业的直接贷款微乎其微,主要是提供资助措施,具体由美国联邦小企业管理局(SBA)来执行。SBA 的资助措施主要有:(1)发放直接贷款。对于有强大的创新能力,行业前景广阔的小企业,当银行借贷无门时,则由 SBA 提供直接贷款,最高限额为 15 万美元,利率远低于同期市场利率。(2)提供自然灾害贷款,对象是经受自然灾害,但经营状况良好的中小企业。(3)对小企业的创新研究资助。1992 年美国政府提出了小企业技术创新计划(SBIR),要求年研究开发经费在 1 亿美元以上的政府机构要按一定比例向 SBIR 拨出专款来资助小企业技术创新研发;经费超过 2000 万但不足 1 亿美元的政府机构每年要为小企业提供科研项目和目标。[1]

美国政府非常重视科技型中小企业在技术创新中的战略地位,并采取了务实有效的金融信贷措施加以引导和扶持。20 世纪 50 年代,美国建立了中小企业资金援助制度。美国中小企业局在许可范围内可直接向中小企业贷款,贷款基金来自财政预算。形式主要有:保证贷款、直接贷款、协调贷款,贷款利率都低于市场利率。保证贷款是由中小企业管理局担保而由私营银行或其他金融机构提供的贷

---

[1] 马欣欣:《科技型中小企业技术创新融资问题研究》,东北财经大学 2005 硕士学位论文。

款,担保最高贷款额为 50 万元,担保额最高为贷款额的 90% ,贷款期限最长达 20 年;直接贷款是由中小企业管理局直接向中小企业提供贷款,最多不超过 15 万美元;协调贷款是政府和民间银行共同提供贷款。❶

(二)设立财政专项基金

财政专项基金是美国政府为使中小企业在国民经济及社会发展的某些方面充分发挥作用而给予的财政援助。在美国主要有两大类。一是政府财政针对专项科技成果的研究与开发基金、产品采购基金、中小企业的创业基金、失业人口就业基金等,此类基金可以鼓励中小企业产品创新和吸纳就业;二是风险补偿基金、专项基金(不同于财政直接补贴,它有严格的管理要求,需要在基金设立之前就必须明确资金的数量、用途、对象、支付方式和补贴方式)、特殊行业的再保险基金等,此类基金可以帮助中小企业降低市场风险。❷

(三)积极的中小企业财税政策

美国国会 1981 年通过的《经济复兴税法》规定:雇员在 25 人以下的企业,所得税税率按个人所得税率交纳,把资本收益税的最高税率从 28% 降至 20% ,并对科技型中小企业的税率减至 14% ;税法还规定对于新购机器设备,折旧年限低于 3 年的设备减税 2% ,折旧年限 3 ~ 5 年的设备减税 6% ,折旧年限 5 年以上的设备减税 10% 。国家税务总局还为中小企业提供 6 个月的纳税宽限期。❸

在通过财税帮助科技型中小企业融资中,美国政府通过财政专项补贴政策、财政担保政策、财政低息贷款政策、税收扶持政策等,为不同类型、不同情况的科技型中小企业解决融资难题,使其逐步成长壮大。❹

(四)财政专项补贴政策

美国政府通过设立专门的政府机构或部门,对中小企业创新活动进行管理和监督,对经认定符合条件的创新型中小企业,给予专项补贴。比较典型的有:1983 年和 1994 年分别设立的小企业技术创新奖励项目和小企业技术转让奖励项目等。这些财政专项补贴很好地扶持了创新型中小企业进行技术创新。❺

---

❶ 黄媛:《科技型中小企业的发展与融资支持探析》,西南财经大学 2009 硕士学位论文。

❷ 江文:《科技型中小企业融资若干问题探讨》,上海交通大学 2007 硕士学位论文。

❸ 戴维:"国外政府对中小企业融资支持的研究及对我国的启示",载《金陵科技学院学报(社会科学版)》2009 年第 3 期。

❹ 王彦:《创新型中小企业融资法律制度研究》,中国政法大学 2011 硕士学位论文。

❺ 王彦:《创新型中小企业融资法律制度研究》,中国政法大学 2011 硕士学位论文。

第二节 德 国

一、直接融资模式

(一)股票市场融资

德国的证券市场相对来说并不发达,科技型中小企业的创业投资资金55%来自银行,12%来自保险公司。创业投资的退出方式以回购风险投资所投股本和出售所投资的企业为主,以上市交易为辅。在1997年以前,有少数德国企业在英国的ATM等国外股市上市,但回收的方式仍是回购股本和出售。法兰克福证券交易所从1997年开始,开设了新兴交易市场(DerNeuer Markt),专门为新成立的企业和创新型中小企业的股票提供交易场所。新兴市场类似于美国的NASDAQ市场,自设立以来交易很活跃。因此,政府考虑让较大的中型企业能够通过资本市场参与公司筹集资金。最近一个专家小组提出了一项建议,目的是让现有的和新建的中小企业能进入德国的资本市场,帮助中小企业拓展直接融资渠道并化解经营风险。具体的措施包括:(1)根据有关的证券法规,在联邦德国各个交易所中实行一些专门针对中小企业的市场交易办法;(2)对那些需要从事有关证券业务的企业,通过规定不同等级的自有资金方法,帮助中小企业能够顺利地进入证券的发行市场,并促进证券市场交易的活跃;(3)在交易所挂牌上市的投资公司有为小企业的融资不必承担回购的一部分发行股票的义务,以便使它们能更好地向中小企业进行直接投资;(4)活跃参股市场,以便使资本参与公司更多地为新建中小企业和未在交易所挂牌上市的企业筹资;(5)实施证券交易税收优惠,以减少中小企业在交易所活动中的税收负担,并对外来资金和自有资金平等对待。这些措施促进了中小企业能够在金融市场上开展直接融资,拓宽了中小企业的融资空间。❶

(二)科技开发基金

科技基金可用于中小企业雇用科技人员(大企业可以有很多高级科研人员,中小企业则不可能),政府帮助中小企业寻找科研人员,并代付一年的工资,或指定某个科研机构为中小企业提供咨询、技术开发指导等,所发生的费用由政府支付。同时,科技基金支持举办中小企业专业培训、讲座,也举办大学生讲座,鼓励大学生毕业后创办中小企业,而不是找大企业就业。由于中小企业信息不灵、眼界窄,所以

---

❶ 马连杰:"德国中小企业的融资体系及对我国的启示",载《经济导刊》1999年第3期。

也要对中小企业的管理人员培训,并鼓励他们把产品打出去。

科技基金另一个用途为资助中小企业参加国际展览会或将产品上网。以项目为目标的资助,必须以产品为龙头,中小企业为主体。新产品、新技术的开发,可以从科技基金获得无偿补助,资金额度不大于 40 万马克。数家企业联合开发重大新产品、新技术,上限可以为 70～350 万马克。所有无偿补助部分的项目都要经过经济、技术方面专家的评审。德国 16 个州目前都有科技开发基金,一般都委托投资银行具体操作。❶

二、间接融资

德国把对中小企业提供适当和稳定的贷款作为一项重要的政策。为此成立了专门的金融机构为中小企业提供融资服务。这些金融机构主要包括储蓄银行、合作银行、大众银行等。除此之外,还有复兴贷款银行、欧洲和共同体投资银行等。它们为中小企业提供的贷款要多于商业银行贷款。

这些金融机构提供的贷款大多是低息贷款,而且多数是长期贷款。它们从政府那里获得低息的资金,然后为中小企业发放贷款。通常贷款利率要比市场利率低 2%～2.15%。具体的政策有:(1)新建和扩建企业,年营业额在 1 亿马克以下,用于建厂房、购买机器设备、开发新产品的中小企业可得到总投资 60% 的低息贷款,偿还期为 10 年;超过 1 亿马克的新建企业,贷款额度更高;(2)对能增加就业的中小企业,可得到投资额 75% 的低息贷款,此外可得到投资额 10% 的贷款,偿还期为 8 年;(3)对于那些能够改善环境,对环境保护有示范效应的项目,可得到 70% 的贷款额度,还款期可长达 30 年,另有 5 年的宽限期,并可向环保局申请咨询资助。❷

不仅如此,这些金融机构还向中小企业提供政府服务、商业合同、技术咨询等方面的信息服务。通过这些服务活动,金融机构还可以使自己更清楚地了解中小企业的业务和市场。

德国银行体系大体可以分为全能银行和专业银行。前者不仅能全面经营商业银行、投资银行和保险等各种金融业务,为企业提供中长期贷款、有价证券发行交易、资产管理、财产保险等全面的金融服务,还可以经营不具备金融性质的实业投资;后者经营范围较大地受与它们经营业务法律框架的影响。全能银行又可以分

❶　徐禄平:"德国发展高新技术产业的成功经验及其对我国的借鉴意义",载《中国科技产业》2001 年第 8 期。

❷　马连杰:"德国中小企业的融资体系及对我国的启示",载《经济导刊》1999 年第 3 期。

为商业银行、储蓄银行和合作银行这三大类。

（一）商业银行

商业银行是典型的全能银行，不仅可以经营包括传统商业银行的存、贷、汇业务和投资银行的债券股票发行、金融衍生品交易、项目融资等业务，而且可以经营保险、抵押、证券经纪、经纪等资产管理、咨询以及电子金融服务等所有金融业务。德国商业银行主要包括德意志银行、普惠联合银行、德累斯顿银行和科麦茨银行这四大银行，还包括区域性银行及其他信贷银行、外国银行分行以及作为金融业最古老和最多样化的私人银行。

商业银行是中小企业最重要的合作伙伴。商业银行主要有储蓄银行、合作银行和国民银行等。他们与中小企业客户之间有着传统的忠实关系，避免了银行贷款中信息不对称的问题。储蓄银行在全国各地都有独立的分支机构，它通过网络系统为技术项目进行高水平合理的评估，便于创新企业迅速融资；合作银行在资金上支持中小企业和青年经营者开发些偏远的乡村地区。❶

（二）合作银行

合作银行对中小型商务企业的作用非常重要，主要服务对象为手工业者、零售商、农场主等。以前，合作银行的信贷业务只为其成员服务，现在已经取消该限制。德国合作银行也分为三个层次，地方上称其为信贷合作银行，中层由地区性合作银行组成，最高层是跨地区的德意志合作银行。❷

政府银行的贷款是中小企业创业投资的主要来源。德国复兴、德意志决算银行以及州立的公立银行、信用银行等，主要为那些关系国民经济利益或环境保护、带来雇佣机会以及开发原民主德国的中小企业提供贷款。它们的贷款不超过企业投资资金的50%，余下部分由商业银行解决。❸

（三）政策性金融机构

德国政府通过政策性银行和担保公司对中小企业实行间接性的融资支持，国家的政策性银行和各州的政策性银行的主要职能：一是帮助政府管理纳入年度财政预算的中小企业发展基金及其他各类补助和资助，二是为中小企业提供设备更新贷款、技术改造贷款等各种优惠贷款。为了解决中小企业申请贷款时存在的资信不足的问题，德国特别提供了政府担保。政府在全国范围内建立了担保公司专

❶ "国外中小企业融资经验"，《中国金融家》2009 年第 4 期

❷ 顾文嵘、杨成、李克强："德国的银行体系与中小企业融资结构"，载《当代经理人》2006年第 11 期。

❸ 中国金融家杂志社："国外中小企业融资经验"，载《中国金融家》2009 年第 4 期。

门为中小企业提供担保,该担保公司没有来自政府的资金,但是担保的资信水平很高。同时政策性银行实行国家担保且不上缴利润。❶

三、政府扶持

(一)财政支持

德国政府将每年扶持中小企业发展的资金列入年初的财政预算,联邦议会直接讨论审查通过后由部门组织实施,并不断加大对中小企业的资金支持力度。首先,实行贴息政策,鼓励德国两大政策性银行——德国复兴信贷银行和德国平衡银行向中小企业放贷。它们分别直属于联邦经济部和财政部,其自有资金来自欧洲复兴信贷计划援助资金、政府财政拨款以及由政府担保通过资金市场获得。其次,每年安排财政专款用于政府向企业购置用品、企业咨询服务的补助费、培训业主、参加国内外产品展销会和商品交易会的补贴。最后,为中小企业研究机构提供经费资助。❷

德国作为欧洲的高福利国家,为中小企业提供融资的策略以财政援助为主,主要有就业补贴、政府专项基金和贴息贷款。对能为社会提供更多就业机会的中小企业给予就业补贴,缓解就业压力;对能够制订出切实可行的技术创新与开发计划的中小企业给予专项基金;对中小企业的自由贷款给予高出市场平均利率部分的利息补贴;对中小企业的长期低息贷款提供贴息,以帮助中小企业获得最难取得的长期信贷资金。❸

(二)融资过程服务

德国在扶持中小企业发展的全部资金中,有 70% 来自政府的财政预算。德国政府通过各类金融机构,向中小企业特别是科技型中小企业拓宽融资渠道,提供融资服务,促进其顺利成长。为解决中小企业抵押贷款担保的困难,德国在很多地方均成立了由政府出资的信用保证协会,开展对中小企业,特别是科技型中小企业的信用担保业务。对于不同发展阶段的科技型中小企业,德国政府采取的帮扶措施也不同。处于种子期和创建期的科技型中小企业,德国政府与商业银行合作,成立政策性的中小企业风险投资公司,对企业进行风险投资,同时政府也适当给予企业税收减免和财政支持等政策优惠。处于成长期的科技型中小企业,德国政府成立

---

❶　石岩:《国外中小企业融资体系及对我国的启示》,河北大学 2010 硕士学位论文。

❷　周敏:"解决我国中小企业融资难题的对策建议——基于德国经验的分析",载《现代管理科学》2012 年第 10 期。

❸　成万牒:"国外中小企业融资路径与创新",载《中国外汇》2009 年第 12 期。

了政策性中小企业银行,在为企业提供融资服务的同时,也为担保机构对企业的担保进行再担保,形成企业间的互助式担保贷款制度,风险共担。处于成熟期的科技型中小企业,德国政府通过发行股票、债券等形式对企业进行直接融资,将科技型中小企业推入市场化融资中。❶

(三)中小企业发展基金

德国政府和银行共同出资组建了中小企业发展基金,为中小企业提供融资支持。中小企业发展基金的资金来源主要是财政补贴。基金支持中小企业发展主要有两种形式:(1)政府对中小企业的直接投资;(2)对贷款项目进行补贴。在德国范围内凡是符合政府补贴的中小型企业,均可在所在地的财政局申请贷款,申请贷款的中小企业必须提供详细的投资计划,内容主要是投资额度、投资构成、投资用途和投资效益等。投资计划经评估通过后即可获得发展基金的资助。中小企业发展基金根据不同行业、不同地区、不同的项目规定一定的贷款限额,一般来讲,最低的资助额度占投资的5%,最高的资助额度不超过投资总额的50%。❷

为了促进科技型中小企业的发展,由国家研究技术部、经济部设立中小企业开发促进奖金。这项措施是国家为中小企业开展技术创新而设立的专项贷款和补贴。中小企业开发促进奖金主要对一些高技术、具有较强市场潜力的中小企业提供风险资本支持。在德国有2/3的专利是由中小企业申请的,其中1/3已经获得商业上的用途。因此中小企业开发促进奖金对中小企业科研开发人员的费用和技术项目的投资给予补助,经立项批准每人每天最高的补贴费用可达3000马克。

另一项措施是国家给中小企业的创新提供长期的低息贷款。重要的措施包括:(1)鼓励企业自身开发项目,员工在250人以下的企业如果属于企业自行开发的项目可以获得占投资总额30%的低息贷款;如果企业员工在250人以上可以获得占投资总额25%的低息贷款。(2)政府鼓励企业加强国际、国内科研合作开发。与国外合作开发的项目最高能得到50万马克的贷款;与国内合作开发的项目可得到30万马克的贷款支持;(3)鼓励企业与科研机构联合开发项目,如属高科技项目和高校联合开发项目,一般可申请到占投资总额40%的低息贷款。这些措施促进了中小企业技术水平的提高和产品质量的改善,帮助中小企业适应不断变化的市场需要。对高科技中小企业,德国在1995年开始实行一项资本参与计划,联邦政府准备为此在2000年前拨款9亿马克,加强联合研究。

此外,政府决定实施另一项促进中小企业的创新计划,资金来源于复兴信贷银

---

❶ 从俊琬:《我国科技型中小企业融资问题研究》,天津大学2011硕士学位论文。
❷ 马连杰:"德国中小企业的融资体系及对我国的启示",载《经济导刊》1999年第3期。

行,这项计划的目的是为了开发新产品、新工艺以及为服务行业与市场营销工作提供资助。❶

(四)税收优惠

德国政府不仅成立专门的政策性金融系统和各种开发基金促进中小企业的发展,同时也把减免税收作为扶持中小企业、引导中小企业投资的一种强有力的手段。中小企业利用这些税收优惠可以筹集部分资金。❷

针对中小企业税收减免。为应对此次金融危机,2009 年 6 月,德国国会还专门通过了一项名为《减负法》的法案,该法案涉及中小企业营业税、农业柴油税及养老金问题。2009 年和 2010 年,营业额低于一定数值的中小型企业可不预交营业税,而是等到客户付了款后再交纳。在目前企业内部资金流动困难的情况下,此举无疑能帮助实力不算雄厚的中小型企业增强活力。❸在落后地区的新建企业,可以 5 年免交营业税,对所消耗完的动产投资,免征 50% 所得税;对中小企业中占据相当比例的合伙企业,工商所得的免税额为 4.8 万马克,对 4.8 万~14.4 万马克工商所得,实行 1%~5% 的等级税率。同时,所得税最高税率降到 53%,最低税率降至 19%,最低税率的高限从年收入的 1.8 万马克降至 8100 马克。提高税收起征点。德国中小企业营业税起征点从 2.5 万马克提高到 3.25 万马克,对统一后的德国东部地区的起征点更是从 15 万马克提高到 100 万马克。提高固定资产折旧率。德国提高中小企业设备折旧率,从 10% 提高到 20%.。❹

(五)担保支持

德国的信贷担保机构由手工业和行业工会、储蓄银行、合作银行和大众银行联合成立。政府提供必要的基金并设立担保银行,联邦各州也都有担保银行。担保机构通常为中小企业提供贷款总额 60% 的担保,最高可达 80%。中小企业可以通过担保机构获得贷款。一般来讲,对有风险的项目和落后地区的新建项目,政府一般乐意提供担保,促进这些项目的实现和落后地区经济的发展。

信贷担保体系有一个特别有用的特征那就是"倍增器"作用。一旦中小企业获得银行担保,往往能够增加其正常的贷款额,有利于中小企业进行扩大规模和新技术的开发利用。德国的这种担保银行制度受到了欧盟委员会的赞许,欧盟各成

❶ 马连杰:"德国中小企业的融资体系及对我国的启示",载《经济导刊》1999 年第 3 期。

❷ 马连杰:"德国中小企业的融资体系及对我国的启示",载《经济导刊》1999 年第 3 期。

❸ 周敏:"解决我国中小企业融资难题的对策建议——基于德国经验的分析",载《现代管理科学》2012 年第 10 期。

❹ 石岩:《国外中小企业融资体系及对我国的启示》,河北大学 2010 硕士学位论文。

员国的一些金融机构准备加强对信贷的联合担保,各国建立联合担保共同体。在欧洲范围内共同建立信贷担保共同体委员会。由此可见,欧盟各国在支持中小企业发展的政策上,也存在一定程度的联合和向一体化方向发展的趋势。

德国以专业化的商业银行作为担保银行,以银行自身信用为抵押物,为有资金需求但抵押物不足的科技型中小企业提供贷款担保业务,以帮助其解决融资难题。这些担保银行的资金基本上通过企业工商协会、商业银行、联邦政府、州政府等机构以发行国家债券的形式来筹集。

企业信用等级越高,所需支付的贷款利率就越低。就保费费率而言,德国通过政策性担保银行为科技型中小企业提供贷款担保服务,收取有限的稳定的保费费率,大致为 2% 左右,与我国目前担保费率持平。担保费率与风险成正比。当这些企业风险被认定较高,超出保费的 2.5% 时,其超出部分由政府承担。

由此,我们可以看出,德国政府十分重视科技型中小企业的发展状况。通过政府的职能,制定、修改了多个适合科技型中小企业融资的一系列法律法规,为科技型中小企业融资创造了良好的竞争环境。在融资方面,政府通过政府基金和低息贷款等措施,为科技型中小企业发展争取更多的资金支持。德国政府成立的政策性担保银行,以对科技型中小企业提供贷款担保为主,根据企业信用等级不同、风险可能性不同等,制定了相关的税收优惠政策和贷款担保风险共担机制,继续为科技型中小企业做好服务。❶

第三节　日　本

一、直接融资模式

日本政府鼓励科技型中小企业到资本市场直接融资。允许创新型中小企业公开发行股票和债券,日本政府不仅予以认购,而且在 1996 年还建立了风险基金,给发行债券的风险企业提供资金支持,为风险资本提供担保。设立科技型中小企业直接融资机构。如银行、保险公司等金融机构出资设立的民间风险投资公司。组建二板市场,在二板市场上,日本有柜台交易和交易所两部分,分别为科技型中小企业提供股份转让等服务。二板市场上市条件十分宽松,一些虽然亏损但有发展潜力的创新型中小企业也可以上市。❷日本的二板市场拥有大阪、名古屋等 7 家交

---

❶ 从俊琬:《我国科技型中小企业融资问题研究》,天津大学 2011 硕士学位论文。
❷ 王彦:《创新型中小企业融资法律制度研究》,中国政法大学 2011 硕士学位论文。

易所,它们构成地区性证券交易中心,上市条件非常宽松,使得那些暂时亏损但有发展潜力的科技型中小企业也可获得上市融资机会。

(一)多层次资本市场体系

日本拥有较完善的多层次资本市场体系。第一层次是东京、大阪、名古屋、京都、广岛、福冈、新泻、札幌八家交易所的主板市场,第二层次是东京证交所的市场二部(即中小板),第三层次为新兴的"MOTHERS"创业板市场,第四层次为OTC店头市场。科技型中小企业由于自身组织规模、企业人数、自有资金不足等因素的制约,一般难以达到主板市场的要求,日本为高风险企业和中小企业上市设立了二板市场。日本OTC市场是科技型中小企业筹资的重要场所。有些被交易所摘牌的公司也进入OTC市场交易,这部分股票被称为"调查中的股票"。1995年7月,OTC市场引入"特别规则的OTC证券"(Special-rule OTC Issue)制度,为科技型中小企业的融资提供了更便捷的融资途径。1998年,模仿纳斯达克市场在OTC基础上建立了JASDAQ市场,起初主要面对日本国内的风险企业和一些高科技企业,而后在1999年设立世界顶级的新兴企业创业板市场"MOTHERS",具有高度成长潜力、拥有独特的先进技术和技能的科技型中小企业可成为它的上市对象。❶日本政府的中小企业融资支持,具有鲜明的"扶持型"的特点。❷

(二)柜台交易市场

日本店头交易市场,包括店头债券市场和店头股票市场,主要以中小企业为主,是有实力但达不到东京证券交易所上市标准的中小企业募集资金的一个重要渠道。目前日本有958家企业在柜台交易市场(JADAQ)交易。但和美国不同的是,日本的柜台交易侧重于行政指导、规范市场交易行为,以此达到保护投资者的目的。❸

1999年,日本又推出了高增长新兴公司市场(MOTHERS),主要服务比场外交易市场公司规模更小的创新企业。

(三)债券市场

日本政府先后放开企业债券发行配额、取消对债券交易价格范围的限制等策略,极大地推动了企业债券市场的发展。日本债券的品种多样,包括普通债券、可

---

❶ 李巧莎:"日本科技型中小企业融资:经验借鉴及启示",载《科技管理研究》2011年第5期。

❷ 倪艳冰:《基于产业园区的科技型中小企业融资体制研究》,上海社会科学院2010硕士学位论文

❸ 江文:《科技型中小企业融资若干问题探讨》,上海交通大学2007硕士学位论文。

转换债券和附新股认购债券等,且期限较长,可以在证券交易所和店头市场进行交易。日本证券业协会还会通过公布债券柜台交易行情来引导债券交易价格的合理形成,极大地方便了中小企业直接融资。❶

(四)风险投资基金

为了实现中小企业的知识密集化与高新技术化的政策,日本政府还鼓励政府金融机构向新兴的科技型中小企业提供风险投资。日本有着较为发达的风险基金,其风险企业已达 2 万家以上。由政府、日本开发银行和民间组织共同出资,建立了产业基础健全基金,为创业基金向社会公开发行债券提供担保、贷款及投资。并大力发展柜台交易市场,解决了创业基金股权投资流动性不足的问题。❷

(五)中小企业投资育成公司

中小企业投资育成公司是日本特有的支持中小企业融资的金融机构,它也是在日本政府的逐步引导下形成和发展的。其业务分为一般投资和创业投资两种。一般投资主要针对从事研究、科研开发、新产品试制或高科技成果转化等行为的中小企业提供融资支持。创业期投资针对新建中小企业、运行期在 7 年以内的对地区经济增长具有重要作用或具有高成长期的以及开拓新领域的中小企业提供融资支持。❸

1963 年,日本根据该国中小企业的需求,出台了《中小企业投资育成公司法》,随后由政府、地方公共团体和民间企业共同出资共同设立了 3 个中小企业投资育成公司,其业务分为投资和咨询两大类。中小企业投资育成公司针对以研发、新品试验、高新技术成果转化等为主要经营方向的科技型中小企业提供资金的支持。其投资方式主要是以股份投资为主,其目标定位为扶持科技型中小企业发展,使其能够在证券市场上进行进一步的筹资。由于中小企业投资育成公司的资金来源于政府的财政,因此会受到主管部门的严格监管。❹

中小企业投资育成公司的投资业务可分为以下几种形式:一般投资、风险投资、创业期投资和新设投资等。其中,一般投资主要针对从事研究、科研开发、新产品试制或高科技成果转化等行为的中小企业提供融资支持。创业期投资是指新建

---

❶　石岩:《国外中小企业融资体系及对我国的启示》,河北大学 2010 硕士学位论文。

❷　林斌、陈至发:"国外中小企业融资经验比较及其对江西中小企业融资的借鉴",载《江西农业大学学报(社会科学版)》2004 年第 3 期。

❸　倪艳冰:《基于产业园区的科技型中小企业融资体制研究》,上海社会科学院 2010 硕士学位论文

❹　从俊琬:《我国科技型中小企业融资问题研究》,天津大学 2011 硕士学位论文。

中小企业、运行期在 7 年以内的对地区经济增长具有重要作用的或者具有高成长期的以及开拓新领域的中小企业提供融资支持。新设投资是以设立新的中小企业法人实体的方式,对将已经存在的具有发展潜力的中小企业中的优质资产和技术得到产业化的发展。

通过中小企业投资育成公司对中小企业的投资,有效地促进了中小企业的成长,有助于中小企业实现从劳动密集型向技术密集型的转移,提高了中小企业在引进新技术、进入新领域和开拓新事业的积极性。[1]

二、间接融资

(一)商业银行贷款

众所周知,20 多年以前直到 2001 年,日本曾经进行了一场声势浩大的金融改革,史称"金融大爆炸"。这场改革的重要驱动力量是金融管制放松,它使得日本金融市场几乎和美国一样自由。由于竞争加剧,大型商业银行很快失去了众多优质大客户,贷款不得不相当程度上转向中小企业。虽然由此产生不良贷款增长等负面影响,但其积极影响更加值得强调,那就是市场充分竞争的逐步实现和中小企业融资的极大改善。[2]

日本科技型中小企业从银行获取的贷款,被称为"主银行"融资模式。"主银行"制度,是企业与某一特定的银行形成长期合作,结成稳定关系。这种制度对经济的高速增长发挥重要作用。在这种制度下,企业的大多数甚至全部金融服务都由一家固定的银行提供。同时,主银行可以介入企业管理,甚至可持有企业股份。在集团企业范围内,以间接金融支持为基础,银行和企业之间结成一种长期稳定的交易合作关系。对企业的监督和控制,主银行起到了接管市场的作用。青木昌彦(1998 年)提出日本企业是"二元制"企业,即受到来自企业集团包括经营者的控制,同时又受金融集团的控制。在某种程度上,主银行对企业的接管和金融援助,为企业提供了避免破产的"保险"。[3]

(二)政策性金融机构

为了帮助和推进科技型中小企业的发育和成熟,日本政府很早就成立了一系列政策性金融机构专门向有市场、有前途但缺乏资金的科技型中小企业提供低息融资,保证企业的正常运转。如国民金融公库设立于 1949 年,资本金来源于政府

---

[1] 汤圣雄:《科技型中小企业银行融资方式研究》,复旦大学 2008 硕士学位论文。
[2] 江文:《科技型中小企业融资若干问题探讨》,上海交通大学 2007 硕士学位论文。
[3] 程金金:《我国科技型中小企业金融支持体系研究》,江西财经大学 2012 硕士学位论文。

拨付和向政府的借款,主要为规模较小的企业提供资金,如维持生产的小额周转金等;中小企业金融公库设立于 1953 年,资本金主要由政府拨付,并以资本金的 20 倍为限发行中小企业贷款,为科技型中小企业振兴事业和稳定经营所需的长期资金提供融资,以中小企业中规模稍大的企业为主要融资对象。❶另外,日本还设立商工组合中央金库,协同中小企业等协会团体,面向中小企业提供融资服务。❷在中小企业的长期资金来源中,以政府直接投资比例衡量,日本在发达国家中是最高的。❸

日本的政策性金融机构是非营利性金融机构,它原则上不接受存款,个别的也参与了少量的私人资本,但是资金主要是来源于日本政府,同时政府提供债务担保。因此,政策性金融机构的设置,有利于中小企业获得难以筹措到的设备资金和企业扩大生产所需要的长期流动资金,促进中小企业的发展。❹

(三)日本金融公司

日本金融公司,是 2008 年 10 月由日本政府合并原有 4 家政府机构而成立的一家基于政策保障的金融机构。由微小型企业与个人单元(JFC-Micro),农业、林业、渔业和食品企业单元,中小企业单元(SME)和日本银行国际合作单元(JBIC)四部分组成。

其中,JFC-Micro 致力于为微小型企业与个人提供贷款,这一类特殊贷款不需要任何第三方保证人和抵押品,而且可以提供长期贷款且利率固定。在提供特殊贷款的同时,还积极打造咨询业务,凭借其多年来为中小企业融资过程中积累的经验,为客户提供企业管理经验。这一举措为日本微小型企业的强劲发展提供了有力的支持。❺

(四)民间金融机构

日本民间的金融机构主要有:地方银行、相互银行(现称第二地方银行)、信用金库及其联合会等。这些民间金融机构在向中小企业融资时,也同样得到了包括

❶ 李巧莎:"日本科技型中小企业融资:经验借鉴及启示",载《科技管理研究》2011 年第 5 期。
❷ 赵娟:"中小企业融资的国际比较与借鉴",载《中国证券期货》2011 年第 10 期。
❸ 倪艳冰:《基于产业园区的科技型中小企业融资体制研究》,上海社会科学院 2010 硕士学位论文。
❹ 石岩:《国外中小企业融资体系及对我国的启示》,河北大学 2010 硕士学位论文。
❺ 钱野、周恺秉、林晔:"推进科技金融创新的对策研究",载《第七届软科学国际研讨会论文集中国卷(上)》2012 年第 12 期。

政策性金融公库在内的多方面的政策扶持,因此它们也乐于贷款给中小企业。[1]

其中,地方银行主要为当地的中小企业服务,目前日本全国共有 64 家;第二地方银行是由 20 世纪 50 年代初建立的合作性质的相互银行转变而来,它的性质与地方银行并无不同,只是在规模、人员素质、贷款结构等方面与地方银行有差别,同样也是为当地中小企业发展提供服务;信用金库是独立的合作制金融机构,根据1951 年制定的《信用金库法》在信用协同组合的基础上改组而成,实行会员制,且会员仅限于本地的小企业,全国信用金库联合会则是以全国信用金库为会员的信用金库中央机关。

民间中小金融机构众多,成为解决日本中小企业融资的重要力量。日本的民间中小金融机构主要有第二地方银行、信用金库及其联合会、信用组合及全国联合会、劳动金库及其联合会等互助合作型中小金融机构。这些机构或者为中小企业提供贷款、或者为中小企业的贷款提供担保,给中小企业的融资带来极大的便利。另外,日本的都市银行在 70 年代后开始向小企业开展业务,到 90 年代初期,向中小企业的贷款额已占其贷款总额的 50%。[2]

都市银行以大都市为中心,辐射全国各个城市,大多数大企业的融资来源于都市银行,与此同时,都市银行也重视对中小企业的支持,成为中小企业最大的融资机构。[3]

三、融资担保体系

日本当前的信用担保模式是地方担保和政府再担保的双重模式。日本政府全额出资建立了"中小企业信用保险公库",外加全国 52 个地方信用保证协会,且政府全额对担保协会进行再担保,双重保证在很大程度上增强了中小企业从商业银行获得贷款的成功率。[4]

在《信用担保协会法》基础上,日本政府建立起了信用保证协会和保险公库,形成有效而独特的信用担保制度。信用保证协会是一个政策性金融机构,为中小企业提供信用担保;保险公库是为保证信用保证协会安全和正常运行的机构。为

---

[1]　倪艳冰:《基于产业园区的科技型中小企业融资体制研究》,上海社会科学院 2010 硕士学位论文

[2]　林斌、陈至发:"国外中小企业融资经验比较及其对江西中小企业融资的借鉴",载《江西农业大学学报(社会科学版)》2004 年第 3 期。

[3]　石岩:《国外中小企业融资体系及对我国的启示》,河北大学 2010 硕士学位论文。

[4]　倪艳冰:《基于产业园区的科技型中小企业融资体制研究》,上海社会科学院 2010 硕士学位论文

应对次贷危机带来的冲击,日本政府通过信用保证协会,为中小企业提供了高额的经营安全应急保障资金,数额达 20 万亿日元。❶

日本中小企业信用担保体系的建立较早,1951 年成立了信用担保协会联合会,1953 年成立了信用保证协会,1958 年成立了中小企业信用保险公库(现为中小企业综合事业团),各区县也陆续成立了信用保证协会等,这些机构相辅相成,共同构成了日本的中小企业信用担保体系。据统计,截至 2005 年底,日本共有地方性信用保证协会 52 家,分支机构 149 个,雇员 6015 人。2004 年,共接受信用担保 122 万件,涉及金额 1316 亿日元,共有 468 万中小企业从中受益,占中小企业总数的 37.5%。在保额总计达 29.73 万亿日元。

日本的信用担保方式属于直接征信方式,而为中小企业放贷的银行只限于为中小企业提供贷款,并不承担任何风险。这样,使得各银行不至于因中小企业抵押物不足产生风险而影响企业进行融资。而日本信用担保的资金则主要来源于政府的支援,加之金融机构的资金等,形成日本独特的信用担保资金。此外,日本信用担保体系有着严格内部管理机制,实行分级负责制,每个级别的管理人员均有一定的担保审批权限,并且实行审查、担保、代偿分开负责制。❷

与美国的 SBA 担保相比,日本的担保体系有很大的不同。美国给中小企业提供的担保服务由 SBA 全部负责,分支机构是总部的职能延伸,采用的是一级担保体系。而日本实行的是两级担保体系,在总部设立中小企业信用保险公库,在地方各分支机构设立中小企业信用保证协会。资金来源一样依靠财政拨付,不同的是,日本政府对担保机构没有控制权,并且各地方的信用担保协会是独立经营,自负盈亏。❸

第四节 其他国家

一、英 国

(一)直接融资

1. 证券市场融资

英国资本市场体系主要包括四个部分:全国性集中市场、全国性二板市场 AIM、

---

❶ 程金金:《我国科技型中小企业金融支持体系研究》,江西财经大学 2012 硕士学位论文。

❷ 从俊琬:《我国科技型中小企业融资问题研究》,天津大学 2011 硕士学位论文。

❸ 刘瑞松:《科技型中小企业信贷融资创新研究》,财政部财政科学研究所 2012 硕士学位论文。

全国性三板市场 OFEX 以及区域性市场。前两个市场主要集中在伦敦证券交易所，OFEX 是一家家族公司创办的非正式市场，区域性市场则由全国的地方性交易市场组成。

全国性集中市场（主板市场）中还包括一个交易行情单列式的"技术板市场（Teehmark）"。

全国性二板市场（Alternative Investment Market，AIM）创立于 1995 年，它是伦敦证券交易所为英国及海外初创的高成长型公司提供的一个全国性市场，主要为中小企业特别是中小型高科技公司提供融资服务。自 1995 年创立以来，有超过 850 家公司通过进入 AIM 而获得巨大的增长，累计筹集资金超过 62 亿英镑，折合近 97 亿欧元。AIM 直接受伦敦证券交易所监督与管理，并由交易所组成的专门部门负责经营。

全国性三板市场，常常被称为 Plus Markets，属于非正式市场，是 JPJenk lns 公司为大量中小企业提供的专门交易未上市公司股票的电子网络交易系统，。JPJenk lns 是一个家族公司，是伦敦证券交易所登记在册的、具有良好经营记录与信誉的做市商。一些在 AIM 交易的公司股票及以前在"未上市证券市场"交易的公司股票也可以在 OFEX 进行交易，在 OFEX 上市的公司通过市场的培育可以按照相应的规则进入 AIM 交易。相对灵活的规则有助于新型企业的早期扩张，同时又由于对上市公司运营有着一定的要求，也有利于企业形成优良的经营模式，使其最终可能进入 AIM 市场或主板市场。从 1995 年到现在，共有 72 家在 OFEX 上市的公司已升级到 AIM 或伦敦证券交易所挂牌交易。目前在 OFEX 证券交易平台上，800 余家的各国中小企业在公平市场化的证券交易中，拥有了一个约 1200 亿英镑的联合资本市场。

区域性市场是伯明翰、曼彻斯特、利物浦、格拉斯哥、都柏林等地的地方性交易市场。在这里，人们不仅可以买卖地方企业股票，同时也可以买卖伦敦交易所的挂牌股票。从英国资本市场的情况看，全国性集中市场主要是为大型企业融资服务的；在二板市场 AIM，上市标准要比主板市场低，同时还设计出几套不同的标准，由不同规模的企业选择适宜自己的标准进行上市融资；三板市场 OFEX 则基本上取消了上市的规模、盈利等条件，把市场监管的重点从企业上市控制转移到以充分信息披露为核心、以管理从业券商为主要手段、以会员制为主要形式、以券商自律为基础的监管模式，这是英国资本市场体系中一个重大的变化，对解决中小企业融资和风险投资退出问题，推动高科技产业发展和资本市场完善起到了积极的作用。

2. 英国 AIM 融资

1995 年 6 月，伦敦证券交易所设立的 AIM（Alternative Investment Market），即另类投资市场或高增长市场，是专门为小规模、初创期和成长型的英国及海外公司服务的市场，其附属于伦敦证券交易所，但又具有相对独立性。在 AIM 上市的企业，享受着金融城所提供的丰富资源和优质服务,这一切都是其他市场无法比拟的。公司的融资来源广泛,个人投资者、机构投资者、大型投资银行等为数众多。金融城市内政府全方位的支持与服务,包括直接的税务优惠,使其更具优势。

AIM 在上市条件中对公司行业没有限制,鼓励多元化,规模业绩要求很低甚至没有,入市门槛更低。AIM 没有最低交易记录要求,没有最低市值,也没有最低公众持股要求。上市审查中强调保荐人的作用,由其负责审查,这是 AIM 最大的特色。一般只需 3~6 个月就可以完成整个流程,入市时间更短,其再融资程序也十分便捷。在 AIM 上市的成本较低,占融资总额的 4.5%~5%,上市后则提倡公司自律。这样,公司上市后的维护费用普遍要比美国低 1/3 左右。截止到 2009 年 9 月,在伦敦证交所上市的 1353 家 AIM 公司的市场总值已达到 565.7 亿英镑。其中,有 51 家中国企业在 AIM 上市,市场总值为 33.2 亿英镑。❶

英国 AIM 融资成功的原因主要有:(1)行业结构多元化与很多创业板市场强调中小企业的高科技特性不同,英国 AIM 市场的定位是具有高成长性、有潜力的中小企业。目前在 AIM 市场上市的公司不仅有高科技企业,还包括采矿能源、金融服务等,形成了包括 9 大类 39 个小类的多元化的产业结构。这种多元化的产业结构不仅可以扩大上市企业的群体,关键是可以在丰富的上市资源中挑选优质企业,有效规避系统性的市场风险。

(2)制定了适合中小企业特性的上市规则。AIM 市场上市标准很低,没有最低市值、业绩记录及公众持股最低数量限制;企业具有两年的主营业务盈利记录,倘若不符合该条件,董事和雇员必须同意自进入 AIM 之日起,至少一年内不得出售其持有的该公司证券所拥有的任何权益。考虑到中小企业融资的时效性,AIM 的上市程序非常便捷,直接由伦敦证券交易所对中小企业进行审批,无须获得英国金融监督管理局的许可;整个上市申请程序控制在 3 个月左右,大大节约了上市企业的时间和成本;与 NASDAQ 市场上市需要 10 万美元相比,AIM 市场的成本非常低,仅为 7000 美元。同时,已在纽约证交所、纳斯达克、多伦多等 9 个世界主要交易所挂牌上市且持续时间超过 18 个月的企业可以不向伦敦交易所提交上市申请文件而直接登录 AIM 市场。

(3)"终身保荐人"制度。终身保荐人制度是指公司在上市期间必须聘请符合法定资格的公司为其保荐人。目前,AIM 市场上共有 80 多位认定的保荐人,有英国金融监管据审批,有伦敦证券交易所监管。通过保荐人制度,AIM 市场将对几千家上市

---

❶ 刘凯:《基于资本市场的我国科技型中小企业融资策略研究》,东北师范大学 2011 硕士学位论文。

公司的监管转变为对 80 多名保荐人的监管,大大提高了监管效率。至今,这一监管制度,运行良好,为 AIM 市场的成功运行提供了制度保障。

（4）合理的转换制度。与 20 世纪 80 年代澳大利亚的二板市场规定上市公司股本额达到 2000 万澳元后必须申请转移到主板市场上市,以致留下的只能是规模小、效益不好的小企业,最后只能于 1992 年关闭收场不同,AIM 则定位了主板和创业板市场的关系。对于在 AIM 上已达到一定规模的企业,若希望到主板市场获得更进一步的发展,AIM 为其留有向主板市场转移的通道,但不强制规模企业转至主板。对在主板市场上达不到持续上市条件,但仍有发展潜力的企业,AIM 也设置了由主板到 AIM 的通道。通过和主板市场的良性转换关系,AIM 很好地发挥了为中小企业融资的功能。❶

（二）间接融资

1. 银行融资

在英国,银行对中小企业融资扮演了关键角色,其融资占外部融资的比重一般在 50% 以上。但是从总体上看,银行融资地位呈下降趋势,在 20 世纪 90 年代初期,银行债务融资的比重为 65%,到了 2002 年,这一数字下降了 13%。银行融资又分为定期贷款（time lending）和透支融资（over draft lending）。

2. 租赁融资

2000 年,40% 的中小企业使用租赁融资,19% 的中小企业的租赁融资额占本企业外部融资的第 1 位。2000 年租赁和租购融资总额达到 233.68 亿英镑,中小企业为 124.3 亿英镑,占整个租赁融资的 53.2%。从 1999 年后,中小企业的租赁融资从总体上呈现略微下降的趋势,但有两点值得关注:营业额低于 100 万英镑的企业的租赁与租购融资总额呈一定程度的下降趋势,而 100 万 ~500 万英镑的企业此类融资总额有所增加。❷

3. 发票融资

指基于保理业务下的发票融资,包含保理和发票贴现,从事此类信贷的公司主要是保理商和发票贴现商。由于在赊销货物时,企业可以将应收账款让渡给保理商或发票贴现商,获得发票金额的 80% 或以上贷款。保理和发票贴现的主要区别在于,保理业务要求卖方将应收账款账户移交给保理商,保理商管理账户和收取货款,而发票贴现由卖方控制和管理应收账款账户,自己收回货款。发票可以提高企业现金账户质量,改善流动资金的状况,避免潜在的呆帐风险,深受企业的喜欢,但这种方式只适

---

❶　贺纪书:《创业板市场融资功能的国际比较研究》,山东经济学院 2010 硕士学位论文。

❷　龙应贵:"英国中小企业外部融资结构分析",载《商业时代》2006 年第 35 期。

用于有货物或服务销售并以赊销方式卖出的交易,而不适合预付货款或分阶段付款的交易。

发票融资由于有诸多优点,发展很快,在近 10 年里发票融资有显著的增长,年均增长率达 20%,这种增长主要出现在 1993 年以后并集中在国内发票贴现上。2000 年以后,虽然增长速度有所减缓,但增长的趋势仍未发生改变。如 2003 年,利用发票融资的中小企业总数达 33703 家,较上一年增加 5.3%,其发票融资金额达 49 亿英镑,较上年增加 7.5%。发票融资的一个显著特点是融资期限短,2002 年英国发票融资平均期限为 55 天,它是透支融资的有效替代品。但是必须看到,发票融资的地位还远远无法与透支相比。❶

(三)政府支持

为鼓励科技型中小企业进行科技创新,英国政府努力营造公平、开放和宽松的市场环境,对中小企业的研发提供必要的资金支持。英国贸易投资署(UKTI)和地区发展署(RDA)实施扶助政策、管理欧洲地区基金,扶持中小企业科技创新。

1. 政府科技创新资助

英国政府对中小企业科技创新提供如下四类支持,如表 6-2 所示。

表 6-2 英国政府对中小企业的创新支持

项目类型	满足条件	最多可获得的资助
小型项目	雇员数少于 10 人的企业且实施期在 12 个月以内的低成本开发项目	2 万英镑
创新型研究项目	雇员数少于 50 人的企业且实施期在 6~18 个月以内的低成本开发项目	7.5 万英镑
创新型项目	雇员数少于 250 人的企业的创新性项目开发	20 万英镑
重大科研项目	雇员数少于 250 人的企业开展对行业有战略意义和广泛经济效益的重大科研项目	50 万英镑

资料来源:商务部,http://www.mofcom.gov.cn/article/subject/chanyejishu。

当企业研发费用超过 1 万英镑时,企业可以享受税收减免,而中小企业还有更优惠的税收减免措施,一般的大企业在交税时扣除研发费用的 1.25 倍,而中小企业则扣除研发费用的 1.5 倍。此外,英国政府还在全国建立了 80 多个培训机构,向中小企业提供各类培训,提升中小企业科技创新实力以提高企业的竞争力。

2. 尤里卡计划

因为英国参加了欧洲尤里卡计划,英国的中小企业可享受到该项计划对企业创

---

❶ 龙应贵:"英国中小企业外部融资结构分析",载《商业时代》2006 年第 35 期。

新研发的资助。其资助项目的标准主要包括：一是迎合市场需求的高技术研发项目；二是参与方要有 2 个或以上的尤里卡计划成员；三是研究开发的产品、流程或服务是出于时代的前沿；四是资金来源于开发方或者公共资助。

3. 发展科技孵化器

科技园和企业孵化器，是英国促进科技创新的重要手段。依托研究机构和高校设立的科技园和科技孵化器，受英国政府、欧盟和地区发展署的资助，企业获得大量前沿技术、人力资源和商业支持。目前，英国有 100 多个科技园，约 3000 家入园企业；有超过 325 个企业孵化器，为生物、信息技术、创意等产业的初创企业提供支持。❶

4. 政府担保

英国工贸部与 20 家银行和金融放款机构合作，实施"小企业贷款担保计划"，向因资信不足而不能按例行标准获得银行和其他金融机构商业贷款的小企业提供贷款担保。这个担保计划规定：小企业的贷款额度为 5000 万 ~ 10 万英镑，从业 2 年以上的企业可以达 25 万英镑。借款人累计担保贷款超过上限则不再享受该计划；贷款期限为 2 ~ 10 年；担保比例为贷款额的 70%，从业 2 年以上的企业担保比例可提高到 85%。

借款人向工贸部交纳保费，年费率 1.5%，1.5 万英镑以上的贷款，保费按季提前支付，直接从贷款中划扣，保费随还款额减少，1.5 万英镑以下的贷款，保费一次性支付；若贷款展期，则要交纳展期保费。小企业直接向参与计划的 20 家银行和金融机构提出申请，贷款人认定其商业计划切实可行，则向工贸部申请担保。1.5 万英镑以下的贷款，银行和其他贷款人可以自行批准贷款及担保申请，不必向工贸部的贷款担保部报告。贷款商业层面的条款和细节由借款人和贷款人双方协商，政府不加干预。

监管是工贸部和参与计划的贷款人的共同责任。借款人定期上报财务管理信息，包括实际现金流量的比较，以及与以前的项目相比的进度损益对照表。如果借款人违约，贷款人应要求借款人全额还款，不能仅要求偿还贷款人承担风险的部分贷款。贷款人应根据抵押协议，以资产变现收入减少债务、减少向工贸部的索赔。担保人赔偿贷款人损失后，借款人仍是债务人，全部债务仍要通过清算赔偿。❷

二、加拿大

(一) 直接融资

以创业者和"天使基金"等个人为主体的股权投资，以互助基金和银行等机构为

---

❶　程金金：《我国科技型中小企业金融支持体系研究》，江西财经大学 2012 硕士学位论文。

❷　仲玲：《科技型中小企业融资的理论与实证研究》，吉林大学 2006 博士学位论文。

主体的风险投资,通过证券交易所和购并市场获得的股权资本等,都是加拿大中小企业直接融资的形式。据加拿大独立企业联合会统计资料,9.6万会员企业的股权资本中拥有业主投资、"天使投资"风险投资的企业户数分别占56%、5%、4%,另外,到2000年有3000户左右的中小企业通过上市募集股本。❶

风险资本库(VCP)。VCP上市是近年来在加拿大发展起来的一种全新的上市筹资方式,是指有创业精神的企业家分别拿出很小部分资金,然后在将聚集的资本交由专业人士组成的管理阶层去开发,目前主要为温哥华证券交易所(VES)采用。

申请VCP上市融资,创业者可以尚无完整的业务计划、可以不拥有任何资产,但要有成功创业经历。VCP提供了一个募集资金以便寻求创业机会的渠道,从而为科技型中小企业的早期融资提供了一条新思路。VCP的主要发起人或公司董事局成员必须具有成功的经商经历和参与上市公司经营的成功经验,初始筹资额30万~70万加元。VCP是一种过渡的上市方式,以VCP形式上市的空壳公司必须在一定期限内完成合格收购,从VCP升级为正式的创业公司。对于科技型中小企业而言,VCP上市比利用私人基金筹集资本迅速高效而且效益好,通过设立一家上市公司就能为高科技项目的产业化提供持续的资金支持。❷

(二)间接融资

加拿大中小企业间接融资的来源和渠道主要有:开发银行、出口发展公司等政策性银行和金融机构、加拿大皇家银行等8大全国性商业银行以及1500多家分布在各地的中小金融机构和社区金融机构。据加拿大银行家协会统计,中小企业间接融资总额的50%来自银行,银行中小企业贷款总额中8大商业银行提供的中小企业贷款占80%。❸

(三)小企业融资政府担保

为帮助小企业创业、发展、技术改造和技术更新,1961年加拿大政府制定了《小企业贷款法》,该法通过政府为小企业提供贷款担保,鼓励金融机构向正常商业标准不能接受的小企业提供小额或高风险贷款。

(1)申请贷款条件(借款人、贷款额度及用途)。以盈利为目的、年销售额少于500万的企业可以申请贷款,《小企业贷款法》面向的行业范围逐年扩大,开始只有批发零售商、制造业和服务业的企业可以申请贷款。现在扩展到健康、教育和社会服务、金融和保险、建筑、采矿、运输、商业服务及其他行业。贷款额最多不超过25万加

---

❶ 汤圣雄:《科技型中小企业银行融资方式研究》,复旦大学2008硕士学位论文。

❷ 黄媛:《科技型中小企业的发展与融资支持探析》,西南财经大学2009硕士学位论文。

❸ 汤圣雄:《科技型中小企业银行融资方式研究》,复旦大学2008硕士学位论文。

元,且不能超过所购置资产成本的规定比例。贷款用途必须在规定范围内,可用于购买土地、更新或租赁设备;不能用于收购股票、垫付流动资金、偿还现有债务、从事房地产经营、补贴福利或购买其他无形资产。

(2)贷款人资格。起初只有特许银行才能获得政府担保,1961年只有7家银行,以后放宽了合格贷款人条件,现在大约有1500家金融机构及旗下13000家分支机构可以提供《小企业贷款法》贷款。由于政府担保减少了向小企业放款的风险,越来越多的小规模贷款人乐于参与该项计划。

(3)运行机制。企业直接向经授权的金融机构申请贷款,贷款人根据正常标准自行评估借款人的资信,政府不予干预。如果金融机构同意提供贷款,则向《小企业贷款法》管理委员会提交贷款注册申请。如申请满足《小企业贷款法》的条件及其规定,管理委员则接受贷款注册,同时按贷款的2%收取注册费和1.25%的年管理费。注册费由贷款人承担,管理费由借款人承担,由贷款人通过利率向借款人收取。贷款可以采用浮动利率,也可以选择固定利率,但两种方式的利率均不能超过规定的利率上限。借款人必须提供抵押,贷款人按照正常商业贷款程序管理担保贷款。❶

三、新加坡

(一)直接融资体系

新加坡政府一系列的政策措施,形成了一个多层次、较成熟的资本市场,包括主板、二板、凯利板、店头市场。新加坡股票的上市标准,在1999年金融管理局出台金融开放政策后非常灵活。在上市标准方面,二板对申请上市的公司的税前盈利、上市市值、资本额和营业记录都没有量的要求,唯一要求是具有发展潜力,但要求证明有能力取得资金、进行项目融资和产品开发。新加坡的二板市场有个典型特征就是和主板市场没有分明的界限,在二板市场上表现良好的企业,满足主板要求则两年后就可升入主板。新加坡市场规则制定相对比较宽松,企业上市6个月内如果有再融资需求,可以和交易所沟通后进行融资。从时间周期来看,新加坡一般6个月就可以完成IPO的全部过程。1987年新加坡参照美国等发达国家的经验,建立了SESDAQ市场,它为新加坡股票交易所开辟了第二个市场,大大地促进了中小企业从资本市场上获得直接融资。至今SESDAQ已有一百多家挂牌企业,其总市值超过35亿新元,而且自创业板创立以来,已有五十多家挂牌企业提升到主板市场上市。2007年12月,新交所宣布推出凯利板,由原来新加坡二板市场转型而来,是一个为本地和国际成长

---

❶ 中国金融家杂志社:"国外中小企业融资经验",载《中国金融家》2009年第4期。

型公司设立的由保荐人监督的上市平台。凯利板允许保荐人决定一个公司是否适合上市。交易所将严格挑选保荐人,并对保荐人进行监管,以确保保荐人能够对上市公司和交易所负责。在凯利板上市的公司达到主板上市要求后,也能快捷地转到主板市场。❶

(二)间接融资体系

1. 商业性金融机构

商业性金融机构。新加坡政府十分重视专业中小企业金融服务机构在金融体系中的地位。同时,新加坡政府制定了多项支持中小企业贷款的政策,其中最为典型的是本地企业资助计划(LEFS)和区域化资助计划(RFS)。前者是通过制订固定利率财务计划,达到鼓励企业提高生产自动化水平、提高现有的生产能力、扩大生产的产品种类及服务范围,或是增加营运资金的目的;后者的资助对象是那些计划到海外发展的公司,政府为它们提供最高 500 万新元的贷款。

2. 政策性金融机构

标新局是非盈利的政策性融资机构,认为中小企业在获取资金时面临的挑战,不了解可选择的融资渠道、缺少业绩记录、缺少担保、信息不充分、财务管理专业技能匮乏。在充分调研的基础上,标新局根据中小企业的生命周期融资需求,推出了一揽子的融资援助计划,主要是为不同时期的中小企业配套设置融资产品,其目的是堵塞中小型企业在由起步发展到全球公司的不同阶段可能面临的缺口。❷

(三)政府扶持

一直以来,中小企业缺乏资金投入是困扰其发展壮大的主要因素。新加坡的众多中小企业还同样面临着资本和技术构成低、易受国际市场冲击等特点的不良影响。但新加坡是一个金融业较发达的国家,在政府出台的一系列鼓励和支持中小企业发展的政策和措施中,融资体系具有其独特之处。

税收优惠支持。新加坡政府一直着力打造具有竞争力的税收政策和环境,以扶持本地企业的发展。目前新加坡的企业所得税税率属于世界上税率较低的国家之一。政府还根据不同阶段的经济发展需要,制定了一系列税收优惠政策,以促进不同行业的发展。新加坡的中小企业除可以享受和其他企业一样的优惠政策外,在以下方面还有特别优惠:(1)直接税额减免。为扶持中小企业,特别是起步公司的发展,税法规定,对符合条件的起步公司,在其前三年中,每年前 10 万新元的应税所得全部免税,后 20 万新元的所得免征 50%。(2)政府资助和财务咨询。新加坡政府十分重视

---

❶ 石岩:《国外中小企业融资体系及对我国的启示》,河北大学 2010 硕士学位论文。

❷ 石岩:《国外中小企业融资体系及对我国的启示》,河北大学 2010 硕士学位论文。

实施财务咨询,政府通过财务咨询计划利用资本结构、节约开支和加速资金周转等管理手段加强财务管理。❶

四、韩 国

(一)直接融资体系

韩国政府为逐渐改变中小企业融资单一化的状况,发展风险资本市场。20 世纪 90 年代后期,韩国风险资本市场开始进入快速发展阶段。由于风险资本市场的充分发展,新建中小企业资金充足,可以得到良好发展。韩国政府建立了自己的二板市场——KASDAQ(高斯达克)市场,KASDAQ 参照美国纳斯达克市场,它的职责是专门为新兴高科技公司及中小企业直接融资提供便利,同时也为寻找高回报的投资者提供新的投资工具,从而扩大了中小企业的外源性融资。三板市场(KOTCBB)是为达不到主板和二板市场上市标准或从这两个市场退市的中小企业提供融资场所。❷

(二)间接融资体系

1. 商业性金融机构

一是韩国中小企业银行和韩国国民银行。韩国中小企业银行成立于 1961 年,专门为中小企业提供金融服务,资金来源是韩国政府;1963 年,韩国又成立了韩国国民银行,专门为家庭和微型企业提供融资服务。但由于当时韩国政局动荡、经济困难,使得这两家银行资本金不足,因此作用十分有限。比较这两家银行,较为重要的是韩国中小企业银行,它坚持商业银行运作模式,将贷款的 85% 用于中小企业,使得经营状况指标在韩国银行业中处于优良水平。该行对中小企业的融资占全部韩国金融机构对中小企业贷款总额的 16.5%,有力促进了韩国中小企业发展。韩国中小企业银行的一项重要业务是发放专项贷款,鼓励中小企业进行设备投资和研发,此外,还有促进创业基金贷款等。二是韩国产业银行。1987 年在对原有政策性银行进行改造,充实资本金的基础上,成立了韩国产业银行,其资金也来源于政府,主要职能是为中小企业提供融资服务支持。1999 年后韩国政府增加了对产业银行的投入资金,对它进行了资本重组。三是韩国其他商业银行。通过贷款业务和商业票据贴现等业务为中小企业提供各种融资服务。

2. 政策性金融机构

韩国中央银行鼓励各种金融机构对中小企业进行贷款,主要的政策措施有:一是韩国中央银行限制不同类型的商业银行对中小企业贷款比例,并制定了相关规定,如

---

❶ 石岩:《国外中小企业融资体系及对我国的启示》,河北大学 2010 硕士学位论文。

❷ 石岩:《国外中小企业融资体系及对我国的启示》,河北大学 2010 硕士学位论文。

全国商业银行为 45%，地方商业银行为 60%，国外银行分行为 35%；二是宽限信用总量上限；三是规定优惠的贷款利率。中央银行将各商业银行对中小企业贷款的扶持力度作为再贷款优惠利率的考核指标之一。

（三）融资担保体系

为帮助中小企业获得银行贷款，韩国建立了针对中小企业的信用担保体系。以缓解中小企业资信不足、担保能力弱的实际状况。信用担保体系由全国性的信用担保基金，由韩国信用担保基金（KCGF）、成立于 1989 年的韩国技术信用担保基金（KTCGF）和 14 个地方性担保基金（"地方性信用担保财团"）组成，主要职责为缺乏担保品的中小企业提供信用担保服务。比较而言，相对重要的是 KCGF，它是一家公立的金融机构，其主要任务是通过提供担保服务，使缺乏担保品且具有竞争潜力、善于管理的中小企业得到融资，其资金来源为政府补贴和金融机构分担交纳。将资产支持证券的机制和信用担保的机制结合起来是 KCGF 的首创，这是一种特殊的信用担保，其基本原理是由担保公司向信用状况良好的企业提供发债担保。这样企业既进行了融资，又可以使投资者买到低风险的债券。KCGF 在对客户担保费的收取上根据对公司的信用评级，每年收取 0.5% ~2% 不等的担保费。同时，韩国信用担保基金联盟为地方信用担保机构提供再担保，当后者出现代偿时，前者提供 50% ~60% 的补偿，地方担保机构每年要向担保机构交纳再担保额 0.8% 的再担保费。在 KCGF 和 KTCGF 最初出资比例中，政府出资超过 50%。为使 KCGF 和 KTCGF 的担保能力迅速扩大，韩国政府持续对 KCGF 和 KTCCF 进行增资。❶

---

❶ 石岩：《国外中小企业融资体系及对我国的启示》，河北大学 2010 硕士学位论文。

第七章　科技型中小企业融资模式创新

第一节　融资模式创新概述

一、融资模式的概念

融资即资金融通，广义上讲是指资金由供给者向需求者运动的过程。这个过程包括资金的融入和融出两个方面，即资金供给者融出资金而资金需求者融入资金；狭义上讲是指资金的融入，即通常所说的资金来源，具体经济单位从自身经济活动现状及资金运用情况出发，根据未来发展需要，经过科学的预测和决策，通过一定的渠道筹集资金以保证经济活动对资金需要的一种行为。融资模式则是指融资过程中所采取的具体方式、方法和途径等的总和，通常可分为内源融资和外源融资，或直接融资和间接融资等。

（一）内源融资和外源融资

内源融资是指将本企业的留存收益和折旧转化为投资的过程。外源融资是指吸收其他经济主体的资金转化为自己投资的过程。融资问题的经济实质是储蓄向投资的转化。不过在经济运行中，储蓄和投资可以由同一主体完成，也可以由不同主体完成。在储蓄、投资由同一主体完成的情况下，投资主体把自己积累的储蓄用于投资活动，这一过程称为内源融资过程。在储蓄、投资由不同主体完成的情况下，投资主体可以通过直接和中介过程从资金供给主体即储蓄主体那里获得资金，这一过程称为外源融资过程。外源融资的范围是既可以限于国内，也可扩展到国外。加入 WTO后，中国高新技术企业进入国际资本市场融资是一个趋势。

就各种融资方式看，内源融资不需要实际支付利息或者股息，不会减少企业的现金流量；同时，由于资金来源于企业内部，不会发生融资费用，融资成本要远远低于外源融资，因此，它是企业首选的一种融资方式。企业内源融资能力的大小取决于企业的利润水平、净资产规模和投资者预期等因素，只有当内源融资无法满足企业资金需要时，企业才会转向外源融资。

企业的外源融资受不同融资环境的影响，其选择的融资模式也不尽相同。一般

165

来说,可分为直接融资和间接融资两种。

(二)直接融资和间接融资

直接融资是资金需求者在资本市场直接出售股票和债券给资金供给者获取所需资金的方式。间接融资是指资金在盈余部门和短缺部门之间的流动,是通过金融中介机构(主要指商业银行)充当信用媒介实现的。不论是直接融资还是间接融资,它们各自又由许多不同的融资方式组成。

直接融资是不经金融机构的媒介,由政府、企事业单位及个人直接以最后借款人的身份向最后贷款人进行的融资活动,其融通的资金主要用于企业筹集资金,满足其长期资金的需求,直接用于生产、投资和消费。间接融资是通过金融机构的媒介,由最后借款人向最后贷款人进行的融资活动,主要用于企业进行适度的负债经营的需要,它不仅向企业提供临时性的短期资金,而且也涉及部分中长期融资领域,如企业向银行、信托公司进行融资等。❶

二、典型的融资模式

(一)科技型中小企业内源融资模式

从理论上说,融资方式是微观企业的自主选择。但在实践中,企业的融资行为和融资结构是取决于多种因素的共同作用,比如金融体制、税收因素、破产成本、信息的不对称性、委托-代理问题、外部环境等。其中有些因素的作用相互加强,而有些因素的作用相互抵消,因此在特定的条件和环境下企业的融资方式有所差异。从制度演变的角度讲,企业融资是一个随经济的发展由内源融资到外源融资再到内源融资一个交替变迁的过程。

内源融资是来源于企业内部的融资,即企业将自己的储蓄(留存收益和折旧)转化为投资的融资方式。内源融资的自主性大,只要企业内部决策层通过,基本不受外界的影响,并且成本较低、风险较小,但融资规模受限制。在经济发展的初期,经济主体主要依靠内源融资来积累资金,追加投资,扩大生产规模,外部资金所占比例很低,对经济发展的贡献非常有限;同时,企业方面由于市场需求狭小,生产规模有限,难以承担高额负债成本,因此,企业十分重视自有资本的积累,避免过度的负债水平。这一阶段的资本形成主要依靠单个资本直接通过内部积累而在价值形式和生产要素形式上扩大起来,社会资本规模增大的进程较为缓慢。

内部融资渠道是企业通过内部形式取得资金的方法,主要包括业主出资、自我积

---

❶ 韩珺:《我国高新技术产业融资模式创新研究》,中国海洋大学 2008 博士学位论文。

累等。由于内部融资的特点,企业只有在创立阶段和成熟阶段才能有效地使用这种融资渠道。

(1)业主出资。业主出资是指科技型中小企业合伙人将自己的积蓄用于企业的投资。业主出资这种融资的好处是企业拥有很大的资金自主权,并且融资费用较少,但弊端是融资额受到限制,有可能无法满足企业的需要。

(2)自我积累。自我积累指将企业经营过程中的积累资金用于投资,主要有折旧和留存收益。留存收益又有公积金、公益金以及未分配利润之分。折旧是以货币形式表现的固定资产在生产过程中发生的有形的或无形损耗,它主要用于重置损耗的固定资产的价值;留存收益是企业内部融资的重要组成部分,是企业再投资或债务清偿的主要资金来源。以留存收益作为融资工具,不需要实际对外支付利息或股息,不会减少企业的现金流量,当然由于资金来源于企业内部,也不需要发生融资费用。

(二)科技型中小企业融资的外源融资模式

外源融资是来源于企业外部的融资,即企业吸收其他经济主体的资金,使之转化为自己投资的融资方式,包括发行股票、发行债券、向银行借款等,商业信用、融资租赁也属于外源融资。

从理论上讲,社会各部门一般可分为三个单位:盈余单位、平衡单位和赤字单位。❶在缺乏外部融资渠道的情况下,盈余部门可能由于找不到好的投资机会而使资本闲置,相反,赤字单位却由于没能在短期内筹集到所需资金而失去许多潜在的机会。可见,外源融资无论是对某个企业的微观经营还是社会的宏观资源配置来说,都是极为重要的。通过外源融资可以大大提高资源的配置效率。当经济发展到一定水平时,外源融资在社会经济生活中的作用就日趋重要,企业主要依靠外源融资来获取资金满足投资要求,扩大生产规模。企业通过竞争和信用,主要以资本集中的方式,扩大自身的资产规模,提高生产和竞争能力,提高资本有机构成,借助银行和证券市场等金融机构对社会闲置和低效资本加以改造,充分利用,使得金融资本与产业资本滚动扩张,金融资产占国民收入的比例迅速增长,社会有效资本不断壮大。企业外源融资的具体模式有:

(1)股权融资。通过股权融资方式所筹集的资金直接构成企业的资本,其性质是企业的自有资金,主要包括吸收直接投资和发行股票。

(2)债权融资。企业通过信用方式取得资金,并须按预先的利率支付报酬的一种资金融通方式。就其性质而言,是不发生所有权转移的使用权临时让渡。包括发

---

❶ 陈焕永:"企业融资方式的比较研究",载《财贸研究》1999 年第 2 期。

行债券、银行贷款、租赁和商业信用几种方式。从各国科技型中小企业发展的经验来看，商业银行等金融机构的贷款是科技型中小企业最重要的外源融资。近几年来，科技型中小企业的融资渠道呈现多元化的趋势，但是银行等金融机构的贷款仍占其外源融资的大部分比重。

科技型中小企业的债权融资方式主要有：（1）商业银行贷款。商业银行是科技型中小企业短期资金最为常用的融资渠道，但采用这种方式融资要求企业通常有可供抵押的资产。（2）发行债券融资。利用这一融资工具的最大优势在于其利息为固定费用，且由于利息的节税收益，可以降低企业的加权平均资金成本。（3）商业票据融资。科技型中小企业利用商业票据融资困难的原因在于大多数科技型中小企业的信用级别较低，经营受市场竞争、经济景气的影响较大，即使某些企业财务状况较好，但信用级别波动的概率相对较高，小额发行债务工具有规模不经济的问题，发行成本过高。

（3）吸引风险投资。美国是科技型中小企业发展得最好的国家，而硅谷则是美国十大高新技术园区中，优秀的科技型中小企业最集中的地方，其科技型中小企业的成长在很大程度上归功于风险投资的发展。从风险投资者对高风险、高回报的偏好和科技型中小企业高风险与高回报的特性来看，风险投资与科技型中小企业具有天然的联系。由于科技型中小企业存在诸多风险因素，且企业盈利较差，信用状况不稳定，所以科技型中小企业的融资困难，不仅仅是债务融资成本的高低问题，而是无人愿意提供。由于没有以往盈利良好的记录，在主板市场进行上市融资也毫无可能。实践证明，此时的融资策略选择应该是风险投资者。风险投资和高成长的科技型中小企业像一个相互依存的共同体，彼此无法分离。

（三）科技型中小企业融资模式的比较

通过以上融资模式的比较可以看出，在企业发展的不同阶段，由于资金需求量的不同和企业所承担风险的不同，可供选择的融资渠道也不同。科技型中小企业在不同发展阶段融资的一般思路是：在创业的初期阶段，资金需求量相对较小，但风险最高，企业很难获得银行贷款，又不符合上市条件，不能通过资本市场融资，因此在这一阶段，企业要积极争取国家财政资金的支持，除此之外，还要积极吸收风险投资，借助风险投资资金和专业化管理的支持，完成科技成果向现实生产力的转化。在科技型中小企业发展到成长期和成熟期阶段以后，随着企业经营状况逐渐稳定，风险也大幅度降低。此时企业已有足够的业务记录来证明自己的信用，因而较易获得金融机构的贷款支持。由于资本市场是风险投资比较理想的退出渠道，以及科技型中小企业进一步大量融资、规范运作的需要，上市就成为高技术企业的必然选择（见表7-1）。

表 7-1　科技型中小企业直接与间接融资模式比较

融资模式	资金来源	风险及期望回报率	投资对象	参与公司治理情况	流动性
直接融资	证券市场	高风险、高回报	高速且极具发展潜力的高新技术企业	一般不参与公司日常业务,但可以改善公司财务结构和降低财务风险	上市和转让股权
间接融资	银行等债权人	低风险、固定利息	经营稳健、财务风险较低的企业	不参与公司管理,只为公司提供融资功能	回收本金和利息

三、融资模式创新的意义

科技型中小企业要想解决融资难题,除了提升自身的素质外,还必须寻求适合中小企业特性的创新融资模式。

在后金融危机背景下,我国科技型中小企业既面临着机遇,也面临着挑战。目前科技型中小企业融资难的问题已成为企业发展的瓶颈,如果没有得到有效解决,将会严重制约经济社会的可持续发展。因此,科技型中小企业要扭转融资难的局面,走出融资困境,必须加强自身建设、努力提高经营水平,还要积极创新融资模式,不断拓宽融资渠道。❶

融资难一直制约着我国科技型中小企业的发展,我国中小银行对中小企业贷款的确存在惜贷现象。产生中小企业融资难和中小银行惜贷问题并存的主要原因有很多,其中的一个突出原因是信息不对称,解决中小企业融资难的问题一方面要大力发展中小金融机构,另一方面也应在现有中小金融机构的基础上建立信息更加透明的融资制度和模式。❷

第二节　知识产权融资模式创新

一、知识产权质押融资模式

(一)知识产权质押融资的必要性

1. 提高对知识产权价值的认识

首先,知识产权不具有独立的实物形态,往往被企业忽略,造成知识产权的作用

---

❶ 王睿、高军、李军:"后危机时期中小企业融资模式创新探讨",载《对外经贸实务》2010 年第 5 期。

❷ 彭宏超:"基于'银企联盟'下的中小企业融资模式探讨",载《河北金融》2011 年第 4 期。

不能得到充分发挥甚至流失。利用知识产权质押融资,不仅使企业经营者、决策者充分认识到知识产权的价值,加大对知识产权的研发、保护力度,也可促进企业良性经营发展,以最大程度地发挥知识产权的作用。

其次,利用知识产权质押融资,既可以促进科技成果转化为生产力,也可促进知识产权的商品化、产业化。知识产权质押融资通过对知识产权价值的认识、评估和变现促使科技成果转化为生产力,为之后的知识产权商品化、产业化提供必要的资金支持,提高企业的经济收益,推动企业快速健康发展。[1]

2. 促进金融抵押结构、降低风险

过去,我国企业的融资方式过于单一,主要是利用固定资产进行抵押融资。融资方式单一和融资范围狭窄。同时,在我国不动业与金融业联系紧密,利用不动产抵押贷款会增加金融风险。因此,知识产权质押融资方式的出现有利于拓宽企业融资渠道,增加企业融资方式,增强企业抗风险能力,合理分散我国金融风险,从而有利于企业的自主创新,提高企业的竞争力。[2]

(二)知识产权质押融资的模式

目前,我国知识产权质押融资虽然还没有形成完善的体系,但在国内许多地方已经有不同程度的开展,绝大多数地区的知识产权质押融资存在政府不同方式和程度的参与。政府采取不同措施对知识产权质押融资予以扶持,推动了知识产权质押融资在国内各地的顺利开展。根据政府参与程度的不同,可以大致分为以下几种模式:

1. 政府行政推动型

这种模式属于政府参与程度最高的模式,整个过程都由政府以行政指令方式参与。政府对需要融资的科技型中小企业给予支持,要求指定的金融机构以知识产权质押的形式为企业贷款。也就是说,贷款企业由政府指定,金融机构也由政府制定,借贷双方的行为均受政府的控制,而知识产权质押融资只是一个形式。当质押融资过程出现风险,金融机构需要对知识产权进行处置,其中的风险也是由政府承担,金融机构对贷款的风险以及知识产权的处置没有主动权。

这种模式市场化程度很低,在我国存在的还比较少,但仍可以说明知识产权质押融资已经受到了政府的重视,为之后国内各地全面构建知识产权质押融资体系奠定了基础。

---

[1] 郑敏、王德应:"关于科技型中小企业知识产权质押融资若干思考",载《沿海企业与科技》2011 年第 3 期。

[2] 郑敏、王德应:"关于科技型中小企业知识产权质押融资若干思考",载《沿海企业与科技》2011 年第 3 期。

2. 政府出资担保型

这种模式中,政府提供专门的支持资金并且设立知识产权质押融资平台服务于知识产权质押融资。融资过程是以政府为背景的中介作为政策性担保机构履行担保职能,贷款企业主要由政府进行挑选,银行决定权较小,政府主要承担融资过程中的风险。在这种模式下,政府要么以专门基金安排的方式为企业贷款提供担保,要么由政府指定的专门机构为企业知识产权的质押融资个案出具推荐意见。❶

3. 政府补贴融资型

此种模式是指政府创造条件搭建知识产权质押融资平台,引入第三方担保机构分担贷款违约风险,对贷款企业和中介机构进行贴息和费用补贴。企业通过知识产权质押融资平台进行融资申请,金融机构依托知识产权质押融资平台和担保机构来进行贷款审核和发放。❷这种模式中,质押融资主要是以市场化运作模式为主,政府的功能相对弱一些,通过贷款贴息的方式给予支持。政府不提供相应的担保也不承担其中风险。

由于该模式政府参与度较低,完全由中介机构承担风险,因此,在实际运作中对融资方的各方面要求比较严格,筛选更加谨慎。这种偏重于市场导向型、政府只及时进行补贴融资的知识产权质押融资模式是目前国内业务规模最大的一种,为推进知识产权质押融资模式的完善提供了方便。

4. 政府环境推动型

此种类型知识产权质押融资是一种市场主导模式,从选取适当的企业到接受质押融资并承担风险,一系列过程都由商业银行独立完成,政府的作用主要是作为引导向银行推荐一些优质科技型中小企业进行质押融资,从环境上推动知识产权质押融资。

由于这种模式政府参与程度非常低,缺乏政府的资金支持,风险完全由贷款银行承担,造成了银行参与积极性不高,业务规模较小。

(三)知识产权质押融资业务发展

1. 完善知识产权质押相关法律制度

我国在知识产权质押的法律制度方面存在着很多不完善之处。如我国《担保法》和《物权法》中关于"质押"的规定,权利质权关系中发生的问题,除法律有专门规定外,一般均适用动产质权的相关规定。因知识产权质押有其特殊性,某些适用动产质押乃至其他权利质押的规定并不一定适用于知识产权质押。即使有《专利法》、

---

❶　徐莉:"福建省企业知识产权质押融资模式探析",载《东南学术》2013 年第 2 期。

❷　章洁倩:"我国知识产权质押融资模式多元化的思考",载《武汉金融》2011 年第 4 期。

《商标法》和《著作权法》等知识产权方面的法律,但由于各部法律法规实施的时间不同,在司法和行政保护的范围和力度上针对共性的东西存在差异,再加上对于专利、商标、著作权之间的交叉问题应适用何种法律也没有完整的规定,在知识产权质押融资实践中面对复杂问题往往无所适从。

立法者正是因为过分强调权利质押与动产质押的近似性,而忽视了权利质押制度自身的特点,最终使知识产权质押的某些法律规定缺乏可操作性。因此,建议有关部门制定知识产权质押融资的操作规程和实施细则,[1]以有利于科技型中小企业知识产权质押融资的开展。

另外,还要完善知识产权融资的配套制度,主要包括:(1)规范知识产权质押登记制度。为有效促进我国知识产权质押登记制度的发展完善,应做到三个统一,即统一的登记法律、统一的登记机关、统一的登记事项和程序。同时,国家应致力于知识产权交易市场的建设和完善,以促进知识产权合法、适时、高效的转让和流动。(2)建立完善评估制度。在无形资产评估准则的指导下,针对不同类型的知识产权,制定详细的操作指南,以在知识产权评估体系探索中积累经验为基础,参考先进国家和地区的知识产权评估体系,逐步建立完善的知识产权评估制度。[2]

2. 加强商业银行风险控制能力

知识产权质押贷款业务本身所具有的风险比传统贷款业务要高。与传统贷款相比,由于知识产权质押贷款的对象大部分是科技型中小企业,这类企业由于产品和市场的不稳定性导致风险较大,同时作为质押物的知识产权也存在较大的评估及违约风险,银行开展知识产权质押贷款的风险较大,监管成本较高。虽然现在金融机构普遍已经建立内部控制制度及相应的部门,但实际操作中,金融机构缺乏相关经验,风险监控存在事后性。这使得金融机构的风险控制能力与开展知识产权质押融资所要求的风险控制能力不相称,导致金融机构不敢贸然推进。银行可通过制定知识产权作为质押物的准入条件、引入专业权威的资产评估公司及经验丰富的律师事务所、明确基本授信条件等措施防范知识产权质押融资风险,也可运用关系型贷款与科技型中小企业建立长期的密切关系,以更好地进行信贷决策和贷款监督。[3]

商业银行在推进知识产权质押贷款工作中主要应从完善办法细则、加强风险防范和宣传等方面着手。一是商业银行应根据科技型中小企业贷款方面的现实需求,尽快出台详细的操作性强的管理办法和实施细则;二是商业银行在开展质押贷款业

---

[1] 范芳妮:《科技型企业知识产权质押融资模式研究》,天津财经大学 2011 硕士学位论文。
[2] 陈妍庆:"科技型中小企业知识产权质押融资探讨",载《财会通讯》2012 年第 23 期。
[3] 范芳妮:《科技型企业知识产权质押融资模式研究》,天津财经大学 2011 硕士学位论文。

务时要十分注意风险防范,把好事前审查关,聘请专业权威机构参与知识产权质押贷款。同时,要借助经验丰富的专业担保公司,最低限度地规避知识产权的处置风险;三是加大对科技型中小企业的宣传力度。通过宣传与培训,使更多的科技型中小企业了解这项业务,并掌握这项业务。❶

3. 完善知识产权质押评估制度

知识产权价值评估是知识产权质押的关键环节,知识产权质押的设定与实现都必须以知识产权评估价值为基础。因此,知识产权质押评估制度的完善直接关系到知识产权质押制度的发展。具体来说,应做到以下几点:

(1)建立不同的评估规范。目前我国对资产评估规范工作进行规定的只有2006年财政部、国家知识产权局联合下发的《关于加强知识产权资产评估管理工作若干问题的通知》,但由于不同的知识产权类别有着不同的特性,试图通过一个文件难以解决知识产权评估所遇到的各种问题。我国应在无形资产评估准则的框架下,分别制定专利、商标、著作权等具体评估指南,完善知识产权评估的准则体系。

(2)加强对评估机构的规范,确定其相应法律责任。知识产权评估机构出具的评估结果对质押双方有重要作用,应站在公平、公正的立场上,实事求是地对知识产权的价值作客观的评估。同时,相关主管机构以及评估行业协会等对评估机构的监督不可缺少,加大违规惩处力度,以规范其行为。

(3)改善知识产权的价值评估方法。知识产权的价值评估是整个贷款业务的关键所在,对于知识产权的价值判断直接关系到银行的放款决策。目前,我国的知识产权价值评估沿用无形资产评估使用的成本法、市场法、收益法,应提高知识产权评估的准确性。知识产权评估模型的构建,必须要具有科学性和实际可操作性,尽量适用于不同类型的科技型中小企业和商业银行。在模型中要确定企业的研发成本,将其作为判断知识产权价值的成本依据。还要确定知识产权的使用年限、折现率、分成率和未来收益等变量来进行计算。企业对知识产权价格的最低要求是收回成本,因此知识产权价值的下限应满足企业的研发成本和产权的交易成本。而知识产权质押贷款所抵押的是企业的核心技术,除成本之外,更是一种期望价格,包括沉没成本的补偿和未来收益的期望,所以知识产权价值的上限应包括这两种价值。确定上下限后,构建知识产权的价值评估模型,更适用于知识产权的价值评估。❷

---

❶　姜义平:"科技型中小企业的知识产权质押贷款问题研究",载《浙江工商职业技术学院学报》2011年第4期。

❷　高芳、鲍静海:"科技型中小企业知识产权质押贷款浅析",载《河北金融》2009年第5期。

(四)培养知识产权评估专业人才队伍

知识产权的评估体系不健全,缺乏专业性的评估人才,大多数是由审计人员担当,而审计与评估的业务性质不同,执行的标准不同,审计是对企业报表的合法性及真实性、公允性进行判断,具有明显的公正性特点,而资产评估是适应市场经济发展,对资产及产权交易、变动,为委托人及当事人提供资产评估的中介机构,具有明显的咨询性特点,审计的计价原则是历史成本,资产评估的计价原则是实效性的市场原则,因此,必须通过培训、讲座、研讨、出国学习等方式,培养和造就知识产权评估的专业人才队伍。❶

二、知识产权信托融资模式

(一)知识产权信托的概念

知识产权信托,是指知识产权权利人为使自己所属的知识产权产业化、商品化以实现其增值目的,将其拥有的知识产权转移给受托人(多为信托投资公司),由信托投资公司代为经营管理、运用或处分该知识产权的一种法律关系。❷

(二)知识产权信托融资的必要性

信托的独特制度功能成为知识产权产品化、市场化的最佳设计,其主要表现为:首先,信托提供的长期财产管理能有效适应知识产权价值实现过程的长期性。科技型中小企业要想充分利用其知识产权所带来的收益,就必须将知识产品物化在一定载体之上,并在受保护的时间内,尽可能多地允许更多的人使用该项知识成果。换言之,就需要尽可能与更多的人签订许可实施协议,然而这种协议的完成并非像一般的货物买卖那样货款两清就算完成的行为,而是一项长期行为。如果是多方许可,那么这个时间将会更长,过程也会更复杂,这就需要一种能长期提供该项服务的机构。信托因有受托人的中介设计及管理连续性的设计,更适合于科技型中小企业对知识产权的管理利用和融资。

同时,信托提供的受益人保障功能使知识产权转化过程的风险最小化。知识产权转化中的风险主要来自:(1)权利人不能实施知识产权的产业化而使得权利人不能及时回收成本,特别是专利,如果不能及时被利用,将导致技术的陈旧;(2)知识产权利用过程中遭到仿冒、侵权;(3)对知识产权收益前景的不确定导致转让时机、转让价格的不成熟;(4)受让方不按合同规定支付转让费;使权利人得不到应有的补偿。受

---

❶ 任颖洁:"科技型中小企业知识产权质押融资问题与对策研究——以陕西为例",载《科学管理研究》2012 年第 5 期。

❷ 李芩:"从激励机制探讨知识产权信托交易模式",载《河北法学》2008 年第 10 期。

托人作为一个专业法人,能够使科技型中小企业知识产权更好地防范这些风险,从而使知识产权实施利用过程中的风险降到最低。❶

(三)知识产权信托融资的运行机制

知识产权信托在知识产权产业化中的作用,是通过其每一环节的具体运行表现出来。知识产权信托的运行流程可概括为:知识产权权利人即科技型中小企业与信托机构订立信托协议→科技型中小企业与信托机构共同办理知识产权信托登记→转移信托标的的所有权→信托机构对受托的知识产权进行管理→信托机构与授托人(科技型中小企业)依信托协议分配所得收益。

科技型中小企业与信托机构订立信托协议后,双方之间形成合同关系,且其中的合同形式必须为书面形式;信托机构与授托人依信托协议分配所得收益是这一合同行为引发的民事后果。科技型中小企业与信托机构共同办理知识产权信托登记,是实现知识产权权利流转的生效要件。知识产权信托是围绕信托财产(知识产权),以特殊的权利义务关系把信托人、受托人、受益人三方之间的信赖和责任加以维持的一种构造。❷

(四)信托融资为知识产权转化提供了新途径

第一,知识产权信托为科技型中小企业知识产权融资提供了新途径。在我国,知识产权的许可、转让,主要通过权利人与需求者单项交易的方式实现。这种知识产权的交易方式,虽然可以降低交易的成本,但是由于供给主体与需求主体之间的信息不对称,成交量较低。这种单向的交易体制造成了我国科技型中小企业知识产权融资市场的一种被动:一方面,科技型中小企业手握大量的专利、商标和版权,苦于寻找实施途径;另一方面,大量企业需求专利等知识产权,却不知从何处得到。引入知识产权信托后,其可以通过专业的理财和经营管理化解这种被动局面,从而实现供求之间的互通,加快知识产权的产业化,也拓宽了科技型中小企业的融资渠道。

第二,知识产权信托可降低科技型知识产权融资成本。专业且低成本的知识产权服务,有利于企业特别是科技型中小企业的知识产权的产业化。对于科技型中小企业而言,管理本企业的知识产权成本较高,使其知识产权保值增值的难度较大。如果将自己的知识产权,通过信托方式交由专业的知识产权信托管理,不仅可以节约管理成本,而且可以很容易地实现企业知识产权的保值增值,扩大知识产权的融资能力。

第三,知识产权信托可以通过吸收风险投资,实现知识产权的产业转化。虽然科

---

❶　李琴:"从激励机制探讨知识产权信托交易模式",载《河北法学》2008 年第 10 期。

❷　李群星:"信托的法律性质与基本理念",载《法学研究》2000 年第 3 期。

技型中小企业也可以通过寻求风险投资的方式,实现知识产权的产业化,但相对于知识产权信托吸收风险投资而言,其吸收风险投资的成本和后期的管理都显得过高。通过知识产权信托吸收风险投资,实现知识产权的产业转化有显著的优势,如知识产权信托可以通过信托财产所有权与利益相分离制度设计降低融资的风险。❶

三、知识产权资产证券化融资模式

(一)知识产权证券化的内涵

知识产权证券化是指原始权益人将缺乏流动性但未来能产生可预期的、稳定的现金流的知识产权通过一定的结构设计转让给某一特设机构,由特设机构对知识产权资产中风险和收益要素进行分离与重组,以知识产权后续许可使用费为收益支撑,向投资者发售一种可以交易和流通的证券以获得融资的方式。

知识产权证券化融资的具体流程见图7-1所示:

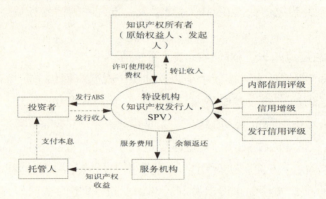

图7-1　知识产权证券化的操作流程图

根据图7-1所示,知识产权证券化的交易流程通常须经历七个步骤:(1)权益转让,即知识产权的所有者(原始权益人、发起人)将知识产权未来一定期限的许可使用收费权转让给以资产证券化为唯一目的的特设机构(SPV);(2)内部信用评级,SPV聘请信用评级机构进行资产证券化(ABS)发行之前的内部信用评级;(3)信用增级,即SPV根据内部信用评级的结果和知识产权的所有者的融资要求,采用相应的信用增级技术,提高ABS的信用级别;(4)发行信用评级,由SPV再次聘请信用评级机构进行发行信用评级;(5)证券发行,SPV向投资者发行ABS,以发行收入向知识产权的所有者支付知识产权未来许可使用收费权的购买价款;(6)收取使用费并存入指定账

---

❶ 肖宁洪:"信托制度在知识产权产业化中的作用",载《无锡商业职业技术学院学报》2009年第4期。

户,即知识产权的所有者或其委托的服务人向知识产权的被许可方收取许可使用费,并将款项存入 SPV 指定的收款账户,由托管人负责管理;(7)支付投资本息及中介服务费,即托管人按期对投资者还本付息,并对聘用的信用评级机构等中介机构付费。

（二）知识产权证券化的重要意义

知识产权证券化是科技型中小企业走出融资困境的创新方式,对科技型中小企业的发展具有重要的意义,具体表现为以下三个方面:

第一,发挥核心优势,突出差异化竞争。科技型中小企业最大的优势是在某一领域掌握着较新的技术,这一技术在同行业一般处于领先水平,并以知识产权的形式存在。科技型中小企业和大企业、传统中小企业的重要区别就在于它具有鲜明的高科技特征。在资金融通市场上,大企业拥有较多的可以抵押的财产,融资相对容易。传统中小企业与科技型中小企业相比,经营风险较小,而且不需要大量的前期研发费用,所需的融资数量较少,因此从一般融资渠道获得所需资金的难度要小一些。在融资供给约束的市场中,这三者之间融资需求形成一种竞争关系,科技型中小企业只有从自身的优势出发,避免传统融资渠道的激烈竞争,将自己的优势资源充分利用好,走差异化的途径,才能在激烈的融资竞争中赢得一席之地。

第二,降低融资成本、分散融资风险。一方面,知识产权证券化完善的交易机制、信用评级和增级技术,以知识产权这种优质资产作为 ABS 还本付息的基础,使得承担知识产权证券产品发行的特设机构不必采用折价销售或提高利率等方式吸引投资者。另一方面,虽然发行 ABS 要支付多项发行费用和交易费用,但当基础资产达到一定规模时,各项费用占交易总额的比例将会很低,从而在客观上降低了融资成本。知识产权是否能够给企业带来经济效益,取决于运用该知识产权制造的产品市场销售状况。由于产品市场竞争日益激烈,消费者对知识产权相关产品消费偏好也不断发生改变,以及对知识产权的侵权行为等外部因素都可使知识产权的预期经济效益受到影响,从而导致知识产权自身价值的降低,使知识产权所有者面临丧失未来许可使用费收入的风险。然而,通过证券化运作之后,原来由所有者独自承担的知识产权贬值风险将分散给众多的知识产权 ABS 投资者,同时也能使知识产权未来许可使用费提前变现,让知识产权所有者迅速获得收益,并占有资金的时间价值。

第三,强化创新激励。知识产权证券化是一种无形资产收入导向型的融资方式,知识产权所有者仅以未来一个时期的收益即知识产权所带来的未来现金流为基础,并没有放弃该知识产权,本质上是通过交易知识产权的预期现金流获益,可有效避免转让过程中容易出现的知识产权纠纷,在客观上既有效实现了知识产权的收益性也更好地保护了知识产权。同时,知识产权证券化也是一种科学的创新激励机制,本质上是对知识产权发明创造的一种尊重。通过科技型中小企业知识产权证券化的运作,能够在高科技领域形成重视知识产权资源,客观评价和确定知识产权价值,促进和激励企业的知识产权发明创造,并有效地调动知识产权发明人、设计者及其主要实施者的积极性和创造性。

(三)知识产权证券化融资过程

(1)选择证券化的知识产权项目,组成知识产权证券化的资产池。发起人在分析了自身融资的需求后,选择自己拥有的那些品质良好并具有产生未来稳定现金流潜质的知识产权项目,进行评估和审核,重新组成一个具有某些共同特性的资产池。确定证券化的融资数额,保证资产池中的预期收入流足以支付该资产支持的证券的预期还本付息额以及发行证券的服务费用。

(2)成立特设机构(SPV),整体转让资产池,实现"真实销售"。特设机构是知识产权证券化中不可或缺的载体,是整个证券化架构的核心,需要专门设立具有独立法人地位的、专门以知识产权证券化运作为目的的特设机构,实现风险隔离,特设机构可以是发起人也可以由第三方单独组建,可采取信托形式或公司形式。然后通过与该知识产权所有人、知识产权使用人等签订三方协议,包括知识产权许可使用合同、知识产权收益权转让合同等,取得知识产权未来的收益权。

(3)设计证券化交易结构,进行资产内部评级。特设载体机构根据其所购买的知识产权的类型、保护期限、所涉及行业、地域分布等特点,对其风险和收益进行结构性重组,降低证券的总体风险水平。在此基础上进行证券化交易结构的设计,与相关中介机构充分合作,通过精确测算确定拟发行的证券类型、期限、额度、价格等,并提出该项目证券化过程的具体方案。随后聘请专业评级机构对设计好的证券化交易结构进行评估,以决定是否需要进行信用增级以及信用增级的程度。

(4)进行信用增级、发行评级。为了改善发行条件,使将要发行的证券能最大限度地吸引投资者,特设载体机构需要提高知识产权支持证券的信用等级,这种信用增级一般分为内部增级和外部增级。随后,特设载体机构要再次聘请专业评级机构对拟发行的知识产权支持证券进行正式的发行评级,并将评级结果向投资者公布。由于经过上述的信用增级,一般拟发行的证券都能获得较高的信用等级,吸引投资者的兴趣,调动投资者的投资积极性。

(5)安排发行与销售证券,向发起人支付价款。在信用提高和评级结果向投资者公布之后,特设载体机构应准备发行证券的法律文件并办理相应的法律手续。之后,与证券承销商签订证券承销协议,由承销商采取包销或者代销的方式向投资者销售证券。特设载体机构从证券商处获取证券发行的收入,再按照知识产权未来收益权转让合同中规定的价格,把发行收入的大部分支付给发起人,至此,发起人即知识产权所有人通过其所拥有的知识产权进行融资的目的完成。

(6)证券发行后的管理和维护。一是与证券有关的财务管理,保护证券化参与各方的利益,可由特设载体机构负责,也可由特设机构载体指定托管人负责,主要是将从知识产权使用者那里收取的使用费(现金收入)作为本息偿付或者权益给投资者,将剩余的收益返还给特设机构载体进行管理;二是对知识产权使用权的管理,防止和打击可能发生的侵权行为,避免和妥善处理可能出现的法律纠纷,维护发起人和特设机构的利益,通常由知识产权所有人以及特设机构相互协作配合完成。❶

(四)科技型中小企业知识产权证券化中的组合资产选择

基础资产的选择是知识产权证券化的关键环节之一,它直接关系到证券化的成败。由于科技型中小企业知识产权证券化是以未来能产生可预期的稳定现金流为支撑的,若证券化的知识产权资产不能产生充足的预期现金流,则投资者就无法获得偿付,证券化运作也将失败,由此可见,基础资产的品质直接影响到证券化的成败[10]。在选择基础资产的过程中,无论被选择的资产是哪种类型,都必须满足一个核心特征——能在未来产生可预期的稳定现金流。只有在资产的未来收益可预期的情况下,才能确定资产支持证券的价值,信用评级机构也只有是对这种现金流的评估,才能确定证券的信用等级。知识产权资产的未来收益不仅要是可预期的,而且还必须是稳定的,只有在未来现金流稳定的情况下,资产证券化的程序才能正常运转,证券投资者的权益才能得到偿付。对科技型中小企业知识产权证券化的具体基础资产选择过程,重点要从以下几个方面考察其权利状态。

第一,权利的法律效力。科技型中小企业的知识产权属于无形资产,其权利状态具有一定的不稳定性,并且实行异议制度,这使得即使经过确权的知识产权也可能存在权利无效的可能,如专利被依法宣告失效。当基础资产或其权益自身不再有效,则在证券化中资产转移和分割的法律效力也会丧失,更无法产生可预期的现金流。此外,知识产权证券化操作中,还应关注用于证券化的知识产权资产是否具有可转让性,因为有些知识产权资产会涉及公共利益,难以进行依法转让。

第二,权利范围和保护期限,即拟证券化的基础资产受保护的范围大小和保护期限的长短。这就要求被证券化的知识产权资产在其权利范围和保护期限内。在操作中往往要分析知识产权保护的剩余年限,确保不会在证券化交易的存续期内失效,换言之,拟证券化的知识产权,其剩余年限应长于或等于证券化的期限。

第三,权利的归属。在知识产权中,许多成果是在完成份内工作任务过程中获得的,因此,属于职务作品、职务发明或共同创作,这类成果由于产权界定较为复杂从而

---

❶ 尚进:《国内高新技术企业知识产权证券化融资研究》,西南财经大学 2008 硕士学位论文。

在实践中容易引起归属的争议。若作为基础资产的知识产权存在归属争议,则无疑会对证券化中的资产移转与现金流收益产生直接影响。因此,必须在基础资产选择时将此类资产剔除以规避证券化的风险。

第四,权利的易估价性。有些知识产权资产因专业性太强或出于保密性要求而缺乏较好的估价方法和工具,从而无法对其进行合理估价,这样的知识产权资产也不适合用来进行证券化操作。❶

总之,应尽可能选择一些优质资产作为知识产权证券化的基础资产,但优质资产并不能简单地等同于许可使用费高的资产,除满足上述特性外,还必须根据知识产权资产所在的具体技术领域的实际情况进行具体分析,只有这样,才能在较大程度上保证组合资产的质量。

(五)科技型中小企业知识产权证券化中的资产组合构建

国内外资产证券化的实践表明,即使作为证券化的基础资产的知识产权选择是合理有效的,但针对单一知识产权的证券化仍然会面临较大的风险。而将不同种类、地域和期限等相对分散的知识产权产品组合在一起,形成一个规模较大的资产组合,可以有效降低单一知识产权现金流收益不足的风险,从而在一定程度上分散基于知识产权未来预期收益的非系统性风险,获得相对稳定的收益,并达到一定的规模效应。因此,将优质资产选择出后,还要对它们进行合理的组合配置,亦即要做到在知识产权证券化的存续期内未来现金流组合的多样化和规模化。

由于科技型中小企业分属于不同行业,每一个行业的市场竞争程度、技术风险大小、行业利润高低都不尽相同,因此,每个行业知识产权收益差异较大,如果将这些行业的知识产权未来现金流收益组合到一起,则可以避免单个行业知识产权预期现金流的不确定性。假设有 n 个行业,分别表示为:$A_1, A_2, A_3, \cdots, A_n$;同时,我国科技型中小企业所处的区域和预期现金流收益的期限也各不相同,假设将我国科技型中小企业分为三个不同区域,分别为东部、中部和西部区域,表示为:D_1, D_2, D_3;将我国科技型中小企业预期现金流收益的期限分为短期、中期和长期三个阶段,分别表示为:T_1, T_2, T_3;若用 U 表示由不同行业、不同区域和不同期限预期现金流收益的科技型中小企业知识产权资产组成的集合,则集合中的元素可用 $P_1, P_2, P_3, \cdots, P_n$ 来表示,如下式所示:

$$U = \{P_1, P_2, P_3, \cdots, P_n\} \tag{1}$$

其中,$P_1 = K_{A_1, D_1, T_1}$ $P_1 = K_{A_1, D_1, T_1}$,即表示在 A_1 行业中处于东部地区预期现金流

---

❶ 陶红武:"浅析可证券化的知识产权资产的选择",载《产权导刊》2011 年第 12 期。

收益为短期的科技型中小企业知识产权资产,P_2至P_n,以此类推。

在科技型中小企业知识产权未来现金流资产集合中,每个资产的期望收益率、标准差和两两之间的相关性都各不相同,而资产组合的选择目标在于给定一个期望收益的前提下,求解一个风险最小化的资产组合配置比例。根据马科维茨的资产组合选择理论,[①]可将多个资产的组合风险最小化用组合的方差来表示,即

$$\text{Min}\sigma^2{}_P = \sum_{i=1}^{n} \sum_{j=1}^{n} \omega_i \omega_j \sigma_{ij} \tag{2}$$

须满足的约束条件为:

$$E(r_P) = \sum_{i=1}^{n} \omega_i E(r_i) \tag{3}$$

$$\sum_{i=1}^{n} \omega_i = 1 \tag{4}$$

式中,$E(r_P)$ 是给定的组合期望收益率。最终的资产组合配置比例即为求解上述(2)式以确定 $\omega_i \omega_j$ 的值。(2)式的具体求解过程可用拉格朗日算子法,即求解下列方程组:

$$\begin{cases} 2\omega_1\sigma^2{}_1 + 2\omega_2\sigma_{12} + \cdots + 2\omega_n\sigma_{1n} + \lambda_1 E(r_1) + \lambda_2 = 0 \\ 2\omega_1\sigma_{2\,1} + 2\omega_2\sigma^2{}_{22} + \cdots + 2\omega_n\sigma_{2n} + \lambda_1 E(r_2) + \lambda_2 = 0 \\ \cdots\cdots \\ 2\omega_1\sigma_{n\,1} + 2\omega_2\sigma_{n2} + \cdots + 2\omega_n\sigma^2{}_n + \lambda_1 E(r_n) + \lambda_2 = 0 \\ \omega_1 E(r_1) + \omega_2 E(r_2) + \cdots + \omega_n E(r_n) - E(r_P) = 0 \\ \omega_1 + \omega_2 + \cdots + \omega_n - 1 = 0 \end{cases} \tag{5}$$

(5)式中,λ_1,λ_2 是拉格朗日算子。(2)式也可用矩阵代数法求解,具体表示为:

$$\begin{bmatrix} 2\sigma_1^2 & 2\sigma_{12} & \cdots & 2\sigma_{1n} & E(r_1) & 1 \\ 2\sigma_{21} & 2\sigma_{22}^2 & \cdots & 2\sigma_{2n} & E(r_2) & 1 \\ \vdots & \vdots & & \vdots & \vdots & \vdots \\ 2\sigma_{n1} & 2\sigma_{n2} & \cdots & 2\sigma^2{}_n & E(r_n) & 1 \\ E(r_1) & E(r_2) & \cdots & E(r_n) & 0 & 0 \\ 1 & 1 & 1 & 0 & 0 \end{bmatrix} \times \begin{bmatrix} \omega_1 \\ \omega_2 \\ \vdots \\ \omega_n \\ \lambda_1 \\ \lambda_2 \end{bmatrix} = \begin{bmatrix} 0 \\ \vdots \\ 0 \\ E(r_P) \\ 1 \end{bmatrix} \tag{6}$$

❶ Markowitz, Harry M. Portfolio Selection. Journal of Finance, 1952-7(1):77-91.

如果组合中的资产数量较多,对(2)式的求解需要涉及大量计算时,采用 Excel 规划求解的方法可直接得到组合中各资产的配置比例❶。

为进一步说明科技型中小企业资产组合构建的具体过程,我们采用三个不同产业来举例分析科技型中小企业知识产权证券化资产组合的构建过程❷。假设有三类科技型中小企业,分别为生物医药类企业 S、信息技术类企业 X 和新能源类企业 N,这三类企业都有知识产权资产,在未来一定时期内能够获得定期的知识产权许可使用费,即有固定的预期现金流收入,分别用 r_s、r_x 和 r_n 表示;采用标准差衡量三类企业预期现金流可能面临的风险,分别为 σ_s、σ_x 和 σ_n;三类企业之间的产业相关性分别用 ρ_{sx}、ρ_{sn} 和 ρ_{xn} 表示,为简化分析,我们不区分三类企业所处的区域差异和预期现金流的不同期限(见表7-2)。

表7-2　三类企业预期现金流收益、风险和相关系数　　　　单位:(%)

项　目	生物医药	信息技术	新能源
预期收益率	r_s	r_x	r_n
风险	σ_s	σ_x	σ_n
相关系数	生物医药与信息技术	生物医药与新能源	信息技术与新能源
	ρ_{sx}	ρ_{sn}	ρ_{xn}

根据资产组合管理理论,三类企业知识产权证券化资产组合的目标函数可表示为:

$$\text{Min}\sigma^2_{sxn} = \omega^2_s\sigma^2_s + \omega^2_x\sigma^2_x + \omega^2_n\sigma^2_n + 2\omega_s\omega_x\rho_{sx}\sigma_s\sigma_x \\ + 2\omega_s\omega_n\rho_{sn}\sigma_s\sigma_n + 2\omega_x\omega_n\rho_{xn}\sigma_x\sigma_n \quad (7)$$

其约束条件为:

$$\text{E}(r_{sxn}) = \omega_s r_s + \omega_x r_x + \omega_n r_n \quad (8)$$

$$\omega_s + \omega_x + \omega_n = 1,(\omega_s,\omega_x,\omega_n \geq 0) \quad (9)$$

(7)式中,$\omega_s,\omega_x,\omega_n$ 分别为三类企业知识产权证券化资产组合中生物医药企业、信息技术企业和新能源企业所占的权重,表示由这三类企业组成的中小企业知识产权证券化资产组合中,生物医药企业、信息技术企业和新能源企业未来预期现金流收益分别所占的比例,各产业所需的预期现金流收益可由同产业内部多家处于不同区

---

❶ 林茂:《证券投资学》,中国人民大学出版社 2010 年版。

❷ 说明:由于在我国还没有具体的多个产业科技型中小企业知识产权证券化组合配置案例,因此,无法获得相关实证数据,本书仅从理论上推导资产组合构建过程。

域和不同期限的中小企业共同组成。可通过上述三种方法即(5)式、(6)式或 Excel 规划求解中的一种对 $\omega_s, \omega_x, \omega_n$ 求解,得到三类企业在证券化资产组合中的具体权重。

科技型中小企业知识产权证券化的特设机构(SPV)可根据具体计算结果在多个产业的企业之间进行组合配置,达到一定收益条件下的组合风险最小化目的。本书建立的是一般情况下三类科技型中小企业知识产权证券化资产组合权重的确定方法,具体产业中各企业的组合权重确定须结合知识产权证券化项目本身以及特定区域和期限等实际情况确定。

知识产权证券化特设机构(SPV)进行资产组合用以发行证券,本质上是在不确定性的收益和风险中进行选择,可用均值和方差来刻画收益与风险这两个关键因素,其中,均值是指资产组合的期望收益率,由单个知识产权资产的期望收益率的加权平均得到,各自的权重为相应的资产比例;方差是指资产组合收益率的方差,它通过资产收益率的波动程度刻画资产组合的风险。只有在此基础上构建的资产组合才能实现科技型中小企业知识产权证券化的目标。

(六)科技型中小企业利用知识产权证券化融资的障碍

虽然知识产权证券化融资是科技型中小企业的一种融资方式创新,可以在某种程度上帮助科技型中小企业走出融资困境,但作为一个相对较新的融资方式,在其发展过程中也存在着一些障碍,主要表现为:

第一、相关法律制度不健全。由于知识产权证券化是一项较新的业务,与之相关的法律法规制度还不够完善,有些法律制度存在盲区、有些与其他法规相抵触,比如知识产权证券化中的关于证券的规定、对"真实销售"的规定、产品交易规则和信息披露等都没有相应的法律规定,而知识产权证券化的设立及功能、关于 SPV 的规定也与《公司法》、《破产法》等法律中的部分条例抵触。法律制度的不完善将使得科技型中小企业知识产权证券化业务的开展缺乏必要的法律基础。

第二,配套政策缺失。知识产权证券化在科技型中小企业中的开展,涉及的环节较多,任何一个环节的不顺都可能导致整个融资活动的失败,因此,许多环节在实施过程中需要有相应的配套政策措施跟进,譬如产业扶持政策、税收优惠政策等,而从目前的情况看,还缺少针对科技型中小企业知识产权证券化融资的配套政策措施。

第三,专业人才队伍匮乏。知识产权证券化是一项高技术含量的融资业务,在国内还属于较新的事物,只有极少数金融从业人员熟悉这一业务。从我国已开展的业务来看,除个别项目是由国内机构独立完成,大部分项目都要由国外机构参与设计才能完成,可见,人才匮乏是我国开展知识产权证券化业务的一个突出问题,这将严重阻碍该业务的广泛开展。

第四,中介服务体系建设滞后。知识产权证券化运作流程的复杂性,决定了这项业务的顺利运行离不开投资银行、各类信用评级机构、知识产权资产评估机构、专业法律服务机构等众多熟悉该业务的机构所组成的中介服务体系。而我国上述中介服务体系建设还相对滞后,无论在总体数量上还是专业化服务水平上都有待提高。

四、知识产权融资租赁模式

(一)融资租赁的概念和特点

融资租赁是承租人和出租人双方订立租赁契约,承租人选择好供货人和租赁物,由出租人向供货人购买租赁物,承租人在出租期内使用租赁物,并向出租人支付租金。租期内,租赁物的所有权由出租人享有,承租人仅享有使用权。知识产权融资租赁就是以知识产权作为租赁物。基本租期结束时,承租人对设备或知识产权拥有留购、续租或退租三种选择权。

金融租赁在西方发达国家已经成为仅次于银行信贷的第二大融资方式。知识产权融资租赁的突出特点是融资和知识产权利用相结合而以达到融通资金为主要目的的交易。科技型中小企业将知识产权的使用权和收益权出售给金融机构,再向金融机构租赁使用,目的是通过购买的金融机构获得一笔较大的出售资金,金融机构通过向科技型中小企业收取租金的形式收回投资,双方以知识产权的出租和使用为手段,实现通过租赁交易达到融资和赚取利润的目的。

(二)知识产权融资租赁的优点

从融资租赁的含义和特点可以看出,知识产权融资具有如下优点:(1)能在资金短缺情况下通过自有的知识产权获得融资,并且因金融与租赁结合,可加快引进获得融资的速度。因融资租赁不需要动用长期资本投资,只需按期交付租金便可得到所需的资金。(2)成本相对较低。由于税收的优惠,融资租赁的成本比起其他的融资方式要低一些。相对来说贷款只能将所付利息计入成本,而本金的归还是不能抵税的。融资租赁中的租金包括了对知识产权货价的支付金额,显然节税额相对贷款来说要大得多。(3)融资便利。科技型中小企业一般很难向银行借得百分之百的贷款达到融资的目的,且银行一般要求企业有足够的信用或是有抵押品才愿意贷款给企业。而通过租赁的渠道,则可由租赁公司为科技型中小企业融通资金,且限制条件较少。(4)租赁方式灵活。只需定期支付一定数额的租金,并可签订灵活的租赁期限和还租次数。租金支付可按月、季、半年或一年来计算,视租赁双方的协商和需要而定。可见,融资租赁不仅可为科技型中小企业解决资金不足的困难,而且有降低成本、灵活便利、避免通胀等好处。科技型中小企业绝大多数处于初创期,具有极高不确定性因素,无固定资产,无信用记录,但拥有专利技术等特点,融资租赁的方式也随之衍生出更新的形式。

（三）科技型中小企业知识产权融资租赁创新

在美国，融资租赁已出现了一种更新的形式——知识产权回租，即出租人购买科技型中小企业的一项专利或其他知识产权后，科技型中小企业再将该知识产权的使用权租回，租赁期内出租人保持对知识产权的所有权，租赁期满时承租人具有将该知识产权买回的期权。

知识产权回租具有两个优点：一是知识产权创造者以较小的代价取得大量的运作资本，加速科技成果的产业化转化。二是通过买卖行为，使知识产权的市场价值得到体现，促进知识产权市场的发育和完善。我国每年有 7 万多项专利技术，但转化成商品并形成生产规模的仅占 10%～15%，远远低于发达国家 60%～80% 的水平。在形成规模的 10%～15% 中，有 50% 的初期转化资金来自发明者个人或亲属，如果引入知识产权回租，将大大增加专利技术商品化转化的比率，吸引更多的风险资金为科技型中小企业成长服务，推动科技成果产业化进程。

我国开展知识产权回租需要解决三个问题：首先是知识产权的估价问题。知识产权是一种无形资产，其未来收益情况很难把握，如何对其进行合理估价是知识产权回租必须首先解决的问题。我国缺少高效率的知识产权评估机构和体系，亦无知识产权回租有关的政策法律规定，因此起步阶段只能借鉴国外的做法。其次是知识产权的保护问题。出租人如果不能保护自己购买的知识产权，不能有效监督和制止其他公司或个人的侵权行为，那么知识产权租赁业务将很难继续下去。第三，知识产权项目的选择问题。因为有些知识产权牵涉许多相关专利技术，从而使该项知识产权的转售变得相对困难。对于风险租赁的出租人而言，如果购进了这样的知识产权，则很难找到第三方来购买它，而其本身一般又不具备使用该知识产权以获取收益的能力。在此种情况下，若承租人不能如期支付租金，则出租人就难以通过终止合同并转售知识产权的手段来保护自己的收益。

融资租赁及其创新在充当科技型中小企业创业和技术创新融资渠道方面具有得天独厚的优势，这些优势能使科技型中小企业在大银行不愿贷，小银行不敢贷，资本市场上市难的困难环境下获得宝贵的融资资源，从而保证企业创业与创新的顺利实施。在我国大力发展高新技术产业，鼓励企业创新的今天，有着极大的需求空间和发展前景。

五、知识产权融资的优势

截至 2008 年，我国的储蓄率已高达 53.2%，居民储蓄存款突破 26 万亿元，银行等金融机构的信贷资本储量充裕。然而迅猛发展的科技型中小企业却因其研发活动所形成的大多是高度专用性资产,甚至多为无形资产,无法满足银行及其他金融机构贷款的抵押要求而往往申贷无门导致资金紧张,步履维艰。与科技型中小企业土地、不动产等传统的抵押物严重匮乏形成鲜明对比的是,其拥有巨大的知识产权资产,❶因此,在市场资金充裕的条件下,科技型中小企业利用其掌握的大量知识产权资产进行融资,可以发挥其他融资方式无可比拟的优势。尤为值得一提是,随着科技型中小企业知识产权融资需求的不断增长,我国知识产权融资的条件和环境日趋成熟和完善,这些都为科技型中小企业更好地运用知识产权克服融资瓶颈创造了良好的条件。

第三节　科技银行融资模式创新

一、科技银行的概念、性质和功能

(一)科技银行的概念

科技银行是指为科技型中小企业提供风险贷款的一种专业性信贷机构,它专门为科技型中小企业提供商业可持续性科技贷款。目前,科技型中小企业普遍存在风险高、财务承受能力弱、未来发展速度快的特点,而科技银行具有专业性、政策性、商业性的特征,可以为科技型中小企业和风险投资机构提供科技贷款等金融服务,采用市场化的运作模式,使其以营利为目的,追求与高风险相匹配的高收益。

(二)科技银行的性质

科技银行是企业,我国商业银行的法律性质是特许成立的企业法人,它具有企业的性质,拥有法人地位。科技银行又是特殊的企业。它所经营的货币是一般等价物的特殊商品,经营货币采取借贷方式,不改变货币的所有权,只是把货币的使用权作为有条件的让渡。科技银行是特殊的银行,科技银行的设立出发点是为了解决科技型中小企业融资问题,具有很强的专业性和独特性,科技银行也是科技金融结合的产物,具有较高的层次。

科技银行具有如下几个方面的特点:(1)专业性银行。科技银行定位科技型中小企业与传统的商业银行的大企业定位不同,定位展现了其专业性。科技银行提供的服务是专业性服务,与传统的商业银行提供的服务不同,科技银行根据科技型中小企业所处的不同生命周期提供有针对性的服务,针对性展现了其专业性。(2)职能型银行。科技银行成立的初衷是为科技型中小企业服务,其服务的主要内容无不是解

---

❶　白慧霞:"论科技型中小企业知识产权质押融资",载《企业家天地》2010 年第 8 期。

决其融资难题,为其提供贷款,解决了其融资难题就可以有效促进科技成果商业化与产业化,加快科技创新,促进高新技术产业的发展,具有职能型银行的特点。❶

（三）科技银行的功能

（1）能有效解决科技型中小企业的融资问题。传统的商业银行,由于缺乏针对科技型中小企业的风险控制体系,以及贷款业务的稳健性要求,其信贷资金很少涉足具有"三高"特点的科技型中小企业领域,而科技银行定位于为科技型中小企业服务,其从业务设置,到运营模式已经形成了一套完美的体系,使得其在为科技型中小企业办理信贷业务时,可以把信贷损失降到最低点,因此科技银行找到了银行与科技型中小企业的完美结合点。

（2）能够有效促进科技成果转化与科技创新。科技银行贷款给科技型中小企业,使其有充足的资金对已经实现的技术创新,进行产业化生产,使科技成果转化为商品,满足大众的需要。另外,受科技银行的信贷资金支持,科技型中小企业不仅增加了继续进行技术研发的信心,而且资金的支持可以加速其技术创新的步伐。

（3）改善银行的风险收益结构。传统的商业银行大多以技术单一的贷款业务作为利润的主要来源,其收益结构简单,缺乏技术含量,比如存取现金、代发工资、保险箱等业务,占用大量人力成本,技术含量偏低,而科技银行改善了银行的风险收益结构。其为科技型中小企业提供贷款首先需要很高的风险控制能力,其次又需要很高的技术分析能力,其期权业务约定在未来可以以一定价格获得科技型中小企业一定股份权利,使其的风险收益结构得到改善。

二、科技银行融资的必要性和可行性

（一）科技银行融资的必要性

1. 现行融资体制不能满足科技发展对资金的需求

目前科技型中小企业主要的融资渠道分为内源融资和外源融资。内源融资主要通过自筹资金,以及内部积累解决融资问题。外源融资则通过政府投资、银行贷款、上市融资和融资租赁等融资方式进行。据统计我国科技型中小企业的融资渠道中,自筹占83%,国家投资占8%,银行贷款占9%。❷由数据可知科技型中小企业的外源融资十分困难,之所以科技型中小企业外援融资比较难,主要有一下几点原因：

（1）科技型中小企业的"三高"特点,加之存在信息不对称问题,导致银行等金融机构很难识别其潜在的风险。银行对资金安全的要求较高,很难为科技型中小

---

❶ 高波、李莉、商文瑜："关于建立西安科技银行的调研报告",载《西部金融》2010年第8期。
❷ 郭中凡:《吉林省科技型中小企业融资问题研究》,长春理工大学2010硕士学位论文。

企业服务,另外,有部分科技小中小企业的创始人员缺乏金融知识,没有意识到外源融资的重要性,或者对自己所研发的项目缺乏信心回避银行贷款的风险。

（2）我国目前的利率政策是有管理的利率定价政策。人民银行规定基准利率,各大银行根据基准利率自由浮动,这限制了银行业信贷定价的空间,虽然有利于防控银行的恶性竞争以及加强银行的风险控制,但直接导致了银行贷款给高风险的科技型中小企业得不到高收益,风险与收益的不匹配使盈利性质的商业银行对科技型中小企业望而却步。此外,目前我国银行的人才储备缺乏应对科技型中小企业的贷款业务的能力,银行的人才储备偏重于高学历,及年轻化,而具有工科背景或者行业背景的复合型人才少之又少,缺少专业人才必然导致有针对性的业务难以实施。

（3）虽然国家为解决科技型中小企业的融资问题开创了创业板及新三板,但是严格的行政审批,以及过高的条件限制,直接将大量有实际融资需求的科技型中小企业排除在外,使资本市场的融资功能无法在科技型中小企业中发挥。

（4）政府投资虽然可以一定程度上给予科技型中小企业融资帮助,但政府的财政支出毕竟是有限的,外加政府财政投资也有严格审批,有很强的政策性及针对性,难以覆盖所有行业。另外,由于缺乏市场机制,不仅造成了寻租现象,也使资金投入缺乏效率。

2. 科技银行具有的融资优势

银行在我国仍然是科技型中小企业融资的主要渠道,只是传统的商业银行缺乏应对科技型中小企业的业务设置以及风险控制机制,可通过设立专门针对科技型中小企业的科技银行来解决其融资难题。

借鉴国外的科技型中小企业融资模式我们看到了,美国硅谷银行,与传统的商业银行划清客户范围,明确定位。目前美国50%受VC支持过的科技型中小企业,以及硅谷地区70%受VC支持过的企业都是硅谷银行的客户,全世界范围内约有600家VC、PE机构与硅谷银行建立了合作关系。[1]其刚成立时仅是注册资本为500万美元的一个小银行,目前已变成一个大型跨国集团,2010年硅谷银行集团管理着规模为175亿美元的总资产。硅谷银行虽然服务的是高风险的客户,但其不良贷款率一直很低,例如2010年其坏账率仅为0.77%。[2]看到美国硅谷银行的巨大成功,我国也应成立专门服务于科技型中小企业的科技银行。通过借鉴美国硅谷

---

[1] 朱鸿鸣、赵昌文、姚露、付剑峰:"中美科技银行比较研究——兼论如何发展我国的科技银行",载《科技进步与对策》2012年第10期。

[2] 朱心坤:"硅谷银行对推进我国科技金融的几点启示",载《华东科技》2011年第6期。

银行,成立科技银行才能从根本上解决我国科技资金投入不足的问题。

另外,目前我国的银行体系中针对科技型中小企业融资特点的科技银行少之又少,建立科技银行不仅完善了我国银行体系的功能,而且可以为有商业化和产业化发展趋势的科技资源提供相匹配的融资服务,极大地调动民间资本投入科技领域,为民间资本找到了新的出路。

科技型中小企业融资难的主要因素是因为高风险与传统商业银行的高安全性要求相冲突,信息不对称与传统商业银行的识别机制不符,高收益与传统商业银行的信贷定价受限违背,低价值抵押物与传统商业银行的高要求不符,所以传统商业银行一般不会贷款给科技型中小企业。而科技银行完全打破了以上禁锢,科技银行首先有很高的风险防控机制,它投资科技企业的主要原则是在风险投资机构投资之后投资,利用风险投资的风险防控,与价值识别机制可以有效解决信息不对称问题,科技银行与科技型中小企业约定以一定价格购买其股权,通过其上市,获得股权收益,另外,硅谷银行的信贷定价自由可以定一个比较高的利率以应对其面临的高风险,这样解决了其高风险与高收益不匹配的因素。科技银行要求科技型中小企业以知识产权为抵押,并与其签订协议,要求其主要资金账户,在硅谷银行开设,使其可以有效监控企业的资金项目,有效降低了贷款风险。

总之,科技银行主要为科技型中小企业服务,只有成立科技银行才能有效解决科技型中小企业的融资问题。

(二)科技银行融资的可行性

1. 国家相关政策的大力支持

近年来,国家为支持高新技术产业的发展,出台了大量政策,为高新技术产业的发展创造了一个良好的环境。2007年,全国工商联在政协提案中,提出了设立专门为科技型中小企业提供股权与债权相结合的多种融资服务的科技银行的建议。2009年,中国银监会和科技部在《关于进一步加大对科技型中小企业信贷支持的指导意见》中提出了加大对科技型中小企业的资金支持,加强科技金融有效结合的政策建议。❶

2. 金融体制改革加速了资金市场的发展

国内金融体制改革明确了健全促进实体经济发展的现代金融体系,提高银行、证券、保险等行业竞争力,加快发展多层次资本市场,发挥资本市场资源配置功能,防范系统性风险,稳步推进资本市场对外开放。并且当前国内大量短期的融通资

---

❶ 谭中明、宋俊:"江苏科技银行发展的现状和对策",载《科技管理研究》2012年第20期。

金市场发展正趋于大范围化、大数额化及长期化。通过资金横向融通,能够有效地挖掘可用资金,从而极大地提升了资金利用效率,保障了科技银行贷款的资金需求。

3. 科技产业快速发展奠定了坚实基础

区域科技经济的社会长期发展战略地位及各种专业、综合发展规划的制定有利于选定科技贷款项目的范围。作为改革开放的先锋,沿海城市具备地理环境优越、信息灵通、配套设施全面及在高新技术方面积累了大量经验的特点,因而高科技发展前景良好。例如深圳的高新技术产业园区,为国家级高新技术产业开发区,是国家建设"世界一流高科技园区"的六家试点园区之一,也是"国家知识产权试点园区"和"国家高新技术产业标准化示范区"。这些有高度市场前景的科技集结区为科技银行的发展奠定了牢固的基础。

4. 科技银行业务发展的内部条件逐渐成熟

科技银行为开展科技贷款业务,必须注重资金渠道的质量,合理安排信贷资金的时间配置,在防范资金风险的同时加大科技信贷的投入力度,这样才能满足先进技术的引进开发与科技产业自身的发展要求,促使企业更好地消化、吸收并创新高新技术,而科技银行为此准备了高素质、多功能的人才队伍,能够满足其发展的多元化和专业化。❶

三、科技银行发展的影响因素

(一) 金融制度约束

目前中国的金融市场结构是以银行体系为主导的,中国银行体系又突出表现为四大国有银行处于高度垄断的地位,控制了绝大部分信贷资源,形成了一元化主导的金融制度安排,继而导致了中小企业融资的供给约束。一是中国证券市场设计的初衷主要是基于国有大型企业的融资需求以及为大型企业提供产权转换为目的。债券市场发展缓慢,进入门槛高,只有少数大企业才符合发行企业债券的条件。因此,即使经营成功的科技型中小企业进行企业股权和债券融资也很困难。二是国有银行和国有企业的产权性质相同,国有银行的信贷经理人更愿意贷款给国有企业。三是国家赋予了国有银行促进就业、维持社会稳定等社会经济责任,国有企业形成了对国有银行信贷资源的刚性依赖,国有银行也必须持续地支持国有企业的金融需求。因此,无论是直接融资中的证券市场或债券市场,还是间接融资

---

❶ 林谦、刘立军、张昌林:"成立特区科技银行势在必行",载《特区经济》1993 年第 11 期。

中的银行体系,其制度设计最初的价值取向主要是为了满足大型企业,尤其是大型国有企业的融资需求,这种金融制度的缺失,是造成科技型中小企业融资供给约束的主要原因。❶

(二)资金来源渠道

资金是银行的经营之本,贯穿于银行经营管理的大部分环节,❷科技银行也不例外。资金来源的风险特性是硅谷银行适应甚至偏好高风险的重要因素。借鉴国外的经验,硅谷银行的资金来源主要包括硅谷的高成长性企业、风险投资机构及股市募集,不吸收公众存款。由于资金来源的风险属性,所以不存在一般商业银行资金安全性与科技型中小企业贷款的风险性之间的矛盾,这是硅谷银行将目标市场长期定位于高科技中小企业和风险投资公司的基础。相反,我国科技支行目前仍以传统商业银行分支机构的形态存在,虽然实行了单独的客户准入机制、信贷审批机制等多项"单独",但其资金却没有独立性,大部分仍来源于储户和传统企业,所以资金安全性与投资风险性的矛盾依然存在。❸

(三)科技发展水平

现代信息技术的发展为科技银行的发展提供了强大的科技平台,保证了银行的并购在技术上的实现,依靠科技、信息技术上的支持,科技银行成立后,可以借助于科技集聚实现数据的聚集,并通过对客户利润贡献度、客户经理利润贡献度、机构利润贡献度、行业利润贡献度和业务品种贡献度等方面的分析,拓展市场方向,进而可保证在对高科技企业贷款的同时加强对风险的控制和管理。❹

科技的发展促使科技银行具有更高的独特性,随着科技的发展,科技型中小企业的日益增加,促使科技型中小企业对资金的需求量大增,对于科技银行,科技型中小企业的市场份额会随着科技的发展正向增长,传统的商业银行无法识别科技型中小企业的潜力,对科技型中小企业的高风险望而却步,这样使科技成为科技银行的进入屏障,保持其所应有的独特性。

四、科技银行运行模式

(一)全国性商业银行模式

该模式强调科技银的股权结构和组织结构与国有商业银行相似。从股权结构

---

❶ 钟小玲:"中小企业融资难的制度原因与对策",载《经济研究导刊》2012年第6期。

❷ 李娜、刘湖源、刘霞飞:"美国商业银行资金来源研究",载《新学术》2008年第4期。

❸ 人民银行泰州市中心支行课题组、贾拓:"我国科技银行与美国硅谷银行的比较研究",载《金融纵横》2011年第8期。

❹ 陈进忠:《金融创新与中国商业银行发展》,东北师范大学2005博士学位论文。

上来说,科学技术部、财政部及中央汇金公司的出资可以构成科技银行股本的绝大部分。而在组织结构上,科技银行可设立全国总行,并在符合条件的省市设立分行及若干支行。科技分行在总行的领导下开展工作,拥有一定的自主权,但原则性制度或涉及全国各分行业务内容的制定均由总行统一制定。

这一模式的优点在于:能够快速地设立营业网点,推进科技银行业务,市场渗透性强,能较快地形成规模优势。有利于开展与创业风险投资机构及科技保险机构的合作。有助于吸引高素质的科技金融人才。其弊端在于设立难度很大。❶

（二）地方性商业银行模式

这一模式主要是指各省市根据当地科技企业和科技金融的发展状况,向银监会提出申请并批准设立专门服务于科技企业和科技产业的地方性商业银行。以这种模式成立的科技银行,经营机制灵活、市场竞争充分,但劣势在于难以在短时间内树立品牌。❷

汉口银行一站式金融服务是这一模式的典型代表。汉口银行的具体做法主要有:第一,创设新机构。(1)设立汉口银行科技金融服务中心。该中心设立的目标是要打造成为一家立足光谷、辐射全市的科技金融服务业务操作平台、信息共享平台、金融合作平台、政策支持平台。通过积极尝试与建立"中心直接融资、贷投联动合作、政策性金融服务、各类增值服务"四条金融服务流水线,为科技型企业提供信贷工厂式的全方位、一站式金融服务。(2)探索股权投资公司的运作模式。尝试通过以直接出资等方式,联合其他战略投资单位,创设股权投资公司,以突破传统商业银行经营方式和风险偏好的局限,在对科技型中小企业提供融资服务时,利用股权投资公司代持部分股权或取得认股权、期权等,享受其上市或股票升值所带来的增值收益,覆盖科技融资业务的高风险,并以此种模式运作大力支持科技型中小企业的科技成果转化。(3)探索创立专业化科技银行。创设一家自有控股、具备法人资格、独立运行、市场化运作、专业化管理的科技银行,专注于为科技创新和科技型中小企业提供具有鲜明特色的金融服务。

第二,建立新机制。汉口银行在东湖新技术开发区率先成立了湖北省第一家专业科技支行——光谷支行,专注服务于科技企业。并尝试建立与实行独立的考核与激励约束机制、独立的客户准入标准、独立的信贷审批机制、独立的风险容忍

❶ 高波、李莉、商文瑜:"关于建立西安科技银行的调研报告",载《西部金融》2010年第8期。

❷ 高波、李莉、商文瑜:"关于建立西安科技银行的调研报告",载《西部金融》2010年第8期。

度政策、独立的财务核算机制、独立的专项拨备机制、独立的风险定价机制、独立的先试先行机制八项机制，以进一步突破传统的银行经营管理模式，尽快形成光谷支行的科技金融专营模式。

第三，培植新人员。按照市场化原则积极引进具有高科技行业、风险投资及投行业务工作经验的专业人才，建立一支金融与科技紧密结合的专业化、复合化人才队伍，为打造"中国式硅谷银行"奠定新型的人力资源基础。❶

第四，优化内部审贷机制。审贷环节是科技银行各业务环节中十分重要的一环。为优化内部审贷机制，汉口银行对于5000万元以下的信贷业务增加了科技中小企业审批单通道。设立独立的科技金融审贷会，引入科技专家和风险投资专家进入审贷会，并赋予投票权。

第五，为科技型企业"量体裁衣"。对处于不同生命周期的企业，汉口银行都设计了对应的产品进行配套。当企业处于成长期、成熟期早期，有知识产权质押融资、科技三项经费搭桥贷款；当企业与风投机构达成投资意向，处于种子期或初创期，有投资资金过渡、AB轮投资搭桥贷款、流动资金跟进贷款；当企业已经吸纳到私募股份投资，需要募集更多的资金，汉口银行有产业链PE并购贷款、企业债等融资工具。科技金融产品覆盖了科技企业生命的全周期，不管是处于创业伊始的种子阶段、创新转化的初创阶段、快速扩张的成长阶段，还是稳健经营的成熟阶段，都能够得到相应需要的金融支持。❷

(三)科技支行模式

主要是指在现有的商业银行中，选取试点商业银行，在试点银行内部设立科技支行专门开展科技贷款业务。相对于前两种模式，成立科技支行不需申请新的牌照，只需将商业银行的现有资源进行重新整合即可，操作难度最小。采用这种模式，有利于缓解当前科技企业尤其是中小企业融资难的问题，还可以积累科技金融业务经验、培养科技金融人才，提高针对科技金融的风险控制能力，为以后设立专门的科技银行奠定基础。然而，商业银行科技支行不具有法人地位，只是科技银行的过渡模式，其对科技金融的供给能力有限，难以满足科技企业发展过程中的巨大资金需求。因此，随着金融改革和金融创新的进一步推进，全国性商业银行模式或

---

❶　陈新民："致力打造"中国硅谷银行""，载《经济》2011年第3期。

❷　阳晓霞："打造中国"硅谷银行"——汉口银行探索科技金融服务模式"，载《中国金融家》2012年第11期。

地方性商业银行模式将成为科技银行的必然选择。❶

五、科技型银行发展的风险控制

(一)科技银行风险控制的重要性

首先,我国银行业的竞争愈来愈激烈。我国银行业面临更为广泛的国内外竞争,国内银行将在趋于平等的竞争环境中面对更多、更强的外资银行的冲击。混业经营已初现端倪,我国商业银行将不得不面对由非银行金融机构带来的激烈竞争。同时,商业银行日益重视金融工具创新和金融衍生产品的发展,将使得商业银行面临的风险因素更为复杂化与多样化,银行风险不再是单一风险,而是由信用风险、市场风险和操作风险等多种风险因素交织而成。在此背景下,科技银行成立之初,就必须做好准备应对日趋激烈的市场竞争,需要在各方面提高自身的竞争能力,而加强风险控制将成为至关重要的一环。

其次,来自外部股东的稳定回报要求。科技银行在经营过程中,难免会引入战略投资者或进行上市,股东和战略投资者将对科技银行的经营和管理有更高的要求,即科技银行必须通过信息披露向股东表明有能力保持经营的稳定性和安全性,以及能够不断提高股东回报率。因此,为保证银行经营的安全性和稳定性,并增强资产质量,提高股东回报率需要不断加强其风险控制。

最后,银行业风险监管的外部要求。随着中国银行监管委员会和中国银行业协会的成立,中国银行业外部监管与内部自律的力度将逐步加大。同时,鉴于中国银行业日益融入全球金融市场的态势,加之巴塞尔新资本协议的要求,我国商业银行包括科技银行应建立健全风险防范措施。❷

(二)信贷资金风险控制

在加强信贷资金风险控制方面,科技银行须围绕优化信贷资产结构、提高信贷资产质量展开具体工作。一是实行信贷资产管理责任制。将贷款立项和调查、贷款审核和认定、贷款决策和检查监督作为主要内容,做到明确责任,逐级负责。二是严格信贷资金发放管理制度。对授信额度、贷款发放、使用和收回严格控制,确保贷款按政策规定发放和使用,保证贷款安全。三是健全信贷风险控制制度。要将风险评估和控制作为该项制度的核心内容,包括风险预警、风险评估、风险识别和风险处理等系列制度。四是建立信贷资产保全制度。及时对信贷资产进行清理

---

❶ 高波、李莉、商文瑜:"关于建立西安科技银行的调研报告",载《西部金融》2010年第8期。

❷ 朱静:《商业银行风险管理研究》,哈尔滨工程大学2006硕士学位论文。

和分类,并按规定消化处理不良信贷资产,维护银行债权安全。❶

(三)技术风险控制

科技银行技术风险包括来自银行自身内部的风险和来自银行外部的风险两个方面。这两个方面风险特征和来源不一样,因此在技术风险控制措施上也有较大差异。

1. 来自银行自身的内部风险

(1)核心业务系统风险。商业银行第二代核心业务系统包括信贷、柜台、账务、现金管理等模块。第三代核心业务系统则涵盖了客户关系管理、风险管理、市场营销分析等模块。科技银行设立后,也会包含这些核心业务系统。核心业务系统一旦出现漏洞或故障,则可能致使银行丧失许多业务服务能力,从而带来巨大风险。

(2)信息数据安全风险。这方面的风险主要表现为银行信息数据库管理系统漏洞,可能引起数据损坏或丢失、系统被攻击或应用系统无法正常运行,或导致信息系统数据处理错误、内控措施失效或数据安全性受损等信息安全问题。

(3)应用技术风险。该风险一般是由于诸如路由器、入侵检测、防火墙的安全漏洞、应用软件服务系统可能遭到侵害的风险、网络技术方案选择失误、信息传输失真和网络信息被篡改、截取或损害等原因产生的风险。

(4)业务中断风险。业务中断风险通常是由于银行主干网络断开、系统超负荷运转、软硬件运行故障、病毒传播、人为非法操作或无意误操作等因素影响可能导致的银行业务中断、系统运行效率降低的风险。

2. 来自银行以外的外部风险

信息科技的外部风险,则是指通过信息技术系统与客户、服务商发生业务关系过程产生的各类风险,以及来自非特定群体攻击而产生的银行风险。

(1)信息技术带来的客户层面的风险。当今社会,银行客户更多依靠网络银行、自助银行和手机银行等新技术与银行发生业务联系。科技银行的电子银行业务,在降低银行交易成本、提高服务效率、增大交易规模的同时,与之相关的风险也应运而生。电子银行业务常常会引发电子支付风险、法律风险和声誉风险,可能导致大量客户或潜在客户远离甚至拒绝电子银行业务,进而造成电子银行业务达不到经营规模,降低科技银行经营绩效。

(2)来自非特定群体的风险。近年来,防不胜防的电脑黑客伺机侵入银行信

---

❶ 丁孜山、丁蔚:"论政策性银行资金风险管理及内控制度建设",载《石家庄经济学院学报》2005 年第 5 期。

息系统,盗取客户资料、密码甚至资金。病毒技术随银行信息系统的升级而日新月异,而有实力发动计算机或网络攻击者大多精通计算机软件和操作技巧,表现出极强的高智能性和专业性。❶这些来自非特定群体的风险会给科技银行业务开展带来潜在的安全威胁,从而影响科技银行的顺利发展。

对于这些来自科技银行自身的内部风险和科技银行以外的外部风险,科技银行必须在借鉴各商业银行现有风险防范措施的基础上,不断开发新的风险防范技术和产品,加强与该领域高科技公司的合作,做好预警和实时动态监控措施,以更好地应对来自内外部的技术风险。

(四)市场风险控制

科技银行的市场风险是指因市场价格波动而导致的表内和表外头寸损失的风险,并根据导致市场风险因素的不同将市场风险划分为利率风险、汇率风险等。其中,利率风险是指由于利率的变动,而导致资产收益和负债成本变动,最终影响银行收益的可能性。汇率风险指由于汇率变动而使外币表示的债权债务价值发生变动的可能性。❷

由于市场风险日益突出,国外一些商业银行在市场风险管理方面进行了积极探索,给我国科技银行市场风险管理提供了很好的借鉴。

首先,要建立完善的组织结构和职责体系。高级管理层、市场风险控制部门及涉及市场风险的业务经营部门必须职责明确,市场风险控制部门与承担风险的业务部门保持相对独立,从多角度出发管理和控制市场风险,向董事会和高级管理层提供独立的市场风险控制报告,并且配备履行市场风险控制职责所需的人力、物力资源。

其次,规范的市场风险控制政策和程序。多数国际商业银行都有一套统一标准来定义、测量、限定和报告非交易组合的市场风险,确保所有业务的一致性、方法的稳定性和风险的透明度。且市场风险控制政策和程序应当与银行的业务性质、规模、复杂程度和风险特征相适应,与其总体业务发展战略、管理能力、资本实力和能够承担的总体风险水平相一致,并符合当地银行监管部门关于市场风险控制的有关要求。

最后,采用不同的市场风险计量方法与工具。可以采取不同的方法或模型计量银行账户和交易账户中不同类别的市场风险。市场风险的计量方法包括缺口分析、久期分析、敏感性分析、情景分析和运用内部模型计算风险价值等。由于不同

---

❶ 陈雷蕾:《国内商业银行信息科技风险管理研究》,西南财经大学 2010 硕士学位论文。

❷ 王宁:《商业银行风险管理研究》,天津财经大学 2010 硕士学位论文。

的市场风险计量方法都有各自的优势和局限性,❶因此,科技银行在具体运用这些风险计量方法时要能够取长补短,并根据业务开展的实际需要将它们有机地结合起来。

❶　刘清军、盛健英:"中国商业银行市场风险管理与防范",载《大连海事大学学报(社会科学版)》2009 年第 4 期。

第八章　研究结论及建议

第一节　研究结论

在大量阅读相关文献和对我国科技型中小企业融资现状进行深入调查的基础上,本书将研究的重点集中于科技型中小企业融资模式上,旨在从融资模式创新的视角为我国科技型中小企业普遍存在的融资难问题做出一些有益的探索。本研究的结论主要有以下几个方面:

(1)科技型中小企业是国家自主创新的主体,是建设创新型国家的重要载体,是推动技术创新和高新技术产业发展的最为活跃的力量。科技型中小企业的成长需要大量资金投入,融资难是制约我国科技型中小企业生存和发展的"瓶颈"问题。为促进科技型中小企业的发展,需要在传统融资方式的基础上探索新的融资模式化解科技型中小企业的融资难问题。

(2)为客观、全面地了解我国科技型中小企业的一般特征和融资现状,我们根据研究的实际需要,设计了科技型中小企业融资现状调查问卷进行实际调研。研究发现,我国科技型中小企业中,私营科技型中小企业占主导地位,科技型中小企业已经处于发展的关键阶段,需要的资金量较大,融资需求强烈,尤其以成长期的企业融资需求较为突出。企业在研发周期上更多地强调成本,周期短是节约成本的方式之一,但研发新产品的周期过短,对产品的质量和市场竞争力也将产生一定的负面影响。我国科技型中小企业的规模分布较为合理,各种规模的企业都占有一定的比重。科技型中小企业面临着较为激烈的行业竞争环境。科技型中小企业的一项重要内容就是不断地进行科技创新,通过持续的技术创新获得发展的动力,推动整个社会的科技进步,但不同的企业,进行科技创新的动力各不相同。对社会融资环境不满意或非常满意的样本企业较少,大部分都选择了中等程度的评价。科技型中小企业具有较强的创新积极性,并且在融资资金的使用上更为理性。我国科技型中小企业常用的融资方式仍以银行贷款为主,多数样本企业的融资需求数额在 500 万元以下,其次为向亲戚朋友借款。我国科技型中小企业在融资过程中能够积极主动关注各种融资渠道和融资程序,在融资过程中做到心中有数,有针对性地选择较合适的融资渠道和融资程序。企业融资的主要目的是解决流动资金不足的问题,普遍认为抵押贷款是科技型中小企业的主要贷款融资形式,导致它们贷款难的最主要原因在于缺乏抵押资产,贷款主要集中在 1~2 年和 3 年以上的期限。绝大部分企业都认为现在的商业银行贷款利率较高,但还在它们能够承受的范围之内,企业在申请银行贷款时最关心贷款下达的速度。

(3)科技型中小企业在不同的生命周期阶段主要采用的融资模式不尽相同。初创期科技型中小企业的融资模式以自有资金融资、向亲戚朋友借款的债务性融资、风险投资和科技型中小企业技术创新基金和贴息贷款为主。处在成长期的科技型中小企业,其融资模式则以自我积累、股权融资和债务融资为主。当科技型中小企业发展到成熟期后,其融资模式则变为债务融资,发行股票进行股权融资和自有资金为主。

(4)科技型中小企业制定融资策略必须立足于一定的环境,其外在环境主要包括政策法规环境、制度环境、经济金融环境、产业环境、技术和市场环境、企业治理结构、企业资源因素和企业能力因素等。对科技型中小企业融资来说,完善的法律制度将有助于保护企业和个人的财产权利,维护市场公平竞争的秩序,为市场的每一个竞争主体提供良好平等的法律环境。决定一个地区或一个企业发展状况的主要因素,不是物质资本的数量和质量,而是与人力资本潜力发挥相关的经济组织结构和文化传统等社会因素。某种意义上说,制度高于技术。经济环境通过作用于资本市场、银行体系、企业的经营活动对融资活动产生影响,以及通过政府制定相关政策对融资产生影响。金融环境是经济环境的重要组成部分,是科技型中小企业融资的最直接的外部环境。良好的研发环境可以为科技型中小企业的成长提供技术上的支持和帮助。科技型中小企业的融资结构实际上是一种治理结构,不同的融资结构对抑制经理过度投资、较好地激励经理、促使公司收缩和清算等方面具有不同的效果,从而也会最终影响企业资源的组合形成、企业的销售能力、盈利能力和技术创新能力。

(5)通过对发达国家科技型中小企业融资模式的分析,我们发现美国多层次的资本市场为中小企业直接融资搭建了平台。美国各个层次市场之间定位明确,上市标准拉开差距,美国政府从不给商业性金融机构下达行政性指标,而主要是通过建立专门机构,为中小企业的融资提供担保及援助,引导商业性金融机构对中小企业贷款。美国政府对中小企业的直接贷款微乎其微,主要是提供资助措施,具体由美国联邦小企业管理局(SBA)来执行。

德国的证券市场相对来说并不发达,科技型中小企业的创业投资资金大约 55% 来自银行,12% 来自保险公司。德国把为中小企业提供适当和稳定的贷款作为一项重要的政策。为此成立了专门的金融机构为中小企业提供融资服务,德国政府通过政策性银行和担保公司对中小企业实行间接性的融资支持。

日本政府鼓励科技型中小企业到资本市场直接融资,日本拥有较完善的多层次资本市场体系。日本科技型中小企业从银行获取的贷款,被称为"主银行"融资模式。在某种程度上,主银行对科技型中小企业的接管和金融援助,为企业提供了避免破产的"保险"。日本当前的信用担保模式是地方担保和政府再担保的双重模式。

(6)科技型中小企业要想解决融资难问题,除了提升自身的素质外,还必须寻求适合中小企业特性的创新融资模式。与科技型中小企业土地、不动产等传统的抵押物严重匮乏形成鲜明对比的是,其拥有巨大的知识产权资产。在市场资金充裕的条件下,科技型中小企业利用其掌握的大量知识产权资产进行融资,可以发挥其他融资方式无可比拟的优势。尤为值得一提是,随着科技型中小企业知识产权融资需求的不断增长,我国知识产权融资的条件和环境日趋成熟和完善,这些都为科技型中小企业更好地运用知识产权克服融资瓶颈创造了良好的条件。

银行在我国仍然是科技型中小企业融资的主要渠道,只是传统商业银行缺乏应对科技型中小企业的业务设置以及风险控制机制,因此,可通过设立专门针对科技型中小企业的科技银行来解决这一问题。科技银行可采取的融资模式有全国性商业银行模式、地方性商业银行模和科技支行模式。科技银行为科技型中小企业进行融资服务时,也必须注意风险控制,主要包括信贷资金风险、技术风险和市场风险的控制。

第二节　政策建议

一、科技型中小企业知识产权融资模式创新的建议

知识产权融资是科技型中小企业结合自身优势创新融资方式的一个可行渠道,能够为科技型中小企业破解融资难的困境提供一种新的思路。这项业务的开展可以为科技型中小企业的科技创新提供有力的金融支持。因此,科技型中小企业一方面要积极利用知识产权优势资源,与有关知识产权融资机构协同合作。在进行知识产权融资的过程中也要有针对性地对权利资产进行优化,不断提升其内含价值。

同时,我国知识产权融资法律制度、评估制度和交易制度还不够完善,仅靠金融机构或企业的单方面推动无法做大做强知识产权融资业务。因此,须根据企业的生命周期阶段、融资需求和经营状况,灵活制定知识产权融资的配套法律、政策、交易市

场、中介服务体系和风险控制措施,以全面规范和促进知识产权融资业务发展。

（一）完善知识产权融资的相关法律法规

知识产权融资需要有良好的法律制度相适应。国家应完善《科技进步法》和《知识产权法》等相关法律,如在《专利法》中增加对专利未来现金流收益的保护条款等,健全知识产权融资法律体系。各地方应出台相关法规,制定地方知识产权融资的办法和措施,尤其在信用担保机制、风险补偿机制、风险分担机制等方面规范知识产权融资业务。

由于新型知识产权融资涉及科技、知识产权、银行、证券、信托、融资租赁、结构性金融产品等多个领域的法律法规,应避免上述法律法规之间相互冲突或脱节,确保彼此衔接和协调。

再者,进一步细化现行法律法规条文,使其与知识产权融资相关的条款更具有针对性和实际操作性。

（二）制定知识产权融资的政策措施

国家应成立专门的知识产权融资主管机构,负责知识产权融资的政策导向、立法协调、试点推动以及监督管理工作。

各地方政府应根据本地的实际情况制定知识产权融资的扶持政策,可通过财政补贴、设立专项资金资助、阶段性免征有关税费等方法降低企业知识产权融资成本。

在知识产权评估政策上,应逐步建立起适合我国国情的评估细则和指导建议,完善知识产权评估标准和依据。

指导金融机构探索知识产权融资服务方法,制定服务标准,完善服务流程,创新服务产品,为科技型中小企业提供更加丰富、灵活多样的融资产品和服务。

（三）建立高效的知识产权交易市场

知识产权交易市场是知识产权融资的有效平台。资金供需双方可通过知识产权交易市场采取集中竞价或挂牌交易的方式公开、公平、公正地进行交易,可使科技型中小企业的知识产权价值实现最大化。交易市场的建立要依托政府部门的力量,政府以其公信力作支撑,有助于市场建设工作顺利开展。

政府部门要不断规范知识产权交易制度,促使企业及时提供准确有效的供需信息,建立便捷的交易方式和产权登记及变动模式,积极推进市场建设。

此外,良好的市场交易机制可降低双方的交易成本,提供更多的交易机会,因此,政府部门、金融机构和科技型中小企业要不断创新知识产权融资交易市场的交易机制和交易模式,以提供更高效的交易平台。

（四）积极发展知识产权融资中介服务体系

在我国，知识产权融资业务是一项较新的业务，金融机构和科技型中小企业都缺乏相关经验，需要有专业的中介服务机构深度参与，这是提升知识产权融资效果的重要保证。因此，要充分发挥政府的主导作用，整合协调社会中介组织，积极发展专业化、系列化、社会化和市场化的知识产权融资中介服务体系，包括会计师事务所、律师事务所、专利事务所、资产评估公司等中介组织，为科技型中小企业提供知识产权政策咨询、管理咨询、市场调研、资产评估、融资辅导、知识产权维权等中介服务。

中介服务体系中的各相关部门和单位要紧密合作，可尝试建立"一站式"办理或在线办理等多种业务办理方式，贯通知识产权融资的各个环节，为科技型中小企业提供便捷、高效的知识产权融资中介服务，减少交易成本，提高融资效率。

（五）加强知识产权融资的风险控制

风险控制是知识产权融资业务顺利开展的重要内容。应引入知识产权保险机制，主要有执行保险和侵权保险，它们可为知识产权融资业务的有效运行提供保障。考虑到知识产权融资风险的特殊性，金融机构在筛选融资需求企业时，不能仅以其市场份额或销售额作为评判标准，而应注重企业自身的技术创新能力和成长性。金融机构还应建立适用于知识产权融资的风险评估体系，健全监控机制，提高知识产权融资业务的风险控制能力。

另外，要构建知识产权融资风险多方分担机制，由金融机构、担保公司、保险公司和资产评估公司等机构事先约定，通过战略合作方式，共同为科技型中小企业提供知识产权融资及相关衍生服务，合理分摊融资风险。

二、科技型中小企业科技银行融资的建议

（一）赋予科技银行独立法人地位

科技银行的运作具有较强的专业性，要能更好地服务于科技型中小企业的融资活动，必须赋予科技银行经营的自主性和灵活性，因此，采用发起形式成立具有独立法人地位的科技银行才是未来发展的方向。国家金融管理部门应尽快出台相关政策，在牌照申请、机构设置、资本要求等方面给予科技银行一定的扶持，使科技银行尽快能够成为独立运作、灵活经营的法人主体。鉴于国内商业银行不允许做股权投资的实际情况，可考虑在现行法律体制内，成立金融控股公司，可下设科技银行子公司，专门从事科技型中小企业融资服务业务。

（二）创新经营模式，凸显科技银行专业化优势

借鉴美国硅谷银行的做法，允许科技银行实施股权和债权相结合的业务模式，

加强与创投机构密切合作,实现"贷投结合"盈利模式。目前我国《商业银行法》规定商业银行"不得向非银行金融机构和企业投资",银行可通过向风险投资提供贷款或作为有限合伙人间接向科技型企业投资,今后可尝试科技银行对成长期企业进行贷款时附认股权或债转股融资模式,使科技银行在承担风险的同时分享企业快速成长带来的价值增长机会。

进一步完善科技产业的信贷政策、业务运作机制,对科技银行实行单独的信贷准入标准、授信核定方法、信贷运作流程、风险定价机制和考核机制,进一步放开科技银行的信贷利率限制,提高科技银行的竞争能力,凸显科技银行的专业化优势。

(三)培育风险投资市场,强化科技银行与风险投资的联系

科技银行等金融机构对于各行各业的高科技企业的识别和价值评估有时会存在不足,而风险投资机构则可以弥补金融机构这方面的不足。当前国内风险投资已经发展到了一定规模,国家高新区内也聚集了一批风险投资机构,建议科技银行设立后加大金融创新力度,并与风险投资机构加强合作,共同支持初创阶段的科技型中小企业发展。

另外,为了降低风险,国家可通过政策引导,鼓励和推动科技银行与风险投资机构建立紧密的合作关系,促成风险投资机构成为科技银行的股东或合伙人,发挥风险投资控制风险的功能,充分利用风险投资机构在人才、组织方面的优势及控制风险的能力。科技银行与风险投资密切合作,既可为科技企业提供一站式金融服务,构建投融资平台,又形成关系网络,实现信息共享、风险共担。

(四)加快科技与金融相结合的复合人才培养

硅谷银行之所以敢于支持早期阶段的高科技企业,关键在于它们拥有一批熟悉高科技企业特点和规律的专家队伍,这些专家为企业提供技术、融资、信息、咨询等方面的服务,使硅谷银行全面掌握了企业的产品、市场、技术和管理团队信息,对于银行控制贷款风险起到了重要作用。可见,科技银行的发展离不开科技与金融相结合的复合型人才。

当前国内缺乏既懂金融又懂科技的复合型人才,必须加强对从业人员的金融知识和科技知识的专业化培训,建立和完善适应科技金融发展的复合人才培养机制,同时,引入知名的科技专家,充分发挥科技专家在科技贷款中的专业优势,提高科技银行信用评估和产业分析能力,提高对各个成长阶段科技型中小企业的服务能力,解决企业成长过程中的资金短缺难题。

附　录

科技型中小企业融资状况调查问卷

亲爱的朋友:您好!

本问卷是为切实了解我国科技型中小企业的融资状况,研究可行的融资模式,帮助科技型中小企业在一定程度上克服融资困难而精心设计的。本问卷采取匿名的方式填写,调查内容仅用于科学研究,请您认真填写,保证内容的客观性。课题组将对调研内容严格保密,谢谢您的合作!

一、中小企业的基本情况

1) 企业的性质:(请在对应的选项上画"√",下同)

　　A. 私营企业　B. 合伙企业　C. 股份制企业　D. 中外合资企业　E. 其他____

2) 企业所属行业:

　　A. 电子信息　B. 生物医药　C. 机械制造　D. 新材料新能源　E. 资源与环境　　F. 高新技术服务　G. 农业与农村　H. 航空航天　I. 海洋水产　J. 其他____

3) 企业所处的发展阶段为:

　　A. 种子期　B. 初创期　C. 成长期　D. 成熟期　E. 转型期

4) 企业的注册时间:_____年;注册资本金:_____万元;注册地点:_____。

5) 企业员工数量:_____人;其中,技术人员数量:_____人;企业员工中,具有大专及大专以上学历的人员数量:_____人;企业负责人的学历是:_____;企业负责人的工作年限:_____年;企业是否有留学回国人员:_____。

6) 企业的主营业务是:_____;企业主营业务收入:_____万元/年;企业资产总额:_____万元;企业负债总额:_____万元;企业年产值:_____万元;　企业年销售额:_____万元;

7) 企业主要生产或经营的产品是:_____;如果是服务性企业,主要提供的服务是:_____。

204

8）企业是否有自主知识产权?

　　A. 有　　　　B. 没有

9）企业是否设立了技术研究开发部门?

　　A. 有　　　　B. 没有

10）您企业是否被认定为高新技术企业?

　　A. 是　　　　B. 不是

11）企业主要生产经营设备的技术状况是:

　　A. 国际领先　　B. 国内先进　　C. 国内一般　　D. 国内落后

12）您企业是否不断进行技术创新:

　　A. 是　　　　　B. 不是

13）您企业进行技术创新的动力是:_____（可多选,并按重要性排序）

　　A. 市场需求　　B. 同行业竞争　　C. 政策激励　　D. 新技术的出现　　E. 降低成本

14）目前,您企业所处行业竞争程度:

　　A. 非常激烈　　　　B. 激烈　　　　　C. 一般　　　　　D. 不激烈

15）您企业在当地城市的市场地位:

　A. 著名企业　　B. 知名企业　　C. 一般性企业　　D. 没有影响力

16）企业 2012 年度科技活动经费投入:_____万元;政府支持资金:____万元。

17）您企业科技投入的主要目的是:

　A. 购买新技术　　B. 技术合作引进　　C. 技术改造　　D. 对已引进的技术消化吸收

18）您企业新产品研发周期为:_____（从项目设立到小批量生产的时间）

A. 0~3 个月　　B. 3~6 个月　　C. 6~12 个月　　D. 1~2 年　　E. 2 年以上

19）您企业有没有与其他科研单位进行合作:

A. 有　　　　　B. 没有

20）如果与其他科研单位合作,合作的内容是:

A. 联合开发　　B. 来企业进行技术指导　　C. 技术交流

二、中小企业的融资状况及影响因素

1）您企业目前资金状况:

　　A. 很充裕　　B. 充裕　　　C. 正常　　　D. 有点紧张　　　E. 非常紧张

2）企业融资的渠道有（可多选）:

A. 银行贷款　B. 亲戚朋友借款　C. 其他私人借款　D. 中小企业板上市　E. 创业板上市　F. 风险投资基金　G. 自有资金积累　H. 政府专项基金　I. 其他渠道_____（请注明）

3）如果是通过银行贷款,在什么性质的银行进行贷款（可多选）？

　A. 四大国有银行　B. 区域性商业银行　C. 城市商业银行　D. 农村商业银行　E. 邮政储蓄银行　F. 城市信用社　G. 农村信用社　H. 信用担保机构

4）如果通过银行贷款,具体用的是哪一种贷款形式（可多选）：

　A. 抵押贷款　B. 担保贷款　C. 信用贷款　D. 票据贴现融资

　　如果选银行抵押贷款,抵押物是：_____。

　　如果选担保贷款,担保者是：_____。

5）您企业每年的融资需求数额大约为：_____万元。

　通过哪些方式获得融资方面的信息：_____。

6）通过融资渠道获得的资金主要用于：

　A. 流动资金　B. 建厂房　C. 设备更新和技术改造　D. 研究开发新产品

7）企业需要融资的主要原因：

　A. 转型升级所需资金增加　B. 企业用工成本增加　C. 企业原材料成本增加　D. 产品库存增多　E. 其他_____（请注明）

8）企业希望的贷款期限是：

　A. 半年以内　B. 半年至 1 年　C. 1~2 年　D. 2~3 年　E. 3 年以上

9）您企业获得银行贷款融资的年利率是：_____；

　若是民间借贷融资,其利率是：_____。

10）企业发展的初始资金来源：

　A. 自有资金　B. 合伙入股　C. 自有资金+银行贷款　D. 自有资金+政府支持　E. 亲戚朋友借款　F. 风险投资　G. 其他_____（请注明）

11）您企业 1~2 年之内是否有融资计划：

　A. 有　　　　　　　B. 没有

　如果有融资计划,计划融资额度是多少_____万元；

　您企业近期融资计划的主要用途是（可多选）：

　A. 补充流动资金　B. 扩大生产经营规模　C. 购置固定资产　D. 引进新产品新技术　E. 新产品新技术研究开发　F. 开展新项目　G. 拓展新市场　H. 其他_____（请注明）

12）若近期没有融资计划，原因是（多选）：

　　A. 资金充足　　B. 认为获得贷款希望不大　　C. 贷款费用高　　D. 审批时间长

　　E. 手续复杂　　F. 不能满足企业需求　　G. 不了解各种融资途径和方法

　　H. 不了解相关政策规定　　I. 其他＿＿＿＿＿＿＿＿＿＿＿＿＿＿（请注明）

13）曾经向哪些机构申请融资而未获批（可多选，未申请过融资的企业可不选）：

　　A. 商业银行　　B. 信用担保机构　　C. 租赁机构　　D. 小额贷款公司　　E. 典当行　　F. 创业投资基金　　G. 中小企业板或创业板证券市场　　H. 其他＿＿＿＿＿＿＿＿＿＿＿＿＿＿（请注明）

14）您对目前商业银行的贷款利率的看法是：

　　A. 明显偏高，很难承受　　B. 较高，但可承受　　C. 较高，不能承受　　D. 一般水平　　E. 利率偏低

15）您企业最近三年，每年资金平均缺口为：＿＿＿＿＿＿＿＿＿＿万元；其中，短期资金缺口为：＿＿＿＿＿＿＿＿＿万元；长期资金缺口为：＿＿＿＿＿＿＿万元。

16）您企业对融资渠道及融资程序的了解程度如何？

　　A. 非常了解　　B. 比较了解　　C. 一般　　D. 不了解

17）您企业申请贷款时有没有提供过知识产权抵押？

　　A. 有　　　　　　　　B. 没有

18）若申请贷款，您最关心的方面是：

　　A. 贷款速度　　B. 授信额度　　C. 手续繁简程度　　D. 贷款周期　　E. 贷款成本　　F. 其他＿＿＿＿＿＿＿＿＿＿＿＿＿＿（请注明）

19）申请银行贷款较为困难的原因有哪些（多选，按难易度排序）：＿＿＿＿＿＿＿＿＿＿＿＿

　　A. 银行对企业财务状况要求苛刻　　B. 银行要求的担保条件苛刻　　C. 对企业信用等级要求过高　　D. 银行缺乏针对性信贷产品　　E. 贷款业务流程设置不合理　　F. 本企业存在的其他问题　　G. 其他原因＿＿＿＿＿＿＿＿＿（请注明）

20）企业取得银行贷款的担保方式是：

　　A. 固定资产抵押担保　　B. 其他企业担保　　C. 几家企业联保　　D. 知识产权资产担保　　E. 专业担保公司　　F. 信用贷款无担保　　G. 其他担保方式＿＿＿＿＿＿＿＿＿＿＿＿＿＿（请注明）

21）您认为企业联保融资有那些好处（可多选）：

    A. 风险共担. 强化集群优势　B. 加大资金安全系数　C. 简化手续. 缩短时间　D. 减少费用. 降低融资成本　E. 其他＿＿＿＿＿＿＿＿＿＿＿（请注明）

22）对您企业而言,融资困难主要是(可多选)：

    A. 抵押资产少　B. 信用等级低　C. 企业利润较低　D. 财务记录不健全　E. 无清晰融资制度安排　F. 企业管理体制不健全　G. 社会关系较弱　H. 其他＿＿＿＿＿＿＿＿＿＿＿＿＿＿＿＿＿（请注明）

23）您企业在融资过程中,是否想过找中介组织帮助？

    A. 想过　　　　　　　B. 没想过

    您认为有哪些中介组织可以帮助中小企业进行融资：＿＿＿＿＿＿＿ 。

24）您听说过科技银行吗？

    A. 听说过　　　　　　　B. 没听说过

25）您知道有商业银行专门提供小微企业融资服务吗？

    A. 知道　　　　　　　B. 不知道

26）您尝试过创新融资方式吗？

    A. 尝试过　　　　　　　B. 没有尝试过

    如尝试过,是哪些新的融资方式：＿＿＿＿＿＿＿＿＿＿＿（请注明）

    这些融资方式的效果如何？＿＿＿＿＿＿＿＿＿＿＿＿＿

27）您对当前我国中小企业整体融资环境的评价是：

    A. 很好　　　B. 好　　　C. 一般　　　D. 不好　　　E. 很差

三、科技型中小企业融资的期望

1）您对政府在中小企业融资方面所做的工作有哪些建议？

税收方面建议：＿＿＿＿＿＿＿＿＿＿＿＿＿＿＿＿＿＿＿＿。

政府补贴方面建议：＿＿＿＿＿＿＿＿＿＿＿＿＿＿＿＿＿＿。

拓宽融资渠道方面建议：＿＿＿＿＿＿＿＿＿＿＿＿＿＿＿＿

＿＿＿＿＿＿＿＿＿＿＿＿＿＿＿＿＿＿＿＿＿＿＿＿＿＿＿。

改善融资环境方面建议：＿＿＿＿＿＿＿＿＿＿＿＿＿＿＿＿

＿＿＿＿＿＿＿＿＿＿＿＿＿＿＿＿＿＿＿＿＿＿＿＿＿＿＿。

2）您希望金融机构在改善中小企业融资方面做哪些工作？

＿＿＿＿＿＿＿＿＿＿＿＿＿＿＿＿＿＿＿＿＿＿＿＿＿＿＿。

3）您希望证券市场在加强科技型中小企业融资方面(中小企业板上市、创业板上市、发行债券融资、风险投资、私募股权投资)提供哪些服务？

_____。

4）您认为科技型中小企业民间融资（亲戚朋友借贷、私人借贷、非官方贷款公司借贷）有哪些弊端？政府和金融机构应该提供哪些服务？

_____。

5）您认为科技型中小企业应如何发挥自身的科技优势和科技资源进行融资？

_____。

6）其它关于科技型中小企业融资的任何意见和建议？

_____。

参考文献

一、中文文献

[1] 安田武彦. 小企业盼融资多样化 [N]. 国际金融时报, 2003 年 6 月 25 日.

[2] 巴曙松. 层次资本市场与经济体制改革 [N]. 证券时报, 2003 年 10 月 22 日.

[3] 白慧霞. 论科技型中小企业知识产权质押融资 [J]. 企业家天地, 2010(8):19-20.

[4] 曹晓雪, 杨阳, 时军. 吉林省科技型中小企业利用创业板融资探讨 [J]. 经济纵横, 2011(6):122-124.

[5] 陈德棉, 蔡莉. 风险投资:运行机制与管理 [M]. 北京:经济科学出版社, 2003.

[6] 陈洪俊. 中小企业信用担保体系概况 [M]. 北京:中国经济出版社, 2001.

[7] 陈焕永. 企业融资方式的比较研究 [J]. 财贸研究, 1999(2):29-33.

[8] 陈进忠. 金融创新与中国商业银行发展 [D]. 东北师范大学博士学位论文, 2005.

[9] 陈雷蕾. 国内商业银行信息科技风险管理研究 [D]. 西南财经大学硕士学位论文, 2010.

[10] 陈新民. 致力打造"中国硅谷银行" [J]. 经济, 2011(3):112-114.

[11] 陈妍庆. 科技型中小企业知识产权质押融资探讨 [J]. 财会通讯, 2012(23):10-11.

[12] 成万牒. 国外中小企业融资路径与创新 [J]. 中国外汇, 2009(12):22-23.

[13] 程金金. 我国科技型中小企业金融支持体系研究 [D]. 江西财经大学硕士学位论文, 2012.

[14] 从俊琬. 我国科技型中小企业融资问题研究 [D]. 天津大学硕士学位论文, 2011.

[15] 戴维. 国外政府对中小企业融资支持的研究及对我国的启示 [J]. 金陵科技学院学报(社会科学版), 2009(3):10-13.

[16] 邓乐平, 孙从海. 科技创新与资本市场——理论与经验的考察 [J]. 金融研究, 2001(9):74-84.

[17] 丁孜山, 丁蔚. 论政策性银行资金风险管理及内控制度建设 [J]. 石家庄经济学院学报, 2005(5):566-567.

[18] 范芳妮. 科技型企业知识产权质押融资模式研究 [D]. 天津财经大学硕士学位论文, 2011.

[19] 方晓利. 股票融资与信贷融资的比较和选择 [J]. 国际金融研究, 2000(5):14-17.

[20] 方晓霞. 中国企业融资:制度变迁与行为分析 [M]. 北京:北京大学出版社, 1999 版。

[21] 费淑静. 民营中小企业融资体系研究 [D]. 西北农林科技大学博士学位论文, 2004.

[22]费腾. 中,美,日科技型中小企业融资结构比较研究［D］. 东北师范大学博士学位论文,2012.

[23]高波,李莉,商文瑜. 关于建立西安科技银行的调研报告［J］. 西部金融,2010(8):26-29.

[24]高芳,鲍静海. 科技型中小企业知识产权质押贷款浅析［J］. 河北金融,2009(5):26-28.

[25]高学哲. 企业融资效率:内涵及外延［J］. 生产力研究,2005(6):205-207.

[26]高有才. 企业融资效率研究［D］. 武汉大学博士学位论文,2003.

[27]顾文嵘,杨成,李克强. 德国的银行体系与中小企业融资结构［J］. 当代经理人,2006(11):101.

[28]郭斌,刘曼路. 民间金融与中小企业发展:对温州的实证分析［J］. 经济研究,2002(10):40-46.

[29]郭景龙. 对我国企业融资模式的探讨［J］. 冶金管理,2003(9):45-48.

[30]郭中凡. 吉林省科技型中小企业融资问题研究［D］. 长春理工大学硕士学位论文,2010.

[31]中国金融家杂志社. 国外中小企业融资经验［J］. 中国金融家,2009(4):70-71.

[32]韩珺. 我国高新技术产业融资模式创新研究［D］. 中国海洋大学博士学位论文,2008.

[33]韩晓颖. 中小企业融资模式分析［J］. 商场现代化,2005(29):133-134.

[34]贺纪书. 创业板市场融资功能的国际比较研究［D］. 山东经济学院硕士学位论文,2010.

[35]洪锡熙,沈艺峰. 我国上市公司资本结构影响因素的实证分析［J］. 厦门大学学报(哲学社会科学版),2000(3):114-120.

[36]黄媛. 科技型中小企业的发展与融资支持探析［D］. 西南财经大学硕士学位论文,2009.

[37]黄忠勇. 信贷配给下中小企业信用担保融资模式研究［D］. 西南财经大学硕士学位论文,2007.

[38]江文. 科技型中小企业融资若干问题探讨［D］. 上海交通大学硕士学位论文,2007.

[39]姜义平. 科技型中小企业的知识产权质押贷款问题研究［J］. 浙江工商职业技术学院学报,2011(4):1-3.

[40]康晶. 成长型中小企业融资的理论与实证研究［D］. 吉林大学博士学位论文,2007.

[41]李朝霞. 影响中国上市公司融资结构的主要因素分析［J］. 数量经济技术经济研究,2003(10):5-12.

[42]李琴. 从激励机制探讨知识产权信托交易模式［J］. 河北法学,2008(10):155-161.

[43]李娜,刘湖源,刘霞飞. 美国商业银行资金来源研究［J］. 新学术,2008(4):114-121.

[44]李巧莎. 日本科技型中小企业融资:经验借鉴及启示［J］. 科技管理研究,2011(5):43-47.

[45]李秋. 知识产权证券化的中国模式探讨［J］. 商业时代,2012(11):77-78.

[46]李群星. 信托的法律性质与基本理念［J］. 法学研究,2000(3):118-126.

[47]李善民,张媛春. 制度环境,交易规则与控制权协议转让的效率［J］. 经济研究,2009(5):92-105.

[48]李相国,周毅. 民营高科技企业融资的环境与对策研究［J］. 工业技术经济,2004

(5):8-10.

[49]李延罡. 高新技术中小企业无形资产证券化融资［J］. 商场现代化, 2007(3):178.

[50]李扬, 杨益群. 中小企业融资与银行［M］. 上海:上海财经大学出版社, 2001.

[51]李宜昭. 完善我国中小企业融资体系的路径研究［D］. 中国社会科学院研究生院博士学位
论文, 2010.

[52]林斌, 陈至发. 国外中小企业融资经验比较及其对江西中小企业融资的借鉴［J］. 江西农
业大学学报(社会科学版), 2004(3):41-43.

[53]林茂. 证券投资学［M］. 北京:中国人民大学出版社, 2010.

[54]林谦, 刘立军, 张昌林. 成立特区科技银行势在必行［J］. 特区经济, 1993(11):28-29.

[55]林晓安. 中小高新技术企业专利证券化融资研究［J］. 特区经济, 2010(11):263-264.

[56]林毅夫, 李永军. 中小金融机构发展与中小企业融资［J］. 经济研究, 2001(1):10-18.

[57]林毅夫, 孙希芳. 小企业与中小金融机构［J］. 林毅夫论坛, 2004年.

[58]刘海虹. 国有企业融资效率与银行危机相关问题研究［J］. 财经问题研究, 2000
(3):41-45.

[59]刘凯. 基于资本市场的我国科技型中小企业融资策略研究［D］. 东北师范大学硕士学位论
文, 2011.

[60]刘清军, 盛健英. 中国商业银行市场风险管理与防范［J］. 大连海事大学学报(社会科学
版), 2009(4):77-80.

[61]刘瑞波, 赵国杰. 科技型中小企业的融资方式组合及其突破［J］. 山东财政学院学报, 2007
(1):3-7.

[62]刘瑞松. 科技型中小企业信贷融资创新研究［D］. 财政部财政科学研究所硕士学位论
文, 2012.

[63]刘伟. 专利技术融资的新渠道——权利质押［J］. 科技进步与对策, 2001(4):117-119.

[64]刘星, 崔垚. 试论企业效绩评价体系［J］. 广西大学学报(哲学社会科学版), 2000
(S1):94-96.

[65]龙应贵. 英国中小企业外部融资结构分析［J］. 商业时代, 2006(35):71-72.

[66]卢福财. 企业融资效率分析［D］. 中国社会科学院研究生院博士学位论文, 2000.

[67]卢现祥. 西方新制度经济学［M］. 北京:中国发展出版社, 2003.

[68]陆正飞, 辛宇. 上市公司资本结构主要影响因素之实证研究［J］. 会计研究, 1998
(8):34-37.

[69]吕景波. 企业资本结构与融资效率:一个经济学的分析框架［D］. 中国人民大学博士学位
论文, 2003.

[70]马保平等. 风险投资业是高科技产业崛起的关键［J］. 兰州商学院学报, 2001(3):48-50.

[71]马立人, 曹瑾. 我国高科技企业的融资渠道与策略［J］. 今日科技, 2000(11):1-2.

[72]马连杰, 陈捍宁. 美国中小企业融资方式及其启示［J］. 企业改革与管理, 1999
(3):38-39.

［73］马连杰. 德国中小企业的融资体系及对我国的启示［J］. 经济导刊,1999(3):50-52.

［74］马欣欣. 科技型中小企业技术创新融资问题研究［D］. 东北财经大学硕士学位论文,2005.

［75］马毅. 我国中小企业创业板融资渠道研究［J］. 经济研究导刊,2009(17):24-25.

［76］毛有碧. 民营科技企业融资:理论与实证研究［D］. 西南财经大学博士学位论文,2009.

［77］倪艳冰. 基于产业园区的科技型中小企业融资体制研究［D］. 上海社会科学院硕士学位论文,2010.

［78］诺思. 制度,制度变迁与经济绩效［M］. 上海:上海三联书店1994.

［79］欧阳凌,欧阳令南,周红霞. 股权"市场结构",最优负债和非效率投资行为［J］. 财经研究,2005(6):107-119.

［80］潘敏. 融资方式选择与企业经营管理者的努力激励［J］. 中国软科学,2003(3):75-79.

［81］彭宏超. 基于"银企联盟"下的中小企业融资模式探讨［J］. 河北金融,2011(4):23-25.

［82］钱野,周恺秉,林晔. 推进科技金融创新的对策研究［J］. 第七届软科学国际研讨会论文集中国卷(上),2012(12).

［83］钱颖一. 企业的治理结构改革和融资结构改革［J］. 经济研究,1995(1):20-29.

［84］青木昌彦. 比较制度研究［M］. 上海:上海远东出版社,2001.

［85］全丽萍. 非对称信息下中小企业融资问题研究——兼论我国中小金融机构的发展［J］. 管理世界,2002(6):144-145.

［86］人民银行泰州市中心支行课题组,贾拓. 我国科技银行与美国硅谷银行的比较研究［J］. 金融纵横,2011(8):18-23.

［87］任颖洁. 科技型中小企业知识产权质押融资问题与对策研究——以陕西为例［J］. 科学管理研究,2012(5):105-108.

［88］尚进. 国内高新技术企业知识产权证券化融资研究［D］. 西南财经大学硕士学位论文,2008.

［89］佘运久. 资本市场的协调发展［M］. 北京:中国发展出版社,2001.

［90］沈洪明. 转型经济条件下民营中小企业融资和企业信用［J］. 管理世界,2006(10):162-163.

［91］沈艺峰. 资本结构理论史［M］. 北京:经济科学出版社,1999.

［92］施东晖. 上市公司控制权价值的实证研究［J］. 经济科学,2003(6):83-89.

［93］石岩. 国外中小企业融资体系及对我国的启示［D］. 河北大学硕士学位论文,2010.

［94］史蕾,路正南. 高新技术产业知识产权证券化融资研究［J］. 科技管理研究,2009(7):289-291.

［95］宋文兵. 对当前融资形势的理性思考［J］. 改革与战略,1997(6):1-6.

［96］孙婕嘉. 资产证券化在中小企业融资中的运用［J］. 企业研究,2010(8):57-59.

［97］孙永祥. 上市公司的所有权与融资结构［J］. 当代经济科学,2001(6):29-33.

［98］谭英双. 基于实物期权的企业技术创新投融资互动机制研究［J］. 技术经济与管理研究,

2009(3):32-35.

[99]谭中明,宋俊. 江苏科技银行发展的现状和对策 [J]. 科技管理研究,2012(20):17-20. 汤珊芬,程良友,袁晓东. 专利证券化——融资方式的新发展 [J]. 科技与经济,2006(3):46-49.

[100]汤圣雄. 科技型中小企业银行融资方式研究 [D]. 复旦大学硕士学位论文,2008.

[101]唐宗明,蒋位. 中国上市公司大股东侵害度实证分析 [J]. 经济研究,2002(4):44-50.

[102]陶红武. 浅析可证券化的知识产权资产的选择 [J]. 产权导刊,2011(12):26-27.

[103]田桂玲. 科技型中小企业利用融资租赁的探讨 [J]. 企业导报,2011(13):36-37.

[104]万强,黄新建. 国外中小企业融资经验对我国的启示 [J]. 特区经济,2009(1):102-103.

[105]王凤荣. 金融制度变迁中的企业成长 [M]. 北京:经济科学出版社,2002.

[106]王连杰. 风险投资基金:高科技企业融资新渠道 [J]. 财贸经济,1996(3):51-54.

[107]王明华. 企业融资效率融资制度银行危机 [M]. 北京:中国经济出版社,2000.

[108]王宁. 商业银行风险管理研究 [D]. 天津财经大学硕士学位论文,2010.

[109]王睿,高军,李军. 后危机时期中小企业融资模式创新探讨 [J]. 对外经贸实务,2010(5):37-39.

[110]王四宜. 统一互联,构筑多层次资本 [J]. 市场经济观察,2004(1):1-2.

[111]王松奇,李扬,王国刚. 中国创业投资体系研究 [J]. 科技进步与对策,2000(9):10-13.

[112]王新红. 我国高新技术企业融资效率研究 [D]. 西北大学博士学位论文,2007.

[113]王彦. 创新型中小企业融资法律制度研究 [D]. 中国政法大学硕士学位论文,2011.

[114]王自力. 民营银行准入 [J]. 金融研究,2002(11):79-86.

[115]魏永芳,李扬. 香港银行的三级制及其启示 [J]. 中国城市金融,1997(9):44-46.

[116]文宏. 融资偏好与融资效率——对我国上市公司的实证研究 [J]. 当代经济科学,1999(6):38-43.

[117]闻岳春,王婧婷. 科技创新型中小企业的资本市场融资策略研究 [J]. 科学管理研究,2010(2):107-112.

[118]吴建军,潘静. 基于生命周期理论的民营企业动态融资方式研究 [J]. 财会通讯,2011(8):14-15.

[119]吴金明,李轶平. 论我国'二元产业板块'与'二元企业模式'的互动式发展 [J]. 中国软科学,2001(2):69-73.

[120]伍丁果. 武汉市科技型中小企业融资担保研究 [D]. 华中科技大学硕士学位论文,2010.

[121]武巧珍. 高技术企业成长与风险投资关系分析 [J]. 生产力研究,2008(16):134-136.

[122]萧端. 我国中小企业融资顺序及影响因素研究 [D]. 暨南大学博士学位论文,2010.

[123]肖宁洪. 信托制度在知识产权产业化中的作用 [J]. 无锡商业职业技术学院学报,2009(4):34-36.

[124]肖炘. 中美中小企业融资结构比较 [J]. 当代经济,2011(1):116-117.

[125]徐莉. 福建省企业知识产权质押融资模式探析 [J]. 东南学术,2013(2):122-130.

[126]徐禄平. 德国发展高新技术产业的成功经验及其对我国的借鉴意义［J］. 中国科技产业，2001(8):67-70.

[127]徐文才. 企业资本结构理论分析［J］. 中国农业会计，1998(7):33-34.

[128]严飞. 现代企业资本结构理论及其发展［J］. 统计与决策，2005(14):137-139.

[129]阳晓霞. 打造中国"硅谷银行"——汉口银行探索科技金融服务模式［J］. 中国金融家，2012(11):108-109.

[130]杨崇慧. "科技型中小企业如何利用国际市场资金"之二——科技型中小企业如何利用好国际融资租赁［J］. 江苏科技信息，2006(2):25-27.

[131]杨军敏. 科技型企业融资行为与资本结构研究［D］. 复旦大学博士学位论文，2006.

[132]杨楠. 基于期权的中小高新技术企业关系型融资的价值分析［J］. 南京财经大学学报，2012(4):38-45.

[133]杨亚西，杨波. 我国知识产权证券化的模式设计［J］. 特区经济，2007(10):119-121.

[134]杨亚西. 知识产权证券化:知识产权融资的有效途径［J］. 上海金融，2006(10):32-34.

[135]杨兆廷，李吉栋. "担保换期权"与高新技术中小企业融资［J］. 管理世界，2008(10):167-168.

[136]杨之帆. 企业资本结构与融资方式偏好［J］. 财经科学，2001(4):60-64.

[137]叶望春. 金融工程及其对金融效率的作用［J］. 财贸经济，1999(5):38-41.

[138]叶晓凌. 从科技型中小企业的融资困难谈融资租赁及其创新［J］. 杭州金融研修学院学报，2001(3):15-17.

[139]于春红. 我国高新技术企业融资体系研究［D］. 哈尔滨工程大学博士学位论文，2006.

[140]于涛. 资本结构理论与企业融资模式分析［J］. 福建论坛(人文社会科学版)，2007(5):33-35.

[141]袁国良，郑江淮，胡志乾. 我国上市公司融资偏好和融资能力的实证研究［J］. 管理世界，1999(3):150-157.

[142]约瑟夫·E 斯蒂格利茨. 作为全球公共物品的知识,知识经济的公共政策,载于胡鞍钢编. 知识与发展—21世纪新追赶战略,北京:北京大学出版社，1999.

[143]约瑟夫·熊彼特. 经济发展理论［M］. 北京:商务印书馆1990.

[144]詹姆士·奎恩等著. 创新爆炸——通过智力和软件实现增长战略,吉林人民出版社，1999.

[145]詹森·迈克尔. 自由现金流量的代理成本,公司财务与收购［J］. 美国经济评论，1986(3).

[146]詹森和麦克林. 管理行为,代理成本和所有权结构［J］. 财务经济学刊，1976(4).

[147]张春霖. 存在道德风险的委托代理关系:理论分析及其应用中的问题［J］. 经济研究，1995(8):3-8.

[148]张捷. 转换期的中小企业金融研究［M］. 北京:经济科学出版社，2003.

[149]张维迎，吴有昌. 公司融资结构的契约理论:一个综述［J］. 改革，1995(4):109-116.

[150]张晓云,冯涛.专利信托融资模式的设计与应用 [J].知识产权,2012(6):72-74.

[151]张雪红.浅谈知识产权的资产证券化 [J].法制与社会,2009(26):132-135.

[152]章洁倩.我国知识产权质押融资模式多元化的思考 [J].武汉金融,2011(4):40-42.

[153]赵娟.中小企业融资的国际比较与借鉴 [J].中国证券期货,2011(10):187-188.

[154]赵昕.我国高新技术产业融资制度创新研究 [D].西北农林科技大学博士学位论文,2004.

[155]赵子铱,马勇.高新技术企业知识产权证券化融资策略分析 [J].现代商业,2009(36):22-23.

[156]郑敏,王德应.关于科技型中小企业知识产权质押融资若干思考 [J].沿海企业与科技,2011(3):12-14.

[157]中国金融家杂志社.国外中小企业融资经验 [J].中国金融家,2009(4):70-71.

[158]钟加坤,钱艳英.民营科技企业融资障碍分析[J].广州商学院学报,2001,(5):29-32

[159]钟小玲.中小企业融资难的制度原因与对策 [J].经济研究导刊,2012(6):77-78.

[160]仲玲.科技型中小企业融资的理论与实证研究 [D].吉林大学博士学位论文,2006.

[161]周敏.解决我国中小企业融资难题的对策建议——基于德国经验的分析 [J].现代管理科学,2012(10):49-51.

[162]朱鸿鸣,赵昌文,姚露,付剑峰.中美科技银行比较研究——兼论如何发展我国的科技银行 [J].科技进步与对策,2012(10):84-90.

[163]朱静.商业银行风险管理研究 [D].哈尔滨工程大学硕士学位论文,2006.

[164]朱清海.企业资本结构理论研究综述 [J].求索,2002(3):27-29.

[165]朱心坤.硅谷银行对推进我国科技金融的几点启示 [J].华东科技,2011(6):31.

二、英文文献

[1]Akerlof, G. A. ,The market for "lemons": Quality uncertainty and the market mechanism. The Quarterly Journal of Economics, 1990, 488-500.

[2]Bergemann D. and Hege. Venture Capital Financing, Moral Hazard, and Learning. Journal of Banking an Finance ,1998(22):703-735.

[3]Berger, A. and Udell, GF. The economics of small business finance: the roles of private equity and debt markets in the financial growth cycle. Journal of Banking and Finance, 1998, 22, (6-8): 613-673.

[4]Booth, L. V. Aivazian, A. kunt-Demirguc. Capital Structure in Developing Courtries. Journal of Finance, 2000,(56):87-130.

[5]Burton, S. L. & Matthews, C. H., "Corporate Strategy and Capital Structure", Strategic Management Journal, 1988(9):623-632.

[6]Compers and Lenrer. The Venture Capital Cycle. The MIT Press, 1999.

[7]Cosh, A.D. and Hughes, A.. Acquisition in the small business sector in finance and the small

firm, Routledge, London, 1994.

[8] Davidsson, Per, Achtenhagen, Leona & Naldi, Lucia. Research on small firm growth: A review. In European Institute of Small Business, 2005.

[9] Harhoff, D. , K. örting, T. Lending relationships in Germany: Empeirical evidence from survey data. Journal of banking and finance, 1998, (22).

[10] Hayne E. Leland and David H. Pyle. Informational Asymmetries, Financial Structure and Financial Intermediation. Journal of Finace, 1977(3):371–387.

[11] Jayaratne, J. , Wollen, J. How Important Are Small Banks to Small Business Lending? Journal of Bankingand Fiance, 1999(23), 427–458.

[12] Jensen, Michael C. Agency cost of free–cash–flow, corporate finance, and takeovers. American Economic, 1986, (76):323–329.

[13] Jensen, M. , W. Meckling. Theory of the firm: Managerial behavior, ageney costs and capital strueture. Joumal of Finaneial Eeonomies, 1976.

[14] Jensen, Michael. Agency cost of free cash flow, corporate finance and takeovers, Ameriean Economic Review, Papers and Proeeedings,1986(76):323–329.

[15] Malcolm Baker, Jeffrey Wurgler. Market Timing and Capital Structure. The Journal of Finance, 2002(1).

[16] Markowitz, Harry M. Portfolio Selection. Journal of Finance, 1952–7(1):77–91.

[17] Metchell A. Petersen, Raghuram G. Rajan. The effect of credit market competition on lending relationship. NBER Working Paper, 1994.

[18] Modiliani, Franco and Miller, Merton H. The Cost of Capital, Corporation Finance, and the Theory of Investment. American Economic Review, 1958(48).

[19] Myers, C. The capital structure puzzle. Journal of Finance, 1984,39(3):575– 592.

[20] Myers, Majluf. Corporate Financing and Investment Decision When firms Have Information That Investors Do Not Have. Financial Economics, 1984, 13(2).

[21] Nicos Michaelas, Francis Chittenden, Panikkos Poutziouris. Financial policy and capital structure choice in U. K. SMEs: Empirical evidence from company panel data. March 1999, 12(2):113 –130

[22] Norton, E. , "Capital structure and small growth finns", Journal of Small Business Finance, 1991,1(2):161– 177.

[23] Porta. Legal Determinants of External Finance. National Bureau of Economic Research, Working Paper, 2002, (5):52–53.

[24] Ronald J. Gilson and Benard S. Black. Venture capital and structure capital markets: Banks versus stock markets. Journal of Financial Economics, 1998(47).

[25] Ross,S. , The determinants of finaneial structure:The incentive signaling approach, Jonmal of E-conomies, 1977.

［26］S. Myers, N. Majluf. Corporate Investment and Financing Decisions When Firms Have Informationthat investors do not have. Journal of Financial Economics, 1984, (13).

［27］Sanford J. Grossman, Oliver D. Hart. Corporate financial structure and managerial incentives. The Economics of Information and Uncertainty, 1982(1):107–140.

［28］Schmidt, K. M. Convertible Securities and Venture Capital Finance. Working paper. Stanford University and University of Munich, 2002.

［29］Westhead, P., M. Cowling, C. Howorth, The development of family companies:Management and ownership imperative. Family Business Review, 2001,14(4):369–385.

［30］Weston, J. F., Brigham Ef.. Managerial Finance, 3th ed 6th ed, Dryden Press, 1978.

［31］Yuk–shee Chan, Daniel Siegel, Anjan Thaker. Learning, Corporate Control and Performance Requirements in Venture Capital Contracts. International Economics Review, 1990, (31), 365 –381.